债券之王

比尔·格罗斯传

THE BOND KING

How One Man Made a Market, Built an Empire, and Lost it All

[美]玛丽·奇尔兹（Mary Childs）著

杨斯尧 译

中国出版集团
中译出版社

THE BOND KING: How One Man Made a Market, Built an Empire, and Lost it All
Text Copyright ©2022 by Mary Childs
Published by arrangement with Flatiron Books. All rights reserved.
The simplified Chinese translation copyright © 2024 by China Translation and Publishing House.
ALL RIGHTS RESERVED

著作权合同登记号：图字 01-2023-2958 号

图书在版编目（CIP）数据

债券之王：比尔·格罗斯传 /（美）玛丽·奇尔兹著；杨斯尧译 . -- 北京：中译出版社，2024.4
书名原文：THE BOND KING: How One Man Made a Market, Built an Empire, and Lost it All
ISBN 978-7-5001-7489-9

Ⅰ. ①债… Ⅱ. ①玛… ②杨… Ⅲ. ①比尔·格罗斯—传记 Ⅳ. ① K871.253.1

中国国家版本馆 CIP 数据核字（2023）第 168405 号

债券之王：比尔·格罗斯传
ZHAIQUAN ZHI WANG: BIER GELUOSI ZHUAN

著　　者：［美］玛丽·奇尔兹（Mary Childs）
译　　者：杨斯尧
策划编辑：于　宇　方荟文
责任编辑：方荟文
文字编辑：纪菁菁
营销编辑：马　萱　钟筏童

出版发行：中译出版社
地　　址：北京市西城区新街口外大街 28 号普天德胜大厦主楼 4 层
电　　话：（010）68002494（编辑部）
邮　　编：100088
电子邮箱：book@ctph.com.cn
网　　址：http://www.ctph.com.cn

印　　刷：固安华明印业有限公司
经　　销：新华书店
规　　格：710 mm×1000 mm　1/16
印　　张：24
字　　数：288 千字
版　　次：2024 年 4 月第 1 版
印　　次：2024 年 4 月第 1 次

ISBN 978-7-5001-7489-9　　　　定价：88.00 元

版权所有　侵权必究
中译出版社

目　录

引　言　/　001

第一章　房屋项目　/　009

第二章　开　端　/　027

第三章　转　折　/　053

第四章　危　机　/　063

第五章　建设性偏执　/　091

第六章　新常态　/　111

第七章　糟糕的一年　/　127

第八章　边　缘　/　141

第九章　成长或消亡　/　165

第十章　一场骗局　/　181

第十一章　缩减恐慌　/　199

第十二章　战绩最佳的"良驹"　/　223

第十三章　内部的对决　/　245

第十四章　窃取公司利益　/　265

第十五章　会议纪要　/　289

第十六章　再见了，那些日子　/　315

尾　　声　/　345

作者的话　/　353

致　　谢　/　359

注　　释　/　363

引　言

2013年11月，我犯了一个很愚蠢的错误。当时，我花了几周的时间，为全世界最大的资产管理机构之一——太平洋投资管理公司（简称"太平洋投资"）撰写了一篇报道，这家公司在我跟进调研的相关市场中占有巨大的投资份额。我从线人那里打探到隐秘的信用违约掉期①市场的交易情况后，便将数据制成图表，一遍又一遍地核实，并将我掌握的情况反复跟太平洋投资相关部门的负责人进行确认，以至于最后他一听到我的声音就感到厌烦。在报道发出的前一晚，我强迫症似的完成了最后一次事实核对，然后编辑将它排到了连夜发表的序列里。

第二天早晨，我的同事科德尔发来了一封奇怪的邮件，里面是一堆感叹号，似乎还为一些事向我表达了歉意。随后我便知道了，太平洋投资的传奇人物、创始人和明星投资人比尔·格罗斯（Bill Gross）刚刚在彭博电台上提到我的报道有些地方搞错了，并在这个全球播放的节目上点了我的名："我要好好批评一下玛丽的报道[1]，

---

① 信用违约掉期（Credit Default Swap，简称CDS），是债券市场中一种复杂的金融衍生品，又可称信用违约互换。——译者注

她得把事实搞清楚。"他还说,从电台出来的"几分钟后",会跟我通话。

得知这一情况后,我吓得有一种要呕吐的感觉。我搞砸了一件最基本也是最重要的事情:我把格罗斯管理的最大、最重要的那只基金的业绩弄错了。对投资人来说,没有什么比这更重要的了。在报道的第34段,我写到这只基金业绩下滑了约3个百分点,但我指的是基金的价格回报(Price Return),而非总回报(Total Return)。读完这本书的前两章,你就能明白这是一个多么低级的错误。在电台访谈中,格罗斯纠正道:"我们比市场好了整整75个基点[①]。"

我得立刻修正过来。我带着一股羞耻感坐在彭博终端(一款华尔街常用的金融数据系统)前,发狂似的想把格罗斯在电台里说的"盈利0.75%"的数字重新计算出来。按理说这应该不难,可是我居然算不出……我每一遍计算得到的都是同一结果:他的基金亏损了1%。我试着调整时间期限重新计算,甚至重新输入了一遍基金的名字,但格罗斯提到的数字还是没有出现。

如格罗斯所承诺的,他在电台访谈结束后打来了电话。我记得在电话中,他的态度出人意料得还算友善,可能是因为他已经当众指责过我了。聊了一小会儿后,我告诉格罗斯我在修正报道,却始终算不出来他在电台中提到的那个数字。"我错在哪儿了呢?"我问。他浅笑了一下说:"哦,你有你的数字,我有我的。"

那是我们第一次打交道,而这已是8年前的事了。在那以后的若干年里,我们陆续聊了几百个小时,聊他的公司、他的事业、他的交易、他的失误、他对千禧一代的看法、人与人之间联系的本质,

---

[①] 在债券市场,一个基点等于0.01%,即1个百分点的1%。因此,100个基点等于1%。——译者注

以及为后人留下遗产的意义。我从这些聊天中，了解到了他的骄傲、他的不安，他如何对待数据，又如何对待事实。

金融界很少有人像比尔·格罗斯这样持续受到关注。他有一股俄亥俄人自带的朴素且接地气的气质，常口出金句，不仅坐拥数亿美元的个人财富，而且通过太平洋投资为他人管理着上万亿美元的财富。从20世纪80年代他的金融帝国起步时起，几十年来他在圈内都很出名。

当时，一场前所未有的借贷热潮才开始没几年，几乎每一个生产领域都有大量资金涌入，产业急速发展。市场开始野蛮生长，触角四处伸展，随着技术的革新，涌现出一批蓝筹工业公司和新兴企业。这场规模庞大的试验推动了市场发展，创造出了能改善亿万人的生活又能让大家负担得起的工具。

格罗斯是这一潮流的弄潮儿。他参与了债券市场从诞生到成形的演进过程，并在其中起到了至关重要的作用。从那时起至今，债券市场一直在为全世界的企业提供投融资工具。格罗斯则启迪了成千上万的人像他一样投资、交易，把钱投出去并收回更多的钱。

尽管格罗斯已经在行业中赫赫有名，但在金融圈以外并没什么人听过他的大名。这主要是因为普通人不太关注债券，大家觉得债券太复杂，不好懂，他们宁愿聊股票。尽管股票也是公司所有权的凭证，且风险更高、更不好预测，但人们就是觉得股票更好玩。我个人不认同他们的想法，我认为股票是很傻的。股票就是公司让你我这样的人购买的一张纸，买到了就拥有公司的一丁点儿所有权。公司繁荣时我们就赚一点儿，公司不景气的时候我们就亏掉一部分钱或者亏个精光，买股票时大家都接受了这个游戏规则。然而，在你我之上，还存在另一个世界，一个更大、更有意思、更具影响力的世界。这个世界就是债券市场。

一般来说，债券交易的主力军是成熟精明的机构投资者，交易通常以百万美元起步。虽然听上去令人心生畏惧，但债券和贷款并不难理解：人人都需要钱，有时为了购买一个大件或者建设一个大的项目，就需要借一大笔钱。发行债券就是把未来的支付转化成今天的预付款。如果你曾通过贷款买过房子、车或者隐形牙齿矫正器，那么你就发行过债券，此时，你的贷款方靠你支付的利息获利。公司也会跟个人一样去借钱，然后为借的钱支付利息。债券和贷款可以分为很多种，有的靠抵押担保，也就是借款方在无法支付时通过变现有形资产进行偿还；有的仅存在纸面协议，依赖的是信用和司法体系。

自从近400年前第一只公司债券发行以来，债券市场已经出现了很多细微和复杂的变化，这种势头在过去半个世纪尤其迅猛。市场中新的产品、新的结构喷涌而出。可能在你读这本书的时候，就有一个新产品或新结构正在开花结果。这个市场中充满着快乐与激情，它使人保持年轻。

你将在书中遇到的这些人，他们热爱债券市场，并在这个市场中茁壮成长。他们像昆虫学家一样，清楚地了解这个市场中的不同变种并珍视它们的特性，将不同类型的"蝴蝶"钉到他们的展示柜中。

格罗斯是这些人中的王者。他在债券市场刚兴起时意外步入市场，也正是他恰巧在这个市场蓬勃发展前夕入市，才帮助发明了能够使买卖债券变得极易获利的新方法。他是如此狂热，以至于他一度打断了这个市场的黄金时代，甚至可能终止了这个黄金时代。

在2008年金融危机期间，当几十年的公司借贷账单到期时，政府代替那些借款者们支付了到期的贷款。企业和金融机构遭受的损失被政府"救助"，从某种程度上说，它们是被像你我这样的人"救助"的。

  这种情况在房屋抵押贷款市场尤为显著,而没人比比尔·格罗斯和他的太平洋投资更能利用这种情况,并从中攫取投资收益。在金融危机前,美国房屋抵押贷款市场在很长一段时间内是半社会主义性质的(虽然他们从不这样形容它)。美国政府总是承诺它将为房屋抵押贷款证券"担保";而格罗斯和他的太平洋投资在金融危机期间胁迫政府将这个"隐形担保"变得更加明确,他们在这一点上比其他任何人都要强势。政府将确保这些抵押贷款产品的最终买家,也就是投资者,将全身而退,不会损失一分钱,这使他们能够在金融之岛上保持安全。另外,这些投资者也包括那些投资于401(k)计划、共同基金和对冲基金的人们,但并不包括那些仍在偿付房贷的人们——他们现在还贷进入了负空间,即他们要偿还的钱比他们的房子价值更高。

  在一个自称热爱这混乱的、无拘无束的自由市场经济的社会中,政府为房屋抵押贷款提供支持可能是一个反常现象。然而,在金融危机后的这些年中,政府对金融资产的支持不断增长和转移。无论是隐性的还是显性的,现在美国金融市场的大部分领域都会感到有了政府的充分信任和信用背书。在此之前,如果贷款发放者们不想为企业提供贷款,那么企业就得不到贷款;现在,在金融危机封印解除的十年后,美国联邦储备系统(以下简称"美联储")介入了信贷市场。"创造性毁灭"(即为了整个生态系统的健康而让某些东西毁灭)现在似乎破坏性太强了。现在人们仍然称之为"资本主义"的东西已经变成一个有趣的沙盒,在你受到伤害时,总有人会加入并继续进行游戏。

  在这本书中,通过一个位于南加州的资产管理公司的"熔炉"的窗口,你可以看到他们是如何奠定了今天这个金融系统的基础。

这个由格罗斯在20世纪70年代继承的系统并不完美，因为创建者只看到了世界的一部分，所以当他们力图用数字，比如利润、年份、成本、折旧的速度等来描述那个世界的时候，他们把很多会使这个游戏变得不那么有趣或者有利润的东西排除在外了。比如歧视，即那种能够歪曲经济要素并使定价混乱的行为；或是为环境定价，指人们可以不花一分钱喝到水，但也不会因污染水而支出一分钱。由于复利的力量，市场中的这些小错误随时间递增变得巨大无比，而它们对利润造成的人为效应也使投入这些人为市场中的钱不断增加。这些投资也变得巨大无比。

这就是格罗斯在1971年踏入的游戏世界。在接下来的50年间，他和太平洋投资进一步推动了游戏的发展。他们非常善于玩这个游戏，并从这个游戏中为他们的客户，也为他们自己，攫取了数十亿美元的回报。有时候，格罗斯清楚他们拿走的太多了，为了弥补这一点，他向慈善基金、慈善项目，以及那些他认为值得的行动和人捐出了近10亿美元。但他仍在继续玩这个游戏。

太平洋投资的合伙人们仍在为维持这个游戏而奋斗，这样他们就可以在不被打断或不受损害的情况下继续享受这个游戏。这些系统帮助创造了流入我们经济社会的权利与金钱的支流，也为那些帮助保护这些支流的人们的政治生涯提供了资金。他们游说政府制定住房政策，使自己居住的小区免于被改变。他们通过"合法途径"以及非法贿赂，将自己的孩子送入这个国家最好的大学。

2014年春天，当我开始作为全职专访记者报道太平洋投资（以及其他基金公司）时，我已有4年报道公司债券市场的经验，所以我通晓他们的语言。我同样在一个充满压力的工作环境中工作过，同事们喜欢咄咄逼人地转发邮件而非进行正常对话。因此，我已经对他们的文化有所了解了。

引 言

我从事这份工作意味着我要记录太平洋投资对美国经济的展望、他们在电视台和电台接受的采访、他们发表的白皮书以及游说行为。我在他们通信部门允许的范围内与他们办公楼里的每个人都交谈过；所有我通过短信联系的人都会马上将我的信息转发给通信部门，然后通信部门的人会嘲笑或是训斥我不合时宜地尝试与他们公司的人交谈。这时我会提醒他们，我的工作就是做这些尝试；我们之间还会继续这样打交道。

我当时那样做是为了掌握突发新闻，为了能够知道当时正在发生什么。为了写这本书，我必须追踪过去发生的事情。我采访了太平洋投资的创始合伙人们，他们的第一批客户和前客户，曾在20世纪70年代与这家公司的前身合作过的理财顾问，直到上个礼拜还在这家公司工作的员工，以及现在还在那里工作的人。我也采访了这家公司员工的家人和朋友，以及他们的竞争对手，还有一位比尔·格罗斯的高中同学和一位口技艺人。

每一位愿意与我交谈的人，我都认真倾听了他们的分享。这本书中所记录的故事就是基于这数百个小时的访谈写出来的，我采访了200多位对太平洋投资有直接了解或是接触的人。我也挖掘了一些公开资料、法院记录、诉讼、证物和证词；同时我也大量参考了由彭博社（Bloomberg News）、《金融时报》（*Financial Times*）、《巴伦周刊》（*Barron's*）、《华尔街日报》（*The Wall Street Journal*）、路透社（Reuters）、《纽约时报》（*New York Times*）、美国全国广播公司财经频道（CNBC）、《奥兰治县商业杂志》（*Orange County Business Journal*）、《洛杉矶时报》（*Los Angeles Times*）、《名利场》（*Vanity Fair*）、《大西洋月刊》（*The Atlantic*）、《债券买家》（*The Bond Buyer*）、法律新闻媒体法网360（Law 360）、金融信息平台债务连线（Debtwire），以及很多其他媒体的记者们撰写的报道文章。

因为保密协议在金融行业非常普遍，而且太平洋投资以喜欢打官司闻名，所以帮助塑造这本书的很多访谈都是"仅供参考"的，这意味着我可以使用一个线人提供给我的信息，但并不能披露他的名字及其他可以识别他身份的信息。这些访谈依赖于人们对很多年前的往事不完美的记忆。我小心翼翼地翻阅当时的文件，从其他人那里了解他们对某些事件的描述，对本书中的所有内容进行了调查和核实。书中的有些内容只反映出某个人的回忆，这种情况我也在书中明确地标出。很遗憾，我不能与每个相关的人进行交流，他们中的一些人由于已不在人世或者从未接听我的电话而无法联系到；另外一些人，我根本找不到他们的名字。因此，这本书的框架受到了那些接受我访谈的人的影响，而我也尽我所能地来矫正这种偏差。每个在书中提到的、仍然在世的人都有机会对书中所记录的情况进行评论或矫正。例如穆罕默德·埃里安（Mohamed El-Erian）多年来一直拒绝接受我的采访，但他在这本书公开发表之前得到了未经许可披露的副本，然后，他的律师发给了我一封非常详细的信函，里面列出了他对书中某些特定内容的反对意见。我酌情处理了这些反对意见。

多年来我收集了很多碎片信息、旧新闻剪报、分析师报告以及学术论文和访谈记录，我将它们全部整理了出来，于是有了你们现在手中拿着的这本书。这本书并不是一部关于太平洋投资管理公司的通史，但本书的内容已经经过专业人士的核实，书中讲述的故事高度还原了这家公司在长期领先和快速破裂的过程中到底发生了什么——包括他们拿走了什么，以及为我们留下了什么。

第一章
房屋项目

2005年8月,丹·伊瓦辛(Dan Ivascyn)坐上了房屋抵押贷款经纪人的汽车,他坐在副驾驶座位上并系上了安全带。这是一个极为舒适的8月清晨,他要和这个陌生人一起开车去兜风。全美金融公司(Countrywide)[①]在波士顿(Boston)地区设立了四个新办事处,他们从其中一处出发,去了解周围一个郊区的房屋情况。途中他们看到了起重机、推土机、包着特卫墙纸[②]的房屋骨架,广告牌上写着"住在这里,感受家的气息"。

他们俩已经就房产市场的情况进行过一些交流了。房产市场存在一些泡沫,这对伊瓦辛来说并不新奇。房产市场的增长稍有减缓,但这种减缓在这个时节很正常,因为孩子们在返校,天气也在变差。

经纪人想带着伊瓦辛多转几个住宅区,他觉得伊瓦辛可能会对它们感兴趣。随着他们逐渐接近住宅区,经纪人说:"在这个小区里面,我们已经发放了许多仅需要支付利息的房贷。下一个小区大多

[①] 全美金融公司是美国最大的次级房屋贷款发放公司。——译者注
[②] 美国杜邦公司生产的一种防水包装纸。——译者注

数采用的是浮动利率房贷。如果我们在这儿转弯,沿着这条路往前开,我们在那边做了很多'可负担'的房贷产品。"随着他们朝郊区深处开去,房价越来越高。"只有在人们因为波士顿房价太高而望而却步的时候,伍斯特(Worcester)的房产市场才会上涨。"经纪人说。

伊瓦辛是太平洋投资买卖房屋抵押贷款及相关衍生品部门的分析师。他为人友善,和蔼可亲,并且擅长缓解别人的紧张情绪。但这并不是一场魅力攻势。他耐心地倾听着经纪人的闲聊,并认真地记着笔记。

他并没有为不得不做这件事而感到抓狂,因为他能够看到其中的营销效益。这是他们可以向太平洋投资的客户们诉说的一个故事:我们的员工不仅相信数据,还真正走出去核实了数据。

而且不管怎样,格罗斯都一直坚持表示:"我们需要切身感受这个国家的其他地方(的生活)。"[1] 一些经济学家已经开始对房产泡沫的问题提出警告,但是金钱的声音总能淹没其他声音。这场房价飙升的狂欢已经愈演愈烈,尽管美联储主席阿兰·格林斯潘(Alan Greenspan)都称市场有些"小泡沫"[2]。根据他们自己惯常的深入研究,以及每年花费两万美元的彭博终端上的数字,太平洋投资的分析师们认为,他们早已清楚房产市场的发展有多失控。但是格罗斯想要"真实的"数据,想要能超越他的抵押贷款交易员总结出来的、更深入的信息。伊瓦辛不可能对这个要求说"不"。

格罗斯是太平洋投资的代言人和领袖,他在1971年和另外两个人一同创建了这家公司。他们一同将一家人寿保险公司内部一个如死水般的边缘部门,转变成了这个世界上最大的债券投资管理机构。现在,这个瘦高的、留着大胡子的、看似脆弱的首席投资官,是这三人中唯一仍在这个领域不屈不挠前行的人。2002年,《财富》

（*Fortune*）杂志称格罗斯为"债券之王"[3]，这个称号一直流传至今。

太平洋投资有40名信用分析师负责研究像国际商业机器公司（International Business Machines Corporation，简称IBM）和通用汽车公司（General Motors Company，简称GM）这样的大公司。格罗斯灵光一闪，为什么不把其中的10个人派出去呢？"与其将他们派往阿蒙克（Armonk）[4]采访IBM公司的财务负责人，还不如派他们去像底特律（Detroit）、迈阿密（Miami）或是拉斯维加斯（Las Vegas）这样的地方呢！"

这个绝妙的主意是格罗斯在一个交易日中午想到的，当时他正在练习瑜伽，正将自己如豌豆般细长的身体大头朝下做出类似孔雀开屏的动作。啊哈！分析师们可以伪装成潜在的房屋买家——这样他们就可以跟着房产经纪人到处看房并收集关于房产市场的真实信息了[5]。

所以，现在，伊瓦辛的一个同事在底特律，一个在迈阿密，一个在拉斯维加斯。伊瓦辛的老板斯科特·西蒙（Scott Simon），也就是太平洋房屋抵押贷款部门的主管，此时也正在达拉斯出差，因为他喜欢那儿的烤肉。这几个人中没有一个人想要买房，甚至没有人假装去买房。西蒙和其他团队成员从一开始就拒绝了格罗斯提出的伪装成房屋买家去了解市场的主意，他们认为这毫无意义，也没有必要。

取而代之的是，他们打电话给自己在不同房屋抵押贷款发行方的联络人，并让这些联络人安排不同地区办公室的员工和当地的房产经纪人接待，这样他们就可以在某种程度上"假装买房"了。太平洋投资从这些发行方处购买过数百万美元的房屋抵押贷款产品。这些发行方对太平洋投资员工的做法感到不解，并对他们这样做的目的有所警觉。但因为太平洋投资是一个重要客户，所以发行方同意了，安排他们到时候与瑞麦地产（RE/MAX）①的人见面。

随后，比尔·格罗斯开始宣传说，他的员工按照他的要求，伪装成潜在的房屋买家去了解市场了。在《纽约时报》的采访中，他承认曾经对这个主意是否符合道义有过心理斗争。他说："我也觉得这不太好，但我也不知道还有什么其他方式能够获取真实信息。"

没错，这是篇不错的报道，并且这也不是格罗斯第一次为了宣传自己而对故事进行一些修饰加工。反正太平洋投资房屋抵押贷款团队的成员不会去纠正格罗斯的说法。

当然，格罗斯自己并没有去实地调研市场，他不喜欢出差。他当时在太平洋投资的大本营，在他位于纽波特海滩（Newport Beach）的办公室中。阳光、天空、大海和一直延伸到远方的美丽风景在他身后铺开，但这些完全没有被他欣赏到，因为他从不转身去看一眼。他安静地盯着他的彭博终端，头从一个闪烁的电脑屏幕转到另一个，眼睛时不时抽动一下，像一只在一窝老鼠前面伺机而动的鹰。他不断刷新着债券价格、新闻推送，以及彭博终端最流行的"短讯"，这功能在外界被称为"电子邮件"。房屋项目的实施是由像伊瓦辛和他的老板斯科特·西蒙这样的"苦力"去做的，即使这些人在其他公司都本应受到一些尊敬。但西蒙竟没有一点儿抱怨地全盘执行了这个项目。他是太平洋投资的员工中比较少有的在外享有名声的人。他拥有无可争辩的获取投资收益的能力，而且有些江湖气。他的这种江湖气和过往的交易表现神奇地将他与无礼、小气和教条隔离开来，也使他免于在太平洋投资内部受到那些常规性的羞辱。

西蒙感到房屋项目的实施在日程安排上很让人恼火。将整个房屋抵押贷款团队派往全国各地区确认一些他们本应该知道的信息，

---

① 瑞麦地产是美国最大的地产经纪集团。——译者注

这件事很花时间——而他们手中最稀缺的就是时间。但这并不是他能够选择做不做的事,有时候为了能去吃一顿免费烤肉而做这些事也是值得的。

房产经纪人那天带着伊瓦辛兜了几个住宅区。他们开车看了一个售价22.5万美元的房子、一个售价36万美元的房子、一个在上次转手后已经涨了80%的房子,以及一个售价比标价高30%多的新房,这让人感到非常震惊。房贷结构并非很有创造性——很多房贷是浮动利率贷款,贷款刚出来时的利息支出超低,但过几年后利息支出会爆发式增加。这种类型的贷款已经遍地开花了。老实说,那个经纪人并不觉得只有波士顿的房贷市场是这样的。

他们回到了全美金融公司的办公室。伊瓦辛对经纪人表达了谢意并与他握手,他们约定接下来会保持联系。伊瓦辛将在每个月底和经纪人打一通15分钟左右的电话,了解当地房产市场的动态,因为这家伙看上去对房屋抵押贷款市场的情况非常了解,所以跟他保持联系可能会有用。

伊瓦辛转身走回到他的车旁。从好的一面看待这次调研:他可以顺便拜访他在波士顿的家人;而且他和房产经纪人以及房屋抵押贷款发行银行家们建立了联系,并且建立了获得数据的渠道,其他公司不会拿到那些数据。此外,他亲眼看到了他的团队已经开始思考:美国房地产市场已经失控,并且已经过热了。

"房产市场上不当借贷的程度[6]——说好听点——是令人震惊的。"格罗斯2011年在《商业周刊》的访谈中这样说道。

太平洋投资派出的分析师们带着他们实地调研收集的资料回到纽波特海滩后,把全部发现汇总成了一篇报告。太平洋投资从不羞于宣传自己的想法,2006年5月,它发布了一篇《房屋项目报告》,在其中全面分析了现在已是家喻户晓的、关于21世纪初美国房产市场大繁荣的情况：低利率降低了每月还贷金额，使购房者在每月还贷金额不变的情况下能购买更大、更豪华、更贵的房子，房屋价格不断上涨。为了满足市场需求，房贷发行方创造了仅付息贷款，以及其他的一些延期或是隐性支付利息的贷款方式，这些贷款方式仅仅是在贷款购房者们债务不断积累的时候帮他们延长还款的期限。最终，这些购房者承担的债务将超过他们的偿付能力，而他们还清债务的唯一渠道就是找到愿意以更高价格接盘他们房子的购房者。总有一天，这种伎俩会失效，借款者会停止偿付房贷。如太平洋投资在报告中所说的，这个市场"会因自身体量不断增大而增长放缓"[7]。真正在售的房屋数量正在下降，待售房屋的数量则在上升。

太平洋投资企业信贷部门的负责人将这一观点进一步推衍：2006年6月，他预测房产市场将会决定整个经济的发展方向以及企业借款人的前景。他说，如果房产市场变冷，消费者将会降低消费，使整个经济环境变冷，并使贷款条件收紧。资产价格上涨速度将减缓，贷款违约数量将增加，金融市场中的交易将会逐渐枯竭，价格波动也将更加剧烈。他写道："到那时，'待售'[8]将不仅是你邻居家院子前挂着的牌子——投资者们也会在风险资产上面挂一个'待售'的牌子。"

企业信贷部门负责人的报告为格罗斯办公桌上堆积如山的研究报告又添了一笔。这也使他加入了太平洋投资"合唱团"，上到格罗斯，下到西蒙的房屋抵押贷款团队成员，以及丹·伊瓦辛，都在唱衰房产市场，认为更糟糕的情况即将开始。他们也将这些研究的结论对太平洋投资其他业务的影响罗列了出来：如果房价停滞，太平洋投资应避免购买诸如资产支持（asset-backed）、抵押贷款支持（mortgage-backed）证券等与房价挂钩的金融产品，或是那些充斥着金融行业，由华尔街上那些"过热的机器"生产出来的大量高风险

第一章 房屋项目

金融衍生品合约。

一方面，这种类型的下注与太平洋投资自身的路数正合适。太平洋投资一直以来都在宣称这个世界处于一种"稳定的不均衡"[9]状态，好景不会太长。它的悲观主义是内在的、与生俱来的，因为它是一个债券投资机构。债券投资者是悲观主义者。债券就是一笔借款而已，是一个还本付息的承诺。在最好的情况下，债券购买者会在持有到期后收回本金，并在持有债券期间收到借款方所承诺支付的利息。现在，受益于格罗斯以及和他一样的一些债券交易领域先驱者的努力，债券投资者也可以通过下注正确的债券获得一些额外利润。但交易价格也仅仅在几个基点范围内波动，也就是债券投资者通过交易可以多获得百分之零点几的额外利润。最差的情况是，发行债券的借款企业倒闭，但即使那种情况发生，债券投资者也可以通过收回借款方破产后的一些剩余资产得到补偿。因此，成为债券投资者就是要去寻找有安全性、可以计算的、有确定性的债券。乐观情绪是为股票投资者准备的，他们对所购买的资产没有追索权，他们购买的是一个关于成长、潜力和未来的故事，并希望能够乘着它飞向月球。理论上股票投资者的收益是无限大的，但他们的投资也可能归零。他们是对公司管理层下注，而非对那些在债券合约中能够约束借款方进行愚蠢选择的白纸黑字的条款和承诺下注。

格罗斯刚开始进入这行时，债券仅是存放在保险公司金库中的一堆纸，只在公司破产时进行清算。在几十年前，当格罗斯说服他的老板允许他构建一个很小的债券投资组合并创新性地试验债券交易时——突然之间，预测灾难变得有利可图了。

现在，整个美国的房产市场就像在等待一场即将发生的灾难。

另一方面，这也将是太平洋投资的一项重大策略转移，过去几十年来太平洋投资一直热衷于购买抵押支持证券。其他投资者在过去高估了购房者在利率降低后进行再融资或偿付他们房贷的幅度。太平洋投资很乐于从其他投资者认为有风险的投资中获得额外收益，因此它一直愉快地抢购抵押支持证券产品。过去几十年间，太平洋投资对房屋抵押贷款产品的热衷以及它的突出业绩也吸引着其他投资者尝试投资相关产品。这个市场在需求驱动下不断成长。如果太平洋投资在此时下注赌这个市场会崩盘，那简直是令人难以理解。

不过，格罗斯的其他观察员告诉他，这个市场的麻烦正在酝酿。保罗·麦卡利（Paul McCulley）与在太平洋投资中表现卓越的那些人形象不同，他有着像从弗吉尼亚（Virginia）山区"空运"来的厚重且拖沓的美国南方口音，并有一只从一名退役魔术师那边拯救过来的，名叫摩根·勒·菲（Morgan le Fay）的荷兰侏儒兔宠物。麦卡利负责太平洋投资的资金部门，但事实上，他是一个经济学家，一个有大思维的人。现在，在2006年，他正在描绘他所称的"影子银行系统"[10]，一个可以将从高盛（Goldman Sachs）到保险公司，再到像太平洋投资这样的投资机构都串联在一起的、密集且不可见的交易森林。所有这些机构相互间都进行着买卖债券、掉期和金融衍生品的各种交易。它们间的所有关联已完全交织在一起，交织的密度掩盖了谁拥有什么，以及谁欠谁什么。虽然其他人都对这种情况熟视无睹，但麦卡利可以看到这些在整个全球金融系统下面盘根错节的债务和杠杆的腐烂根系。麦卡利是经济学家海曼·明斯基（Hyman Minsky）的忠实信徒，后者从20世纪的60年代到80年代一直宣扬"市场的过度冷静和稳定中会埋藏不稳定种子"的观点。当经济繁荣向好时，人们会忘记那些糟糕的日子并过度借贷。麦卡利说，现在经济正在朝"明斯基时刻"[11]迈进，已经到了市场混乱的临界点。

在太平洋投资的投资委员会会议上——就是那种随时可以演变

第一章　房屋项目

成大声争吵的会议——有时格罗斯会冷漠观望,有时他会主动挑起骚动,麦卡利用他带着拖腔的乡下口音吼叫着、诉说着关于"影子银行系统"的情况。他用拳头在会议桌上重重捶打着说:"它们已全都连在一起,整个系统将要爆炸。"

并非只有太平洋投资看到了危机即将到来;在房屋抵押贷款市场混乱的角落里,也有一些聪明人一边咬着手指甲,一边盯着他们的 Excel 表格或彭博终端——他们也知道这个情况。

但光知道是不够的,知道本身并不会获胜。棘手的是,他们在知道情况的同时还必须交易赚钱。客户付钱给基金经理不是让他们持有现金等待的。如果他们只是持有现金,拒绝通过承担风险赚取回报的话,那么客户将会把他们的投资赎回并拒绝支付管理费用。如果格罗斯和他的团队要根据他们关于灾难马上要到来的直觉进行操作的话,他们必须制订出在知道一件事情将要发生,与这件事真正发生中间这段时间的操作计划。

格罗斯决定相信伊瓦辛、西蒙和麦卡利这些人:太平洋投资将要朝大规模做空市场的方向押注。

* * *

"比尔在很大程度上是个市场趋势的跟随者,但他拥有独特的能力,知道在什么时候开始要背离趋势并押注趋势的反转,"太平洋投资前合伙人本·托洛茨基(Ben Trosky)充满感情地回忆道,"有数不清的场合,当其他人都极度害怕、想逃脱的时候,比尔却系上了他的安全带。"

格罗斯在市场中因他大量的逆向思维操作而出名,并且他大部分时候都是对的。20 世纪 90 年代初期,在储贷危机后银行艰难前行时,美联储将利率调节到了有利于银行经营的区间,在调低短期利率的同时允许长期利率上升。鉴于此,格罗斯决定卖出美国长期国债；他是对的，他的交易成功了。

当其他人继续承担风险购入衍生品和资产负债表外资产时，太平洋投资的交易员已经减少了他们所购入的风险债券的数量。格罗斯也准备把他的想法推向世界。2006年7月7日，格罗斯在彭博电视台和路透社的采访中宣布：利率已经到顶了。他知道，有时在金融领域，你需要将你的观点用力灌输到每个人的意识中，需要让人们认同你，并迫使市场转向。这是太平洋投资的专长——部分解释了为什么这家公司不停地发布报告，接受采访，在电视中露面，推出麦卡利的"全球央行聚焦"专栏和格罗斯的《投资展望》(*Investment Outlook*)。格罗斯自1978年以来一直将这个现已具有传奇色彩的简报发送给他的客户以及所有有兴趣的读者。他向客户发布市场观点的习惯是从太平洋投资之前的母公司那儿继承而来的，并且刚开始是按照其母公司的模板来发布的。但格罗斯很快发现，如果他想要拓展债券领域之外的读者，他就必须在简报中写一些其他的东西、一些有趣的东西。因此，他的简报变成了1 400字左右的个人逸事和自白，其中掺杂着方言和口语，提及他儿时在俄亥俄州的家后面的潺潺小溪，他5岁的儿子玩棒球时的尴尬场景，以及他自己在大学篮球课上的失败尝试，以此来比喻市场。其中一篇简报以他模仿罗伯特·弗罗斯特（Robert Frost）[①]的风格所写的一首关于投资的诗作为开头；另一篇是以他对圣诞节派对中的折磨的恐惧作为开头；还有一篇是以他做白日梦时与装扮成弗拉沃·弗拉福（Flavor Flav）[②]的精灵的对话作为开头。他还把自己最喜欢的一些简报做了些改动后收进了1997年的著作——《你听到的关于投资的一

---

① 19世纪美国作家、诗人。——译者注
② 美国饶舌歌手。——译者注

切都是错误的！如何在即将到来的后牛市市场中获利》（*Everything You've Heard About Investing Is Wrong! How to Profit in the Coming Post-Bull Market*）。

这种在报告中反映作者个性的写作方式即便有些古怪，也是讨人喜欢的。同时，格罗斯也通过频繁在金融新闻和电视节目中露面与此呼应。他给人的印象是出奇的温顺，但他那尖细的嗓音成为全国各地交易大厅的笑料。

了解格罗斯的人都知道，他的外表和内在并不匹配。在现实生活中，格罗斯为人严格，从不屈服，从不退让。他也将太平洋投资塑造成了同他自己一样的形象。银行或者其他资产管理公司的交易大厅里都充斥着嘈杂的电视声、交易员们吼叫和摔电话的声音，以及相互争辩和开粗鲁玩笑的声音。但在太平洋投资不是这样，在那里每个人都是通过电子邮件沟通。交易大厅的厚地毯吸收了全部的走路声，在那静如图书馆的环境中，唯一能听到的声音就是键盘敲击声。如果一名交易员不得不通过电话联系银行订购债券，他也会轻声细语地通话。偶尔地，一些交易员也会稍做表演，并对电话那头的华尔街人士强调说，我们会给出额外 0.062 5% 的让利，因为我们是太平洋投资。在太平洋投资，用电子邮件交流永远是最优选择，即使收件人离你只有约 1 米（3 英尺）远。

格罗斯坐在他的办公桌旁，领带松弛地挂在脖子上，西装外套挂在办公桌旁边的衣帽架上。从早上 6 点到瑜伽时间，然后从大约上午 10 点半瑜伽结束到接近傍晚，他一直保持这种状态。他的技术人员每天早上会比他先到，帮他登录电脑、Unix 操作系统、路透社网页和彭博终端，并进行打印机的测试，这样一来他的彭博终端屏幕就可以发着光迎接他的到来。几乎所有员工都是通过指纹登录他们的彭博终端，但格罗斯的彭博终端没有任何生物识别登录方式。

他会把登录密码用透明胶带贴到键盘上，以防他自己或他的技术人员忘记密码。

格罗斯每周参加四次投资委员会会议，一般是从中午到下午两点。此外，他也会暂停工作参加一些必须由他参加的紧急会议，当然最好是没有这样的会议。格罗斯想一直坐在他的办公椅上。

他不喜欢闲聊，也避免在公司大厅内与其他人有眼神接触或是打招呼。但总是有人要面对他的高压互动。对一个太平洋投资的交易员来说，如果他不小心抬头与比尔·格罗斯进行了短暂的眼神交流，那么他这一天就算经历了一场灾难。几秒后，这个交易员可能会收到一封电子邮件，里面写着：

"你的投资组合中占比最高的五个产品是什么？为什么持有它们？给我三个可执行的交易想法。"

这一天将会让这名交易员精疲力竭。

这种恐慌情绪也会向下传导，从投资组合经理到他们下面的分析师，再到在市场上执行交易策略的交易员，进而渗透到服务客户的投资组合专员、需要为客户开发新投资产品的产品经理，以及竭力使公司业务在法律允许范围内运行的合规员工。无论你做得多好都是不够好，你要做得更多，做得更好，要永远保持危机意识。

格罗斯经常测试他的员工。他一般会在交易大厅里踱步，询问下属们一些跟他们工作勉强相关的小众证券的价格，并让他们精确到小数位；或是让五六个投资组合经理笔算一些债券的价格。他们本可以将这些债券信息输入彭博终端中，就能很快得出价格，但是他们不能这样做，格罗斯要求他们完成"债券数学"，一种比普通数学更为麻烦的数学计算。他还会在你的办公桌上留下一张之前用过的债券交易单据，上面有他字迹潦草的留言，有时是赞扬你的某个交易想法，但更多时候是让你解释为什么买了某只债券，为什么买了这么多。即使你仅在这只债券上持有少量头寸，或者仅是从上一个已经崩溃或离职的家伙那里"继承"了一只他两年前购买的债券，这些都不能作为你辩解的理由，因为现在是你"负责"这个风险资产。你只能作出解释，用最新的数据和价格信息解释你如何看待这只债券。

太平洋投资办公室的地址进一步加深了员工们的紧张情绪：他们已经被困在那儿了。与那些位于纽约华尔街的金融机构不同，太平洋投资的办公室在美国的另一端。华尔街金融行业的员工们可以经常跳槽，当你意识到自己选错了工作的时候，你雇主的竞争对手会很快把你挖走。但太平洋投资的员工哪儿都去不了，距离它最近的竞争对手在洛杉矶，在堵车的情况下距它办公室有两小时车程，而且肯定会堵车。

所以，太平洋投资的基金经理、分析师、交易员、合规员工们全都困在这里了，困在一个尽头是悬崖的美丽荒漠中。他们的豪宅摇摇欲坠地挂在悬崖顶端，在波涛汹涌的太平洋上方。太平洋投资办公室的选址是个意外：它之前的母公司太平洋互惠人寿保险公司（Pacific Mutual Life Insurance Company，简称"太平洋人寿"）在1972年搬到了这里，因为这儿的房价比洛杉矶市区便宜。

几十年后的今天，太平洋投资办公室位于纽波特中心大道上一幢低层建筑中，外轮廓是白色的、亮闪闪的。纽波特中心大道是一条环绕"时尚岛"（Fashion Island）购物中心的四车道道路。现在，太平洋投资这个阳光明媚的办公地址也成为其向潜在员工营销自己的一部分：办公室周围的风景非常美丽，印在明信片上寄出去非常有面子，而且这里总是阳光明媚。此外，员工们在这儿也可以远离金融行业中自我强化的思维泡沫。正如格罗斯曾经说过的，在西部，他的员工们可以从那种"每天和同样的一群老派同行，吃着同样的老派午餐，聊着同样的老派话题[12]"的环境中解放出来。他说，太平洋投资是故意选择被孤立在这个"宁静的绿洲"中的。

这个环境对格罗斯本人而言可能是宁静的，但他的个性足以打破其他员工的平静。太平洋投资办公室中弥漫着格罗斯近乎病态的不安——担心被别人赶超，担心太平洋投资的行业领先位置被别人取代。

决不能浪费一分钟时间，决不能少赚一块钱。这是太平洋投资的主流文化，从它的交易大厅向下传递：格罗斯的"太平洋投资机器人们"睡觉时会咬着牙，起床时会大声尖叫，工作已使他们的婚姻和肝脏"破裂"。他们不得不说服自己，正因为他们如此痴迷于工作，比任何人都努力，才使他们变得如此杰出。无论他们的竞争对手在市场营销资料中怎么吹嘘，他们都不可能像太平洋投资的员工这样生活和工作。在纽波特海滩，除了赚钱和赚更多钱外，其他的事情都不重要。格罗斯和他的公司最会做的就是，在市场中发现问题，然后从这个问题中获利。

在太平洋投资，业绩差是不可接受的，它能嗅出所有人的缺点。

* * *

市场对格罗斯在2006年7月7日的宣言没有任何反应，可能是因为他的发声太操之过急了。在他几周后发表的，以"历史的终结和债券的最后牛市"为标题的《投资展望》中，格罗斯承认他可能表达得有些唐突或是鲁莽了。他写道："有时我在采访中控制不住我自己，在那之后，有太多的焦虑、太多的不眠之夜。市场到拐点附近时就是这样，这次也没有例外。"

这些话对除格罗斯外的太平洋投资的其他员工都有现实的影响。太平洋投资的旗舰基金——总回报基金（Total Return Fund）表现不佳，这意味着员工们见到比尔·格罗斯时更要绕着走了。总回报债券基金是格罗斯的基金，是他的孩子，是他从其 1987 年创建以来就亲自管理的基金。总回报基金是格罗斯一生工作的结晶：在 20 世纪 70 年代债券还主要存放在金库中、鲜有交易的时候，他就开拓了主动交易债券的领域。他和他的同伴们为债券行业带来了革命性的变革，通过主动交易企业债务的所有权，他们可以买入自己认为好的企业的债券，卖出不好的企业的债券。总回报基金是革命的成果，是格罗斯拒绝用传统低风险方式进行债券管理的变革的顶点，是他在市场中取得的来之不易的发明与创新，是他多年来极其努力地在市场中探寻被低估债券和衍生品的工作结晶，是这所有的一切。这只基金持续几十年的优异表现帮助格罗斯树立了，并持续树立着，行业中的传奇地位。这只基金的业绩是业内人士称格罗斯为"债券之王"的原因，也是 20 年来格罗斯衡量自我价值的标尺。总回报基金是太平洋投资所管理的基金中规模最大的一只，其容量曾一度超过该公司管理总资产的半数。当这只基金的业绩表现逊于竞争对手的旗舰基金时，格罗斯就会变成一个"怪兽"。

这个时候，格罗斯必须避免见人，因为见到他们就会让他马上感受到自己基金表现不佳所带来的羞辱与剧痛。传说格罗斯的太太苏（Sue）会在他们位于拉古纳海滩（Laguna Beach）的豪宅中留一间备用卧室，以便在总回报基金表现不佳时她能有地方睡觉（这个传言并不是真的）。

"寂寂无名，而非臭名昭著，是我的格言。"[13] 格罗斯在他 2001 年的一份简报中用他标志性的风格写了这样的一段话："如果你在凌晨 3 点起床，无精打采，垂头丧气，没有任何缘由地责备你的妻子，然后走楼梯而非坐电梯到了办公室，那你肯定是得了'业绩失调症'。你心里一定在想：'不要跟我说话，不要试着关心我，就让我独自待着！'"

对太平洋投资的交易员们来说，平时公司里就像是个雷区，现在更是布满了地雷。保持安静并且避免与格罗斯有眼神交流是上策。要尽量减少员工间的互动，并祈祷业绩会变好："上帝啊，求求你让市场反转吧，把我们带到安全的天堂，让房贷违约快快到来吧！"

但这次跟市场关系不大，因为太平洋投资糟糕的业绩几乎是有意为之的。它现在更注重投资的安全性，等待着市场变差，而非像其他人一样不断追求着高收益。这本就应让员工们感到些许宽慰。市场或早或晚肯定会反转，当它反转时，太平洋投资将会被证明是对的。公司的每个人在理性层面都知道这一点。

金融领域有一句谚语："市场保持非理性状态的时间可能比你保持不破产的时间更长。"这句话是经济学家约翰·梅纳德·凯恩斯（John Maynard Keynes）所说，他的画像就挂在保罗·麦卡利的办公桌对面。如果你的钱先亏光了的话，即使你判断对了也没用。

破产并不是太平洋投资需要担心的问题。公司覆盖了从体量庞大、发展缓慢的养老基金到小型投资者的客户群体，它从这些投资者超6 000亿美元的投资中收取管理费，因此从不会真正担心没钱可投的问题。太平洋投资还有一条救生索，如果有必要，它远在德国的母公司——安联集团（Allianz）也会提供帮助。安联集团在2000年成为太平洋投资的控股股东。到目前为止，太平洋投资的业绩表现也没有特别糟糕，而且每个人都有业绩表现不好的时候。但是，太平洋投资业绩不佳的情况持续时间越长，它的客户就会变得越来越手痒，对它的信心也会越来越弱。当客户越来越按捺不住，他们投的钱也会变得没那么牢靠。而一旦客户们开始赎回投资，就有可能出现"雪球效应"。

太平洋投资还从未经历过这种滚雪球式的基金赎回，但它所押注的美国经济，或者说全球经济的巨大脆弱性还没有暴露。太平洋投资这次不能再对市场施加影响力或是恐吓市场，它只能耐心等待。

市场中乐观情绪仍盛行，每个人都认为房产市场的问题，诸如销售放缓、贷款违约增加等，都能得到很好的控制。但美联储已有些担心，开始通过运用利率政策工具不断加息，来打压房产市场的过度繁荣。正如麦卡利所说的："不听指挥的骡子[14]并不是真不听指挥，只是需要用窄木板在它头上多敲几下。"

太平洋投资购买的债券能够在美联储最终降息时获利，因为它知道在房市泡沫破裂的时候会降息。它储存了大量现金头寸并且将持有的资产支持证券降到了最安全的位置。它没有购买像洪水般由风险最高的公司发行的债券，也因此放弃了这些债券能够提供的相对高的息票率，因为它确信经济马上就要崩溃了。但这些本应陷入融资困境的公司的债券在市场上却大受欢迎。这些公司非但没有破产，反而可以在市场中轻松获得再融资。在这种环境下，鲜有公司破产，企业债务违约率降到了25年来的最低点。太平洋投资看到的是这些高收益、高风险债券的价格不断攀升，道琼斯工业指数也屡刷新高。

2006年，总回报基金的表现在10多年来第一次逊于它的竞争对手。格罗斯在2006年12月的《投资展望》的开头写道："现实是一层纱，在铁的事实面前，人们还是会自我麻醉，来保护他们所珍视的幻觉。"[15]

他随后写道："时机就是一切，我们内部有很多的质疑和争论。可能我们也应该像其他人一样跳进池子。每个投资者都有一个闹钟，我希望我能在每天早上6点准时起床，但我可能在凌晨4点半就起来了。早起一个半小时是有代价的，代价就是你又多出来一个小时坐在桌前看着那些竞争对手在你面前获取优势。但这总比太晚起床好。"[16]

在金融领域，有句老话说，"早"和"错"是同义词。还有一句老话说，尝试抓准市场时机是徒劳的。格罗斯在这个充满不可能的竞技场中的历史战绩比大多数人好，所以，虽然行动得有点儿早，但太平洋投资已准备好，交易员们已就位。他们能够在这些不景气的日子里生存下来，看着那些冒险者们将他们从市场中挖出的所有基点囤积起来并收获高额利润。他们知道他们会被证明是对的。混乱迟早会到来。

第二章
开 端

2007年1月，没人会想到美国经济即将面临危机。那一年，史蒂夫·乔布斯（Steve Jobs）以599美元的价格推出了苹果手机（iPhone）。乔治·W.布什（George W. Bush）总统在国情咨文中预言，2012年前将实现联邦预算收支平衡。虽然"次级贷"的借款人已开始出现房贷违约，但投资者仍旧争先恐后地购入收益越来越低、风险越来越高的债券。美国股市也攀升到了历史高点。

比尔·格罗斯感觉自己像在目睹某种愚蠢的新宗教狂热崛起。市场中的每个人似乎都认为增加的债务会创造出正收益，无论这些债务的本质如何。他知道这是胡扯，但其他人都在从这些愚蠢行为中获得丰厚回报，而太平洋投资错过了。格罗斯看着太平洋投资在同行中的业绩排名不断下滑，他呆住了。

对外，格罗斯仍展现出坚定的信心，他将他那每月发布一次、极度坦诚的《投资展望》作为表达媒介。人们喜欢他的《投资展望》，投资界的每个人都认识他的文风，新文章发布到网站上几分钟就有人阅读完毕了，甚至全国性的报纸有时也会刊载他的文章。这都证明格罗斯在他文章中表现出的坦诚和不寻常是有用的：他引人注目、非凡而有趣，他是一个传奇，是个天才。

格罗斯在他2007年1月的《投资展望》中警告称："有一股不祥之风吹过来了。"[1]虽然外表仍然平静，但他内心一直在思索：市场是不是已经把他抛弃了？是不是他没有看到一些重大的转变？如果是那样的话，他的全盛时代是不是已经过去了？他是不是过于鲁莽地宣称自己是个传奇了？他是不是已经和市场疏远了？

某一刻让人感到好像有些事情已经结束了。2006年9月，他的第三个也是最小的一个孩子尼克刚离家去读大学，之后他在拉古纳海滩的家就从充斥着青春期焦虑的气息一下子变得无比空虚，只剩下两个中老年人徘徊在这个宽敞、寂静和阴沉的空间里。他们为人父母，但已完成了养育子女的工作。

几个月后，格罗斯剃掉了他标志性的小胡子。他说这样可以让他看上去更年轻些，因为这些胡子已经开始变得灰白，而苏说染色剂有毒。他剃胡子也可能是出于一种迷信：用新的外表开辟新的局面。市场接下来也可能会清醒些。

格罗斯几十年来一直在思考什么会让一个人变得伟大，到现在，他感觉已经能够控制自己想要变得非同寻常的欲望、冲动和恐惧。他觉得他在杜克大学（Duke University）获得的心理学学位能帮助他看到金融市场中人们的预期，这也反映出他喜欢自省的本性，这在金融投资者中是很少见的。很多年前，他就想明白了为什么自己如此害怕在慢跑中停歇：如果他不阻止想要停下来的念头，他可能就停下来了，之后他就会反复停下来，直到他失去了跑步的能力，然后，可能他也将失去自己。因此，他必须坚持前行。

他在1993年的一期《投资展望》中写道："我的人生计划就是要比他们活得更长久。要坚持，要锲而不舍，要脚踏实地，要保持

第二章 开 端

奔跑,永远不能停。"即使在那时,在他 48 岁的时候,他就已经感到自己的身体和思维都在变慢,但他知道这很正常。"我们中大多数人的卓越只能持续很短暂的一段时间。无论是由于人的脆弱、成熟,还是单纯的疲惫,人们都很难持续有卓越表现。很少有人能长时间保持巅峰状态。"在那之后的 14 年格罗斯的这种焦虑感并没有减轻。

* * *

比尔·格罗斯和太平洋投资都是白手起家。格罗斯从商学院毕业后艰难地找到了一份工作,在古板又老套的太平洋人寿保险做了一名证券分析师,以及其固定收益部门的信贷员。人寿保险行业基本上只要求从业人员大致知道每年可能有多少客户死亡,保险公司需要支付多少保险金,以及需要在什么时间赔付。一般来说,从客户缴纳保费到保险公司支付保险金之间要间隔很长时间。因此,太平洋人寿可以将客户缴纳的保费投资到到期日与预期赔付日期大致匹配的债券中,获取债券利息收入。比如一个非常安全的投资方式是,用未来 30 年内死亡概率极低的客户的保费投资购买一个 30 年期限的债券,在此期间获得债券利息收入。

太平洋人寿之所以雇用格罗斯为其固定收益部门的员工,是因为格罗斯在商学院的毕业论文恰巧是关于可转换债券的。可转换债券的意思是,持有者可以在债券发行公司的股价达到某一个约定价格后,将持有的债券转换为股票。这种产品给格罗斯的面试官留下了深刻印象,他们认为这就是他们想要投资的产品。

格罗斯的工作并没有给他带来一点儿刺激,他发现自己只能在太平洋人寿的金库里做一些简单的工作,诸如从公司债券发行凭证底端剪下小小的债券息票,并将息票寄回给发行公司获取利息。这就是当时债券行业从业人员需要做的全部工作。加入太平洋人寿的起初几年,格罗斯迫不及待地想被调到股票部门。但之后,在 20 世纪70年代初期，他说服了他的老板允许他进行一个激进的试验——交易债券。

这个试验源于一个叫霍华德·雷科夫（Howard Raykoff）的债券经纪人在一次午餐中向格罗斯的老板推销"靠交易债券赚钱"的想法。雷科夫也是阴差阳错地知道了这件事，然后这个想法就在他脑海里挥之不去。他最开始在银行通过购买公司发行的债券来管理银行负债时，就开始研究那本约10厘米（4英寸）厚的债券收益率大全了，书里面汇集了市面上所有债券、价格、收益率以及息票率。雷科夫晚上也把这本书带回家进一步研究，最终，他发现书里的数字忽然开始变得有规律了。

雷科夫说："无论什么样的债券，我当时都能记得住它的价格变化，以及（收益率）每个基点的变化，或者五到十个基点的变化是如何影响债券的价格的。"他开始感受到这些数字之间的关系，它们以某种几乎可以预判的方式在变化。他说："每个债券基于息票率、到期期限，以及发售合约条款的不同，都有不同的特征。"他看到债券收益率也会随着（外部）环境变化忽上忽下，债券市场于他而言已经成为一个生动的、会呼吸的动物。他说："收益率表会给你讲故事，这个故事就是波动。"

利率上升时，利率和债券价格的走势相反，像天平一样向两端延伸。所以，无论何时一个公司向投资者出售一个新债券，债券价格总会马上下跌。这是令所有购买新发行债券的人都非常恼火的。

雷科夫想要卖出不好的债券并买入更好的，但他当时的雇主——一家银行坚决不同意他的想法。这家银行想让他买入不同到期期限的债券，然后银行就能制定出可靠的时间表，确定债券什么时候到期，什么时候能收回钱。但雷科夫认为银行这么做是浪费了一个完美的机会，所以他还是做了自己想做的事：他在一个工作表

第二章 开　端

中详细记录了每笔交易及其结果。之后他把这个工作表装到一个封面为薄硬壳的活页夹中,并向每一个可能认同他想法的人展示——关于债券交易的原因和如何交易的蓝图。

不久之后他就在一个经纪商那里找到了工作,工作内容是为经纪商招揽生意。这里的生意指的是他需要协调交易,需要有其他人来与他交易。所以雷科夫需要成为他的债券交易"新宗教"的布道者。

他说:"我当时拜访了所有目标公司,告诉他们'这就是你们可以改进投资组合收益的方法!如果债券收益率到了8%,你们就可以将整个投资组合的收益率提升1%,也就是说你们可以在8年而非9年内将你们的投资翻倍——这就是复利的力量!'"

雷科夫的推销几乎没有得到任何关注,因为大多数人都像他之前的雇主一样只想构建"阶梯型"的债券组合,也就是持有一堆到期日不同的债券,能在可预计的时间点偿还他们的本金。雷科夫向他们推销的策略有可能会产生投资亏损,这在他们看来是不可想象的。

他说:"没人肯听我的。这真是个难卖的东西。"

但雷科夫不屈不挠,他看到到处都是债券交易的影子。他从单位开车回家要经过洛杉矶高速公路。他回忆说:"高速上的车流可能在一条车道上会停滞,但在另一条车道上会相对快点儿,所以,我会开到另一条车道上让车靠前一点儿。我想说,债券交易的本质就是这样!用一只债券与另一只债券交易并获得额外收益。如果我坚持这样做下去,我将会一直前行,毫不停滞。这就是我开车时想到的,这就像债券交易一样。"

当时,亚利桑那峡谷国民银行(Valley National Bank of Arizona)的一个人(通过雷科夫)做了一点儿交易,另一个在斯卡德 – 史蒂文斯－克拉克投资咨询公司（Scudder，Stevens & Clark Inc.）的家伙也做了一些。即便这样，格罗斯的老板在午餐中还是拒绝了雷科夫的推销，因为他们公司不允许做这种交易。但他觉得雷科夫推销的想法很有趣，所以为什么不让他直接跟太平洋人寿的投资组合分析师们谈谈呢？

雷科夫回应道："这主意听上去很不错。我愿意跟任何人讨论债券的数学波动性！"

因此，雷科夫带着他的棕色活页夹来到了太平洋人寿的办公楼，它位于洛杉矶格兰德大道（Grand Avenue）和奥利弗大街（Olive Street）之间的第六街（Sixth Street）上。办公楼外面挂着一个巨大的时钟，时钟下面挂着一块牌子，上面写着"是时候买保险了"。雷科夫给莱斯·韦特（Les Waite）和比尔·格罗斯这两位太平洋人寿年轻的投资组合分析师做了业务陈述。结束时他们互相握了手，虽然没有达成任何承诺，但除了时间外大家也没有失去什么。之后雷科夫离开了太平洋人寿，没抱希望会和对方有什么后续交流。

但格罗斯从中看到了机会。所以，他问他的老板："我们为什么不试试看呢？我们可以把金库中的债券拿一些出来卖掉，反正通货膨胀正在不断蚕食它们的价值，卖掉了又会有什么损失呢？"如果他们去尝试了，仅用太平洋人寿的一小部分钱就可以建立交易记录；而如果他们做得足够好，就能向外部客户展示到底能赚到多少钱。

格罗斯的话很有说服力。老板的年纪虽然比格罗斯大，但按格罗斯所说的，他还是足够年轻，能够意识到这是一个好主意。他说："哦，那我们试试吧。"

太平洋人寿给了格罗斯 500 万美元来试验。这些钱对于公司来说亏掉也没关系，但这个试验是激进的。按雷科夫的说法："一个保险公司建立一个专门交易债券的投资组合是件非常标新立异的事[2]。"

第二章 开　端

雷科夫记得他们准备交易10只债券，在每只债券上投入50万美元，然后看交易结果如何。韦特和格罗斯轮班管理着这个小型的债券投资组合。格罗斯喜欢上了它，而韦特最终放弃了。

雷科夫和格罗斯因为都热爱债券交易也发展出了小小的友谊。他们在各自工作岗位上的时间都不长，都刚结婚不久，都刚有了小孩，也都买了价格相近的房子。雷科夫叫格罗斯"比利"（Billie），有时也叫他"海滩上的比利"，因为当时太平洋人寿已经将办公室搬到纽波特海滩了。而格罗斯叫雷科夫"霍威"（Howie）。

即便是雷科夫，也对格罗斯对债券交易的热爱感到钦佩。他记得格罗斯和他当时的妻子帕姆（Pam）在夏威夷度假时给他打过一个电话，说要交易些债券。雷科夫对此非常敬佩，他说："格罗斯居然热爱债券到这个程度了！"

格罗斯的小团队中还有另一个年轻新人，叫吉姆·玛泽（Jim Muzzy），他之前在一个股票经纪公司工作，在格罗斯加入太平洋人寿几个月后也加入了这家公司。吉姆·玛泽长着一张友善的脸，总是面带微笑，他还长着一对尖尖的耳朵，给人一种像精灵一样的感觉。他之前申请太平洋人寿的工作是因为听说这家公司要搬到纽波特海滩，而他就住在那里。这样他就不必每天花费两小时车程在上下班路上了。他的工作和格罗斯的一样，研究公司，帮助承销公司债券，在需要的时候跑到公司金库中在息票上签字，并将这些息票带到借款方那边收取利息。

太平洋人寿此前是个小型区域性保险公司，它的信贷投资组合总额远小于10亿美元。但这家公司碰巧得到了一位麦肯锡咨询顾问的建议，教它通过投资实现增长。为实践麦肯锡顾问提出的建议，格罗斯的上司们创建了一个名为太平洋股权管理公司（Pacific Equity Management Company）的主体。之后这个主体很快就被更名为太平洋投资管理公司。

太平洋人寿最终派了一个有经验的"大人"来管理这个新创建的"臭鼬实验室"——这是太平洋人寿的人半开玩笑地给这个落后的投资部门取的外号。这个"大人"是比尔·珀德利切（Bill Podlich），他在1966年加入太平洋人寿担任信用分析师的职位，负责管理太平洋人寿投资部门战略和规划业务的所有高级员工，被认为是公司里冉冉升起的明星。

然后，这三个人拿着公司给的500万美元和一个空壳公司在这个死气沉沉的保险公司内部开启了这个秘密项目。他们自然地承担了不同的职责：玛泽不喜欢投资和管理投资组合，但他为人随和并擅长与人交流，并且在搞市场营销上有一套（例如向客户们讲解他们如何使用这些钱投资）。格罗斯不喜欢出差和与人交流，虽然他有能力做这些，客户们也觉得他很有魅力，但做这些事他就得被迫离开办公桌和更重要的债券交易。珀德利切在商业战略上有显而易见的天赋，把除此之外的其他工作分配给他都是对他宝贵时间的浪费。

因此，他们很轻松地组建了一个"三腿凳"团队——格罗斯负责债券交易，玛泽负责客户服务，珀德利切负责商业战略。他们找到了一个平衡点。

随着他们在"臭鼬实验室"中验证了的确可以通过交易债券赚钱，他们开始寻找获得其他客户的方式，这样就可以管理除太平洋人寿外其他公司的钱了。公司需要给未来退休的员工投资，有很多公司都希望可以把这种投资工作外包给外部基金经理。太平洋投资通过自己500万美元的债券投资记录和投资经验，毛遂自荐为这些公司提供相应的投资服务。从20世纪70年代初期到20世纪80年代中期，太平洋投资管理的资金规模不断增长。从南加州爱迪生公司（Southern California Edison）到随后的食品连锁店艾伯森公司

（Albertsons），大公司一家接着一家地成为他们的客户。而1974年颁布的《雇员退休收入保障法案》（ERISA）助推了太平洋投资的成长，因为法案中设立了公司退休金账户标准并确认了基金管理行业的合法地位。之后，在1977年，太平洋投资取得了重大突破——拿下了美国电话电报公司（AT&T）这个大客户。

1978年，雷诺烟草公司（R.J. Reynolds Tobacco Company）的养老金管理经理造访了纽波特海滩，饶有兴致但稍带疑虑地听取了太平洋投资的年轻人们做的业务阐述。这个经理回忆道："我们当时在讨论把1 000万美元的巨资交给他们管理。这对我们来说是很大一笔钱，我相信对太平洋投资而言也是很大一笔钱。我们看到太平洋投资的业务负责人看上去都还像是小孩，但他们异常真诚。"

这个经理继续回忆道："他们不是那种华而不实的人。他们工作努力，积极进取。"而且太平洋投资的管理费是雷诺烟草接洽过的所有基金公司中最低的，所以雷诺烟草最终与太平洋投资签订了合约。"我觉得太平洋投资非常感激能够收到雷诺烟草的1 000万美元投资，并且能够将雷诺烟草的名字作为客户代表挂在他们的宣传栏中。"

起初，太平洋投资的业务并没有什么光鲜之处。在20世纪70年代，没有人需要投资组合经理，无论是股票还是债券。格罗斯回忆道："当时所有的钱都被销售赚走了。"投资组合经理每年只能赚到15 000美元，而销售一年至少能赚10万美元。而且有好些年，这个"臭鼬实验室"并没有赚到钱，甚至太平洋人寿的高管们认为这是一种"无意义的冒险"，它面临着被永久关闭的风险。

但20世纪70年代美国失控的通货膨胀使得太平洋投资的业务得以存活。大通胀点燃了主动交易债券的火种，因为如果仅仅将债券放在金库里，它就会不断贬值。也正因为如此，格罗斯的老板在听说有人能够通过买卖债券赚钱后，开始认同主动交易的观点。如果不是通胀吃掉了这些贵重债券的价值，太平洋人寿还不一定愿意给格罗斯他们这么一笔钱进行债券交易的试验呢。

进入20世纪70年代以来，虽然存在一些小波折，但承担（投资）风险是能赚到钱的。1971年美元与黄金的固定汇率解绑后，美国就开启了信贷繁荣周期，如果能够聪明地冒险，增加"杠杆"，并且避开一些"坑"的话，钱就会生出更多钱来。

"三腿凳"团队的第一年并没有取得成功，他们亏钱了。但那年的最后几个月，他们预计债券市场会有一波主要反弹，因此决定采取更激进的投资策略，把所有的可投资金都投向了债券。他们的判断对了，而且选择的时机很完美。在1975年和1976年，随着《雇员退休收入保障法案》不断将企业养老金经理和咨询顾问送到太平洋投资进行业务咨询，格罗斯的投资组合取得了优异回报，交易记录也越发亮眼。

他们灵活轻快地度过了20世纪70年代，之后格罗斯正确预判了1981年短暂经济衰退的结束时间，以及1983年经济的正常衰退，那之后就开启了几十年的债券牛市。这些事迹使格罗斯在美国公共电视网（PBS）的《每周华尔街》（*Wall Street Week*）节目上得到了极大的褒奖。这个每周五晚播出的由路易斯·鲁凯瑟（Louis Rukeyser）主持的电视节目以塑造金融行业的明星闻名。

1980年，比尔·格罗斯雇用了一个刚从芝加哥大学（University of Chicago）商学院毕业的学生，名叫克里斯·迪亚纳斯（Chris Dialynas）。这个一头黑发、面庞黝黑的"怪才"很快就成了格罗斯的帮手、信徒、朋友和太平洋投资交易大厅里的"王子"。格罗斯认为迪亚纳斯非常聪明，尽管格罗斯会嘲笑他的大嗓门和他每次都能构建出"阴谋论"的能力。迪亚纳斯和格罗斯有很多共同点：极度关注细节，并对新奇和复杂的事物有浓厚兴趣。迪亚纳斯预见未来可能发生的灾难的能力甚至超越了格罗斯，他的这种能力也许已经超出了实用的范围。在他办公桌上叠放着的约 1 米（3 英尺）高的研究报告、笔记和债券文件显得如此沉重，如此牢固，以至于当太平洋投资搬办公室的时候，底部的书页已经嵌入桌子的清漆中。

这几个人一起组成了一个奇怪的小团队。珀德利切沉着端庄的高大白人仪态为他们做的事情披上了官方的光环。玛泽的亲切感使这个团队的每个人凝聚在一起，他偶尔搞怪的恶作剧也提醒着太平洋投资的员工们，他们也是有喜怒哀乐的人类。玛泽是太平洋投资公司文化的守卫者，他开启了用"玛泽美元"来奖励出色员工的传统，所谓"玛泽美元"，就是贴有玛泽头像的普通的美元。此外，每次他们跟一个新客户签约后，玛泽还会邀请所有员工一起去抽雪茄。他会绕着办公室边走边喊："我们又签了一个新客户！"然后大家就会一起聚集到办公楼的五层，萦绕在办公楼周围的烟雾意味着他们又收到了好消息。

格罗斯不喜欢抽烟也不喜欢烟味，所以抽雪茄的传统没有持续很久。但之后他们又发明了发现金的传统。

帕特·费希尔（Pat Fisher）在 1976 年加入了太平洋投资，负责公司的整个后台部门。她指出公司每获得一个新客户，后台员工们的工作就会变多，因为他们在操作和记录每一笔交易时不能有任何差错。后台员工们也需要一些激励，一些能够让他们保持干劲的东西。因此，费希尔建议设立一个新传统。

在太平洋投资办公楼中，靠近两层楼之间楼梯口的位置有一个像接待区一样的区域，办公室秘书的办公桌在那里，桌上有一个小铃铛。一天，他们摇着小铃铛把后台员工们聚集在楼梯口周围，介绍了新客户的名字，这个客户有什么样的投资组合，以及投了多少钱。然后费希尔从她口袋里拿出一厚沓 100 美元的纸钞，在面前晃动。每个人的眼睛都瞪得像茶碟一样大。

她把这些纸钞一张一张地发给员工作为奖金。奖金的计算方式是，新客户账户中每多出 100 万美元，员工就会有 1 美元奖金。后来，这种发奖金的方式太费时了，所以他们选择直接把塞满现金的信封发给员工。

格罗斯的交易助理回忆说："这些小小的额外收入对我意义颇大。"她用这些奖金给房子置办了家具。

费希尔还是太平洋投资的运营负责人。她主管公司的人力资源、工资和技术。曾经有一段时间，她还用公司一些闲余的、尚未被投到正常资产中的短期资金进行投资，有时会在两天内赚取 20% 的收益。她还安排了公司搬到新办公室的事宜。她的主要工作是确保太平洋投资的运行不出错，没有交易错误，交易数字没有错乱且没有交易票据遗失。她帮助改进了效率低下的银行系统，为太平洋投资所用，例如她在 20 世纪 80 年代坚持让所有太平洋投资的账户管理银行使用传真机以提升效率，并通过让这些银行互相争夺来自太平洋投资的业务以进一步提升它们的效率。

随着太平洋投资交易量的激增，这种效率提升是非常重要的。随着养老基金和共同基金规模的膨胀，以及 20 世纪 80 年代投资产品的激增，投资资金开始蜂拥而至。在 1975 年，500 个共同基金（即将小投资者们的资金汇聚起来进行大规模投资的基金）总共管理不到 500 亿美元的财富，而且还要付给基金销售人员丰厚的佣金。但到了 20 世纪 80 年代中期，共同基金已经成为"零售"投资者，也就是普通小型投资者的首选投资品。到 1985 年底前，共同基金行业总共管理着超过 2 000 亿美元的财富。太平洋投资也借着这一波浪潮得到了进一步发展，但它主要靠专注于大型养老基金客户来实现更快的增长。到 1987 年，它管理的财富达到了大约 150 亿美元。

第二章 开　端

格罗斯的成功坚实地树立了"总回报"作为一种投资风格和投资策略的类别,其核心思想是,债券不仅能摆脱利息支付,还能带来更多收益。债券价格上涨带来的资本增值和债券的利息收入这两项合并创造了"总回报"。格罗斯发明的债券交易市场已经蓬勃发展了起来。

总回报基金的成功并非侥幸。债券市场的繁荣使成千上万职业投资者投身其中,在过去几十年里,参与的人越来越多。所有这些投资者都争相为公司提供借款,这意味着公司借贷的成本越来越低,资金池越来越庞大,会有超多资金来投资新工厂、新项目和新业务线。那些职业投资者、交易员们会对自己说:是我们使市场变得更高效,使公司资金成本更低,使它们能够以更低成本运营。

这些投资者们除了要努力让生活更健康,还年复一年地努力为他们自己和他们的客户在这个简单游戏中赚更多的钱,击败其他人。

主动投身金融行业的人们都有类似的性格特征:他们喜欢与数字打交道,分析预测每一件事情的经济影响,从时事新闻到曲棍球比赛。太平洋投资则更加特别。它的环境似乎会吸引某一类特定的人,那些古怪的、热衷于高强度工作的、时常焦虑的人,似乎他们自身情感问题越大,在工作中就越能茁壮成长。本·托洛茨基经常说,在面试新员工时需要问两个问题:"你小时候有被虐待过吗?你喜欢被虐待吗?"这个略显凶猛的牛仔在20世纪90年代创建了太平洋投资的高收益业务部门。

太平洋投资最早的那批员工似乎很享受在公司交易大厅互相折磨的感觉。他们轮流推选谁"首当其冲"——虽然被折磨的一般都是同一批人。在20世纪90年代的大多数时间里,首当其冲的是公司的投资组合经理和技术专家弗兰克·拉宾诺维奇(Frank Rabinovitch)。他刚加入公司的时候是个和蔼可亲的统计迷,离开的时候则变得充满愤怒、性格扭曲。他们会说他身上有臭味,然后用杀虫剂喷雾喷他;当他戴着一条很贵的新领带来上班时,他们会用剪刀把领带角剪掉,然后说是在帮他,因为这个领带看上去很丑;他们会在玩橄榄球的时候抱摔他,尽管他们立了规矩说开球后要数三个数才能够抱摔抢球。(太平洋投资的一个合伙人回忆道:"弗兰克身体并不是很强壮,但不管怎样这帮家伙都会把他按倒。这种操作已经刻到他们脑子里面了。你必须很有侵略性地跟他们争论才可能占到上风。")

他们觉得这很好玩,但这无异于小孩子们抓到一只苍蝇后把它的翅膀揪下来——因为他们自己没有翅膀。他们通过这种恶搞来证明自己的强大,证明他们值得在这儿生存下去。这也锻炼了他们,为上战场做准备。这就是格罗斯在20世纪90年代反复呼喊的:"要么成长,要么消亡!"

格罗斯的这句话与"三腿凳"中的"一条腿"密切相关。比尔·珀德利切当时除了必须在他办公桌抽屉里放满美乐事(Maalox)[①]之外,还遭遇了更严重的健康危机。突然间,他开始困惑:他已经赚到足够多的钱了,可以轻易去做任何他想做的事情,为什么他还需要继续做现在的工作?他和帕特·费希尔已在1985年结婚,费希尔也开始厌倦她的工作,尤其是跟一堆效率低下却还看不起她的人一起工作。

费希尔和珀德利切制定了一个"卧室里不谈太平洋投资"的规矩。但在1990年的一天早上5点半,费希尔准备去上班时,无意识地开始抱怨她没有得到迪恩·迈林(Dean Meiling)的支持。珀德利切茫然地看着她。之后,在开车去公司的路上,费希尔忽然意识到

[①] 一种治疗胃痛的药。——译者注

第二章 开 端

她打破了他们的规矩,而且毫无意义。当时,在迈林和其他人都晋升成为太平洋投资的合伙人时,她却不知不觉地变成了公司的一个顾问。可能是时候离开了。

几年后,比尔·珀德利切觉得他也应该离开太平洋投资了。他经常失眠,入睡的时候还会磨牙。他压力太大了,是时候离开了,是时候享受赚到的这一大笔钱,坐着火车周游全国了。不然,赚这么多钱干什么呢?

珀德利切最后同意在接下来几年里继续给太平洋投资提供顾问服务,但他们最终需要找人取代他。这是很难的一件事,因为很少有人既能得到格罗斯的尊敬,又能忍受他咄咄逼人的脾气。但也有人知道,在华尔街上基本只有所罗门兄弟银行(Salomon Brothers)能得到格罗斯的尊重,主要是因为这家银行的文化富有侵略性,趾高气扬,又江湖气浓重。有个厉害的家伙最近刚离开所罗门兄弟银行,他可能是太平洋投资,更重要的是格罗斯要找的能够替代珀德利切的人。

1993年,在经过几轮电话和现场面试后,比尔·汤普森(Bill Thompson)在比尔·珀德利切离开后加入了太平洋投资。珀德利切带着他大把的金钱和饱受摧残的肠胃乘着火车游历美国大平原去了(是的,这个故事中有很多"比尔")。

汤普森和他的新同事们不同,他不是一只被折去翅膀的苍蝇。他总是积极向上、恭敬有礼,高高的眉弓衬托出一种快乐的神情。他轻松的幽默帮助他化解了许多紧张时刻。他记得同事孩子的名字,并询问他们的健康状况;他记得谁和他一样喜欢棒球,喜欢哪支球队。他和格罗斯有着相似的家庭背景——出身简单的中西部男孩,父亲是中产阶级,在混乱的加利福尼亚州突然变得富有——汤普森对格罗斯的怪僻很有耐心,能容忍他的情绪波动,欣赏他奇怪的小幽默,并在必要的时候表现出来。他为格罗斯的缺乏安全感提供了解药,为格罗斯受伤的心灵及其所创造的文化提供了慰藉。

当汤普森仔细观察那种文化时,他同时也在寻找一种方式平衡它。在太平洋投资站稳脚跟后,他意识到公司里这些难以驾驭的"野生动物"其实是一群自以为是的纯粹主义者。有一次,弗兰克·拉宾诺维奇向他扔了一把椅子。汤普森能够感受到他们并不相信他,也不相信他表现出来的友好。

因此,在上任后不久,汤普森决定要做一些团队建设,一些能够让大家一起开怀大笑的活动,但这个活动不能是一般公司团建的那种"信任背摔"。他脑子里已经有了些主意,但有一点儿冒险。

当太平洋投资在1994年初公布新任合伙人后,汤普森为公司的所有董事总经理安排了一场庆祝晚宴,无论新老都会参加。这是给大家放松的机会。

当时,太平洋投资的核心团队成员大多数都还年轻,他们有时仍然会去社交。饮酒会主要由干劲十足的比尔·鲍尔斯(Bill Powers)带头发起。格罗斯仅仅是偶尔参加这些晚宴和酒会——他并不喜欢喝酒,也不是一个很喜欢参与团队活动的人,但在太平洋投资创立初期,甚至在20世纪90年代初期,他还是偶尔会参加酒会。公司所有合伙人都去拉斯维加斯玩的时候,格罗斯也去了,但他早早就逃走了,坐飞机飞回纽波特海滩,这样他第二天就可以清醒地出现在公司的交易大厅了。

格罗斯出席了汤普森组织的第一次团建。先是在离公司约8千米(5英里)的太平洋俱乐部(The Pacific Club)的一间简朴的会议室中举行一场晚宴,晚宴上有酒店提供的牛排和红酒。

当大家都到齐就座后,汤普森站了起来。他拿出一沓照片,照片中是每个出席宴会的董事总经理的面部特写。底下的观众们正好

第二章 开 端

喝光了杯中的红酒，互相低语，咧嘴大笑并露出紫色的牙齿。汤普森告诉他们，大家要一起做个练习。他拿起了一张照片，照片上是约翰·黑格（John Hague）晒得黝黑的脸，有着浓密的眉毛和好莱坞式的迷人微笑。因为黑格拥有不可思议的搞砸新客户的能力，他们都叫他"终结者"。汤普森转身将黑格的照片钉在了他背后的墙上。

他一边把更多的照片钉在墙上，一边说："我们要告诉他我们对他的真实看法。来吧，把真实想法说出来。叫他混蛋。"

在场的人面面相觑，表露出来一些不安。

汤普森又给他们鼓了把劲，说："来吧！"

终于，房间后排的一个家伙叫了一句："他是……一个混蛋！"

"混蛋！"另一个人也加入了。

汤普森又把印有另一个人脸的照片举起来：这回是克里斯·迪亚纳斯，照片中他嘴巴紧闭，永远是一副假笑一样的表情。这次下面的回应更加自然了："混蛋！"

接下来是欧尼·斯麦德（Ernie Schmider）的照片，他是个可爱的家伙，当然你在太平洋投资不能用这个形容词，否则你在这儿的职业生涯就会终结。"混蛋！"

接下来是谦和且一丝不苟的迪恩·迈林的照片。"混蛋！"

这游戏很有趣，很解压。

太平洋投资的一个前合伙人说："当时桌上肯定有人在看到其他人时会暗想他们是混蛋。这种方式给了每个人一个机会，让他们把心里话表达出来。他就坐在那边，但你是对着他的照片说的，不是对他说的。"

汤普森的冒险有点儿不着调，但完全符合太平洋投资的风格。格罗斯说："大家真的很喜欢这种方式。这是汤普森用自己的方式进行的自我介绍，他迅速融入了这堆大男孩。"

因此，汤普森正在被大家接纳为公司领袖，这是在太平洋投资受到爱戴和尊敬的第一步，这在太平洋投资是很难得甚至不可能的成就。他将继续体会如何冷静应对公司内部这种难以控制的内讧和分化，进一步帮助公司实现爆发式的成长，尤其是在格罗斯本人也参与到这种内讧中的时候。保持团结且稳定，他们才可以将他们的侵略性更好地聚焦在有建设性的事务上——聚焦在如何发现并利用怪异的市场和债券文件中的漏洞，如何震慑银行和竞争对手，如何进一步压低法律和社会规范所接受的行为底线上。这些事务都能帮助太平洋投资为客户多赚取几个基点。

太平洋投资对在法律和社会规范边缘舞蹈的热情和意愿，将在它多年的投资业务中不断呈现——这是它对冒险永恒的热爱和不甘落后的偏执。公司内部的氛围也是这样：像一个压力锅的温度刚好控制在沸点以下。通过仔细谨慎的管理，这种脆弱的紧张状态可以持续帮助公司取得（比同行）更优异的业绩。

* * *

2007年5月底，太平洋投资的董事总经理们聚集在太平洋俱乐部一个空调温度非常低的会议室中。讨论公司未来的时候到了。

房产市场的放缓最终导致了市场下滑——忽然之间"次级贷"这个词到处可见，因为那些当年高高兴兴购买房产的美国人意识到了他们最终还不起贷款。但时任美联储主席本·伯南克（Ben Bernanke）在那个月的一场演讲中说，这种困境是可控的，虽然困境严峻，但范围不大。与此同时，太平洋投资错失了在海外投资中获得增长的机会，其收益表现仍落后于竞争对手。

汤普森暂时没有离开公司的计划，格罗斯则计划一直在交易大厅中工作到死为止。但当时这两个生机勃勃的"比尔"也不得不开始为自己的未来和公司的未来考虑了。格罗斯在那年4月刚过了63

第二章 开　端

岁生日，汤普森跟他年纪差不多。在某种程度上，他们现在最重要的工作是确保公司可以保持稳定的状态，即使在他们离开后也能继续发展。多年以来，太平洋投资的客户们都吵着让公司制订一个格罗斯退休后的清晰计划。这辆众所周知的"电车"一直在靠近，有撞到"关键人物"并使公司陷入恐慌的风险。一个仅仅建立在个人想法上的公司太脆弱了。客户们希望公司能够建立并非以个人为中心的决策制度，来降低因个人死亡而造成的风险。

更重要的是，吉姆·玛泽也正准备要退休。太平洋投资的高层经理们，包括格罗斯本人，都知道他们需要在公司高层有一个人能温和地增强公司良好的企业文化，同时尝试着控制公司内部一些负面的影响，主要针对格罗斯的个性及其影响。

他们还面临着一个更棘手的问题，就是太平洋投资员工的报酬问题。这些员工每天早上5点前来上班，是为了给公司客户和他们自己赚更多的钱。但在安联集团2000年收购公司后加入的那批员工错过了一笔收入，因为真正大头的钱是安联集团在收购公司时与格罗斯和公司顾问谈判后一次性发给当时的员工的。太平洋投资的高管们一直以来将公司的成功归因于"让员工成为主人"的激励措施。现在，公司需要制订一个新的激励计划来吸引和留住下一代员工。

在行业中的"人才争夺战"愈演愈烈的情况下，这种压力尤其大。如果公司还想维持发展，他们就必须制订一个真正的计划，让公司的老员工们还可以听到公司在20世纪90年代反复呼喊的那句话：要么成长，要么消亡！

现在公司30多个合伙人穿着皱巴巴的西装围坐在一个大会议桌前，一边看着比尔·鲍尔斯，一边喝着手中的水或者咖啡。强壮的、留着大胡子的比尔·鲍尔斯是公司房屋抵押贷款交易部门的负责人，他是格罗斯最信任的问题解决者之一。他当时正在讲述"人才管理"

的现状。

鲍尔斯说外面的世界正在蓬勃发展。虽然太平洋投资已对房屋抵押贷款市场作出了最终的诊断，但华尔街上的抵押贷款证券仍在抛出大量的资金，这些资金是交易员从摩根大通（J.P. Morgan）、花旗集团（Citigroup）和德意志银行（Deutsche Bank），以及那些如雨后春笋般涌现的对冲基金中获取的。

行业内争夺人才的成本非常高。虽然他们知道最终市场崩盘后，人才的薪资会大打折扣，但在这种情况发生前，从洛杉矶到香港，仍然会有大量的钱去追逐人才，并给予他们畸高的薪资。太平洋投资也可以加入竞争并提供类似的薪资，但他们真的不想这样做。

除此之外还有一个问题：太平洋投资需要为客户设计新产品。纽约已经是一片被伐光的森林了：所有大型投资机构都投资过太平洋投资的债券基金了。公司的下一波增长会来自哪里呢？如果这些投资者都已经投资了太平洋投资，谁还会投资呢？太平洋公司因无须进行很多广告宣传而自豪。公司最重要和最有效的广告宣传是比尔·格罗斯在电视上接受《华尔街日报》的采访，以及通过公司的销售人员网络向大型券商推销他们的产品，再由这些券商向普通小型投资者们销售。此外，公司的销售大军还会通过他们自己的机构投资客户网络向养老基金、保险公司和理财顾问等推销公司产品。接下来公司可以进一步开拓主权投资基金，例如新加坡、中国、沙特阿拉伯或阿联酋等国家的大型资金池，或者主攻高净值客户。但是无论开拓哪种新客户，都需要开发出一些光鲜亮丽的产品。

新产品可能是对冲基金，那些在互联网泡沫破裂后涌现出的高费率投资工具，到2007年，几乎每分钟都会有一个新的对冲基金成立。太平洋投资已经针对公司的忠实机构客户发行过一些小型对冲基金产品，但除了这些客户，其他人并不知道公司的这些产品。它

第二章 开　端

应该发行更多的对冲基金产品吗？或者，与之相反，它应该设立一个低费率的"交易型开放式指数基金"（ETF），将这种在股票市场常见的基金引入债券市场？这种基金的费率非常低，以至于它们不停蚕食行业内的其他业务，但是客户喜欢它们。或者它应该……进军股票市场吗？太平洋投资一向不擅长股票投资。因为他们是债券投资者，对于股票投资者们所讲的故事持悲观和焦虑的态度。过去几十年间太平洋投资尝试过几次投资股市，但在每次投资中，它最终又会变回一个债券投资者。但这次它可能要再次试水股市了。它不会收购一家现有的股票投资基金，因为这不是太平洋投资的风格。他们经常说，收购一家基金，相当于要付两次钱——一次是收购这家基金本身的钱，另一次是在几年后替换这家基金的主要业务骨干交易员的钱，因为他们肯定会在收购合约的锁定期到期后离职。

最终，合伙人们决定搁置讨论，这是一个非常官僚化的结论，这种结论总是让格罗斯感到抓狂。但他必须让这些小丑一样的家伙们有决定权，因为他知道公司的利益比他个人的感受重要。但格罗斯很难忍受回到会议桌上继续听这些家伙信口开河，尤其是当他回想起这些人在第一天加入太平洋投资的时候有多么愚蠢和幼稚，而他不得不让这些人在这个平台上发展，培养他们。这个平台是他和玛泽、珀德利切以及现在的汤普森创建的。他知道他们经营的效率有多高，每个人工作有多努力，每个人对自己所成就的一切有多自豪。他们不需要多层级的委员会，每个人都七嘴八舌地叙述着自己的功绩，只是为了说给他们自己听。格罗斯知道这种集体思维方式会让公司发展变慢甚至陷入平庸，但他不得不让这些人领导公司。

* * *

2007年5月最后一个星期六的早上，阳光明媚。格罗斯和汤普森在外部场所参加会议的时候，走到了位于拉古纳海岸上的一个大型豪华酒店——蒙太奇酒店（Montage）的入口。

格罗斯一边局促不安地将他周末穿的高尔夫球衫塞到裤子里面，一边轻声地跟汤普森打招呼。汤普森已经对格罗斯这种尴尬窘迫的样子习以为常了，他们已经打了14年的交道，这种情况时常发生。格罗斯每次在与他人社交时都好像在小心抚摸一匹愤怒的马。汤普森会通过跟格罗斯开温柔无害的玩笑，向他释放善意来缓解他这种不安。现在他不需要再开这种玩笑了，因为格罗斯已经信任他了。但这次可能是一个很重要的早餐会。格罗斯必须做到最大程度的柔和，尽量放松，但同时不能过于放松，因为他们将要和世界上最正式、最彬彬有礼的投资界人士会面。

他们走进饭店，看到穆罕默德·埃里安已经坐在里面了。

埃里安很受太平洋投资老员工的喜爱，他当天碰巧在那儿。他现在在波士顿生活，但时常回纽波特海滩，这种行为对当地居民来说是很正常的。

埃里安是一位埃及外交官的儿子，从1999年到2006年初在太平洋投资工作，当时是公司一颗冉冉升起的新星。现在他已成为投资界的明星。他当时带领着太平洋投资的"新兴市场"团队，买卖印度尼西亚、哥伦比亚等新兴经济体的债券，在获得可观收益的同时，也组建了能够取得成功和主导地位的团队。他在太平洋投资内外最出名的一笔交易是关于阿根廷的。在20世纪90年代末和21世纪初，每个人都持有阿根廷的债券，但当这个国家在破产边缘徘徊时，大家都没有反应过来。埃里安带领太平洋投资撤出了对阿根廷的投资，通过阿根廷本土券商无声无息地将持有的债券一点一点卖回给了阿根廷养老基金。当阿根廷在2001年正式债务违约时，这些养老基金投资者和很多新兴市场投资者亏掉了他们的投资，埃里安

第二章　开　端

的基金却收获了 27.6% 的投资回报。埃里安看起来非常精明。

带着以往这些名声，埃里安在 2006 年离开了太平洋投资，开始管理哈佛大学 260 亿美元的捐赠基金。他当时计划每季度回纽波特海滩一次，看望他妻子的家人和他的朋友们。他在奥兰治县仍然留有车子和房子，这让在剑桥①的那些人怀疑他对这份工作的忠诚度。但谁会放弃一个在美丽海岸边的房子呢？尤其是在不得不忍受马萨诸塞州那漫长冬季的情况下。

两位比尔跟埃里安坐在蒙太奇酒店的早餐桌旁，窗外是在如画般湛蓝的天空下摇曳的棕榈树，他们询问埃里安哈佛的文化：他们的文化很不同吗？那边的人是不是竞争性很强？还是更懒散？

埃里安解释说他加入哈佛时经历了领导空窗期。他的前任将那儿很多有才能的同事都挖到了他自己新设立的对冲基金里，因为他们已经受够了对大学捐赠基金非传统投资方式的审查，以及大家对他们的巨额薪酬的愤怒。

虽然新工作很难开展，但这对埃里安而言不成问题。他引入了有才能的新员工，恢复了士气，投资业绩也不错。在这一行里，投资业绩是最重要的。埃里安刚刚被《纽约时报》的一篇文章报道，他曾在股市马上要大跌时卖出了相当于哈佛大学捐赠基金 5% 份额的股票。

这对格罗斯是非常有吸引力的。他对埃里安说了每个人都想说的话："你想过要回太平洋投资吗？"³

埃里安浓密的眉毛向上挑了一下，他在椅子上的坐姿朝前移了一下。

格罗斯不需要做太多解释，埃里安知道他们对他有兴趣。这个

---

① 美国马萨诸塞州的剑桥市是哈佛大学所在地。——译者注

想法早已经在格罗斯脑子里形成了：他从太平洋投资退休后，谁能接替他掌管公司？这个问题一直以来都未能解决，而埃里安就是这一问题的明确答案。

格罗斯计划先从交易大厅的职务上退休，但他理解汤普森时不时告诫他的事情：员工们需要了解这一步已经发展到什么程度了。他们需要向客户展示，太平洋投资对管理自己的业务和未来都非常严肃。格罗斯所剩的时间不多了。他是公司形象的代言人，也是很多客户选择投资公司最重要的原因。即使他现在还没有力不从心的迹象，但他总会有那么一天。格罗斯也不喜欢他所肩负的与公司管理相关的职责，他很愿意让其他人来做诸如运营论坛、到国外出差、与需要关注的客户打交道这些烦琐的工作。如果有人能让格罗斯专心交易，专心于他自己的工作，那对公司将是个很好的改进。

埃里安看上去有一些能接替格罗斯管理公司的必要特征。他的投资能力已被证实。他在牛津大学和剑桥大学接受过经济学训练并获得了学位，这使他能从经济学角度对事物进行自上而下的分析并具备"宏观思考"的能力，这是格罗斯很喜欢的。在哈佛大学捐赠基金，埃里安也负责管理除债券之外其他类型的交易策略，如锁定长期股权投资的"另类投资"，或是针对不同风险资产进行投资、风险高、操作灵活的对冲基金。太平洋投资可能需要对这些投资领域有更多关注，尤其是如果它对美国经济将要经历灾难的预测即将成为现实。埃里安也有管理人的经验。他在哈佛大学捐赠基金以及国际货币基金组织这种专注于国际贸易和帮助发展中经济体的机构中都有类似经验。作为一个经济学家、投资者，以及一个擅长与人打交道的人，埃里安可以帮助太平洋投资在内部不同派系间建立前所未有的沟通桥梁。这可能会让公司看上去很稳定。

第二章 开 端

此外,哈佛大学捐赠基金在2006年6月前的12个月中实现了16.7%的投资收益,这是很好的表现。该基金2007财年的业绩可能会更好:几周后,到6月底,基金的收益率将达到23%。

这意味着埃里安的投资业绩比格罗斯的好。在这年的上半年,总回报债券基金几乎没有投资收益,它所对标的债券指数的收益率则达到了近1%。

这些情况在这三个人进行这次友好对话前就知道了。格罗斯和汤普森想表明的是:回到太平洋投资,比之前更上一层楼,对埃里安来说是个好机会。埃里安是他们在正确时间的正确选择。

很明显埃里安也对这份工作感兴趣。他可能没有特别多其他事情需要考虑。可能唯一要考虑的因素就是:他需要努力与那些叛逆的、脾气暴躁的交易员们争辩并想办法领导他们。但这份工作也有很多附赠的好处:他可以在所有金融电视节目中作为一个成功的专家出现,无论他说什么都会被奉为圭臬。他可以在行业内的所有会议中发言,尤其是那些有全球政要和投资家参与的超越金融领域的大型会议。同时,他还可以获得数百万美元的工资。虽然哈佛大学享有学术声望,但太平洋投资的影响力要大得多,管理的资产规模超过哈佛大学捐赠基金的20倍,并且归功于格罗斯在行业内的传奇地位及其在过去几十年树立的"平易近人的债券专家"的形象,这会给埃里安带来更大的影响力。即便在最差的情况下:埃里安可以在太平洋投资工作个几年,赚取这份丰厚的薪资,在一个充满思想者和有影响力的人的世界中锻炼一下。从这儿离开后,他也可以去更大的公司担任首席执行官,甚至可能当上美联储主席?即使事情进展得非常不顺,他也可以通过丰厚的咨询佣金以及在顶级报纸上写专栏文章维系生活。

在三人的这次会面中没有人给出确切答复,也没有人要求给出确切的答复,但看上去他们正在达成某种一致。

埃里安坐飞机回到了马萨诸塞州。本·伯南克又针对"次级贷"发表了一次演讲。美国标普 500 股票指数(S&P 500)在四个交易日内三次创下历史新高。格罗斯也度过了一个小假期。

第三章
转 折

2007年6月的第一个星期四，比尔和苏在他们位于印第安维尔斯（Indian Wells）的家中。这个位于棕榈泉（Palm Springs）附近的沙漠小镇离奥兰治县大约两小时的车程。那天天气很热，可能有40.5摄氏度（105华氏度），苏想待在家里吹空调、喝柠檬汽水，但比尔想去打高尔夫球。他需要锻炼身体。这也许能让他被过热市场占据的大脑得到些许放松。在球场上，他可以将他的挫败感和压力发泄在一个小球上，一部分负面情绪有可能会在他打完球后被留在球场上。

比尔去打球还有另一个原因，这原因听上去有点可笑，但也是事实：在他们起居室的书柜上放着一个约15厘米（6英寸）高的奖杯，是一个在黑檀木底座上放着的黄绿色的球。底座铭牌上刻着：1990年3月15日，沙漠赛第14洞，一杆进洞，155码远。在这段题词上方刻着苏·格罗斯的名字。

格罗斯在多年后的一期《投资展望》中写道："这是一记漂亮的一杆进洞[1]，但不是我打的。我想这就是我为什么要继续努力。"

他穿好球服独自离开了家，前往在艾森豪威尔山（Eisenhower Mountain）下的高山高尔夫球场。在打第三杆第17洞的时候，他击球做得很好。球以完美弧线划过天空，落到洞旗周围，滚进洞中，全程距离有139码。

一杆进洞。

虽然周围没有人看到。

天哪，这算吗？

是的，是的，它算的，格罗斯确定，这个球是一杆进洞。

在那天晚些时候他把这事告诉了苏，苏也认同这球算数，虽然格罗斯在她眼中看到了某种滑稽的神情。但是，他指出，她对打高尔夫一窍不通。

除了他妻子，其他人都不认同这件事。

格罗斯说："我怀疑他们是嫉妒我。我曾经看到他们有人在傍晚时偷偷在同一个球座上反复练习击球。但这也带来了一个有趣的问题。如果他们真的打进去一个球，这是否意味着因为我是见证人，他们这球就算是一杆进洞了？"

这是格罗斯一生的成就，即便仅仅是他自称的。可能这是个吉利的标志，在他一贯的坏心情中透进了一道光。只有一件事情能够彻底驱散那种坏心情，而且那件事（泡沫破裂）越来越近了。

市场最后终于开始反转了。房贷违约率不断上升。在"次级贷"之后又出现了一个新名词：担保债务凭证（CDO）。CDO是将一堆债券捆绑在一起之后再根据风险划分成不同等级的金融衍生品，风险等级从非常安全到高风险都有。里面捆绑在一起的债券大多是抵押贷款。如果这些债券出现了什么问题，那么更"低层"的资产会受到更大影响；只有当很多债券在同一时间违约的时候，最高层的资产才会受到影响。根据穆迪（Moody's）、标准普尔（Standard &

第三章　转　折

Poor's)等信用评级公司对这些债券的评级，后一种情况出现的概率接近于零。因此，评级公司常年来都是为这些高层资产授予"AAA"信用评级。金融市场中很多投资决策都与这些评级绑定，很多投资者仅仅是盲目相信评级公司，而非自己做研究。

现在这些风险结构已经崩溃了，它们身上信用评级 AAA 的标签也被剥去。逾期付款的抵押贷款越来越多，违约的数量也越来越多。来自抵押贷款偿还的付款越来越少也意味着 CDO 那种如瀑布般的资产结构会出现问题：因为在 CDO 产品的设计中，钱是从上往下流动的，最后才会流到最低层级的资产中。如果在那之前已经没有钱向下流了，那最低层的资产就不会有收益了，根据产品的设计，最低层的资产就是风险最高的资产。但现在越来越清晰的是，损失远比债券评级公司所计算的要大，钱在流到更高层级资产的时候就已经枯竭了。穆迪和标普将只能惊慌失措地降低这些 CDO 产品的信用评级。

投资银行贝尔斯登公司（Bear Stearns Cos.）注意到它的两只对冲基金问题日益严重，它们投资于由次级抵押贷款支持的 CDO。CDO 市场的下滑使这两只基金的窟窿越来越大。2007 年 6 月，贝尔斯登公司为其中一只基金注入了 32 亿美元，希望能填上这个窟窿。

事情变得越来越可怕了，这正是太平洋投资所等待的。

格罗斯在随后一期《投资展望》中很直率地表达出了自己的愉悦之情。他写道，信用评级公司们被骗了，他们给了那些现在看来比垃圾还要糟糕的东西最好的评级。这样一来，他们也欺骗了投资者，这些投资者现在正面临着损失他们大部分甚至全部资金的风险。

但是，令人惊讶的是，股票市场还在继续上涨。在 6 月末，私人股本投资界巨头黑石集团（Blackstone）的上市创下了近 5 年来最大规模的首次公开募股（IPO），因为它和它的支持者们宣传的借债收购的方式已达白热化。不同的金融市场间已完全分化了，好像互相无视对方的存在，股票市场无比乐观地向前冲，信贷市场则已经崩溃，仿佛它们的命运并不是绑在一起一样。

政策制定者和监管者尝试着控制节奏。在美联储年中对经济的评估中，伯南克告诉国会："房贷的违约正在给很多房产所有人和社区造成个人的、经济的和社会的困境，并且这些问题在市场好转前会变得更糟糕[2]。"大量无法卖出的房产使市场陷入焦虑。

在伯南克发表国会证词的第二天，道琼斯指数（The Dow）有史以来第一次登上了14 000点的位置，因为股票交易员们将伯南克所说的"在好转前"理解为房产需求将要、可能会稳定下来，因此决定不再担忧房产市场的情况。但是在信用市场中，伯南克的精妙措辞并没有使他传递的信息变弱："次级贷"正在崩溃。保罗·麦卡利的可怕预言——那些腐烂的根系已经蔓延到金融市场、实体经济中，无处不在——正开始来到聚光灯下。

2007年7月，贝尔斯登公司告诉客户，那两个陷入困境的对冲基金所持有的资产已经"事实上没有任何价值了"[3]。在当年6月，投资者们所要求的持有高收益公司债而非美国国债的额外补偿一度触及历史低点，然后开始攀升；现在正在达到顶点。这些高收益公司债的收益率相对国债收益率的"价差"一般是以0.01%的幅度变化，但它在8月1日前激增了1%，达到了4.3%。

进入8月后，比尔·格罗斯面临着一个决定。他和苏之前已经计划好了在那个月横穿巴拿马运河，进行每年的邮轮旅行。邮轮旅行是他最喜欢的休闲方式，因为他不需要反复整理行李。他对待旅行的态度很严肃，保持着旅行的纯粹。如果他们去纽约或者北京旅行，每个人都会跟他说："比尔，你可以趁机去拜访一下美林证券（Merrill Lynch），或者去拜访下某某客户。"但是他不想这样。在邮轮旅行中，他可以把自己和工作分离在大洋两岸，他不需要拜访任何人，没有员工和客户烦他。

但如今情况已变得越发明确，2007年8月不是一个与工作隔绝的好时机。CNBC的吉姆·克莱默（Jim Cramer）刚刚在他主持的电视节目中彻底崩溃，他挥舞着手臂，叫嚷着说跟他交流过的每个人都已经完全崩溃，但是"什么都不懂"的美联储[4]却完全忽视这种状况。市场最终给了太平洋投资的总回报债券基金重返巅峰的机会。公司也为此建立了合适的投资仓位，为美联储不得不降息的时候做准备，同时也避免买入或是直接卖出可能在经济下行期违约的高风险公司债券。格罗斯现在不能休息，不能在所有这些事情正在发生的时候休息。

格罗斯后来说道："当时已经到了不亏钱且开始赚钱的时候了。"[5]他和苏将邮轮旅行推迟到了12月。

陷入困境的贝尔斯登基金申请了破产。太平洋投资管理公司收购了该基金和其债权人拍卖的一些资产。

8月9日，法国最大的银行巴黎银行宣布将冻结旗下的三只基金。基金投资者成群结队地赎回，而银行不得已停止了为投资者赎回基金，出于一个让整个市场不寒而栗的理由：巴黎银行已经无法计算出这些基金持有的资产到底值多少钱了。价格的波动已不受控制，它已无法算出能够给投资者们赎回多少了。在几周前，这些基金持有的全部资产的价值达到了21亿欧元，但现在已经到了15.9亿欧元左右。巴黎银行表示："美国资产证券化市场中一些特定板块的流动性完全蒸发[6]，使得我们无法公允地为这些资产定价，无论这些资产的质量或是信用评级如何。"

这就是麦卡利所说的"明斯基时刻"，不计后果的冒险行为孕育着资产价格泡沫的破灭。市场崩溃了。麦卡利后来说道："我对那一天记忆深刻的程度跟我儿子的生日一样。[7]游戏结束了。"

在经历了几个月的摇摇欲坠后,人们寄希望于"次级贷"问题不会蔓延,股市和债市开始一同陷入低迷。那些采取"量化"策略、不对市场方向进行下注的对冲基金,忽然间在它们持有的那些跟"次级贷"没有关联的股票上遭受了重大损失。这些对冲基金完全按照数学模型的指示进行买卖交易,因此它们的投资被认为会跟房贷市场的烂摊子无关。但所有东西都已经被污染了。

美联储削减了它向银行贷款的利率,并且与欧洲央行、日本央行一起,向市场注入了大量现金,以缓解恐慌情绪并维持市场秩序。日本的经济部长对记者们说:"美国'次级贷'市场的影响[8]已经蔓延到了全球金融市场中。"

美联储的举措并没有让市场参与者们感到安心,而是进一步加剧了他们的恐慌。到8月中旬前,标准普尔指数、道琼斯指数和纳斯达克指数(The Nasdaq)已经从上一年的高点处下跌了约10%,正式达到了股市调整的定义标准。

在这个紧张的背景下,保罗·麦卡利在举办于怀俄明州杰克逊霍尔附近的大提顿国家公园(Grand Teton National Park)的堪萨斯城联储年度研讨会上接受了提问并答疑。当会议组织者们选择将"房产、房产金融和货币政策"作为那年会议的主题时,一些受邀参会人员还觉得这个话题太无聊、不重要、不相关。

现在,会议主题已经不那么无聊了。央行行长们、财政部长们、教授们,以及最重要的市场参与者们,纷纷在2007年8月末登记入住了杰克逊湖别墅酒店,隔着酒店大厅巨大的落地窗,能看到提顿山脉在地平线上排成一列。

据耶鲁大学的经济学教授罗伯特·席勒(Robert Shiller)回忆,每天晚上,在"郊狼的嚎叫[9]和麋鹿的号角声中",监管者和经济学

第三章　转　折

家们尝试着估算当时房产市场下滑得到底有多厉害。这看上去像是经典的银行挤兑，但是比银行挤兑更加恐怖，更加糟糕。这仅是一次市场调整吗？还是泡沫破裂？这是谁的错？美联储是否应该做些什么？需要做些什么呢？

部分问题在于：美联储只能触及银行系统，但当时受主要影响的并非银行。

麦卡利打扮得像一个"职业教授"，他的两撇儿八字胡厚厚的、像海象一样，他棕色头发梳得很规整，发梢稍显灰白。麦卡利调整了一下他的无框眼镜，清了清嗓子，开始发言了。

他说，经济并非像其他人所认为的那样仅遭受了银行挤兑，这次经济遭受的是影子银行系统的挤兑，是那些遮遮掩掩的、织起千丝万缕关联的、未受监管的机构和壳公司的挤兑，就像"一整碗由加了杠杆的非银行金融机构的渠道、工具和结构组成的字母汤①"[10]。

真正的银行为其储户的存款购买了保险，并且有能够从美联储拿到超廉价融资的"折现窗口"渠道。但是影子银行使用了其他的杠杆，例如通过公司间借贷期限最短的商票市场融资。在这种市场里，投资者的恐慌情绪不但容易被触发，而且能够以最快的速度蔓延。如果一个机构需要把它借入的短期票据进行展期，但忽然间没有投资者愿意再借钱给它的话，它就得不到资金了。

麦卡利说，这就是市场上正在发生的事情。有资产担保的商票市场已经萎缩了将近2 000亿美元。这些钱蒸发了。"影子银行"系统现在有1.3万亿美元的资产需要脱手。这个系统需要向真正的银行借款，并且紧急出售它拥有的所有东西。

多年来麦卡利一直在思考着这个概念。所以，当他在杰克逊霍

---

① 一种汤食，其中包含字母形状的小面条。——译者注

尔会议上演讲的时候，他可以既精确又简洁地命名这个概念。自从他提出"影子银行"后，这个词就在金融领域传播开了。

他描述出了每个人都曾隐约看到但不曾看到全貌的东西。市场之所以直到几周前还反应灵敏，并对新债券、新产品以及有收益率的新事物有强烈需求，正是因为其背后有影子银行这一系统的支撑。你能够想到的任何东西都可以在你来不及"尽职调查"的时候被分拆和收购。这就解释了在前些年为什么这么多债务会被市场吸收，以及它们是如何被市场吸收的。

那年秋天，美国政府尽了最大努力救市。布什政府尝试着推出新项目来帮助陷入困境的房产持有人。美联储在9月将利率降低了0.5%，并在10月进一步降低了0.25%。次级贷发行机构接连破产，美国就业市场开始萎缩。英国的北岩银行（Northern Rock）发生了挤兑。美国的银行接连奔向美联储折现窗口。美林证券宣布亏损了84亿美元。

美国财政部敦促一些银行（摩根大通、花旗集团、美国银行）共同设立一个1 000亿美元的"超级基金"以表示对市场的支持。这些银行的代表们被召集在一起讨论如何设立这个基金，但是没有人是真的想做这件事。这个小组在圣诞节前就解散了。

所有人都仓皇而逃，太平洋投资精妙布局的仓位最终开始取得收益了。在其竞争对手的投资组合已经将之前的大部分收益亏损掉的时候，太平洋投资的总回报基金取得了回报。

在那年年底，总回报基金的收益率达到了9.1%。专门进行基金排名的晨星公司（Morningstar）说：总回报基金压倒性地击败[11]了它的竞争对手，并且投资收益超过业绩基准近2个百分点，这是一次"在债券世界中取得的令人瞠目结舌的胜利"。那些高风险的高收益债券，也就是太平洋投资在它们上涨时拒绝买入的债券，仅艰难

第三章 转 折

地取得了不到 2% 的收益。

* * *

债券市场之外的人也听说这个债券专家成功地预见了金融危机的到来。关于比尔·格罗斯的传说不断增加。金融媒体对他的提名也逐渐渗入主流媒体中了。在雷曼兄弟（Lehman Brothers）破产的那个礼拜，他被评为《金融时报》的新闻人物，这家报纸将他称为"一位令人难以置信的宇宙主宰者"[12]；《华盛顿邮报》写了篇文章来介绍他——《"债券之王"能够真正用脑子思考》[13]，还重点介绍了格罗斯在做倒立瑜伽动作的时候突然受到启发的故事；《时代周刊》杂志称他为"你最想听取意见的人"[14]，尤其是在每个跟债务相关的东西似乎都开始崩溃的时候。

他说："从那时开始，一万亿美元涨到了两万亿美元[15]。因为我们的业绩太好了，投资者对太平洋投资的信任也倍增了。"

格罗斯回忆说："我们在很早之前就证明了自己，但这次是对我们能力的确认。"客户们坚定地认为追随格罗斯是正确的选择，因为"即使在灾难发生时，太平洋投资依然可以打败市场并保住我们的钱"。

那年 12 月，比尔和苏去了巴拿马，乘着他们闪亮发光的、巨大的白色邮轮，安静地在长满丛林的两岸间航行。

第四章
危　机

2008年初，当金融界尝试着用咖啡因消除疲累、克制困倦的时候，太平洋投资收到了一个好消息：晨星公司提名比尔·格罗斯为"2007年度最佳固定收益基金经理"，这是格罗斯第三次获得此奖项，他欣喜若狂。

这是格罗斯一直以来都在追求的东西。在面试太平洋投资的应聘者时，他喜欢问："下面三个东西中你最想拥有哪个——金钱、权力或是名誉？"应聘者们经常会紧张地在三个东西间来回试探，想知道到底哪个是他满意的答案。格罗斯说："这个问题很微妙，因为不管你回答了哪个，都会暴露出你的一个弱点。"应聘者们经常会陷入犹豫，他们总是会回答金钱或者权利。在他们回答之后，格罗斯通常会很高兴地分享他自己的答案。他会对每一个问他这个问题的人说："一开始，我的动力就是要出名。"

这是一个关于找到自身优势的问题，格罗斯在年轻的时候就想清楚了这个问题。尽管他身材高大，但他在杜克大学本科第一年的时候就知道了自己可能不会在篮球方面有很高的成就；他被篮球队淘汰了，这份耻辱伴随了他几十年。相比打篮球，他在大学期间尝试做的倒卖篮球票的生意倒是给他带来了更大的成功：他预测杜克大学能够闯入全美大学生篮球联赛的四强赛，因此会提前购买10—15张篮球票倒卖。他在4年的本科生涯中成功了3次，杜克大学三次闯入了四强赛。格罗斯说："这是个利润丰厚的生意，但是要靠运气。"

但是运气不是优势，因为它没办法产生规模效应，并且格罗斯也不相信运气。

坏运气让他认识到自己很擅长冒险。他在大四那年遭受的一场可怕的事故，让他找到了一个比倒卖篮球票更可靠的赚钱方法。

在1966年的一个周六的晚上，学校兄弟会的人让格罗斯去为潜在的会员购买甜甜圈（他们觉得他只会买甜甜圈）。但是，因为超速驾驶，格罗斯的纳什漫步者（Nash Rambler）小轿车失控撞上了迎面而来的车辆。他从挡风玻璃飞了出去，挡风玻璃削掉了他四分之三的头皮。

格罗斯被紧急送往医院。一位骑警在高速公路路边上发现了他的头皮并把它护送到了急救室，医生为他做了缝合。这场事故让格罗斯一生都在为自己的头发焦虑，并使他更沉迷于身体的保健、延续他在高中时就开始进行的篮球和田径训练：从那以后，几乎每天，他都会完成一小时的瑜伽或者自行车训练。但在大四的大部分时间里，他都因为肺部损伤以及需要进行多次植皮手术而被困在医院的病床上。

在百无聊赖中，他开始读起了在大三春假后买的一本书，当时他在玩21点扑克时输掉了不该输的50美元。他对埃德·索普（Ed Thorp）的《击败庄家：21点扑克的获胜策略》（*Beat the Dealer: A Winning Strategy for the Game of Twenty-One*）这本书的内容表示怀

第四章 危 机

疑,但他当时已困在病床上别无选择。

他通读了整本书。读完之后,他弄到了一副扑克牌并且开始在病床上测试索普的策略。格罗斯回忆说:"我必须验证一下,因为我不相信它。反正我当时无事可做。"

之后他便开始练习21点。在经历了上千次的练习后,他头皮上的伤疤已经结痂,他认为自己已经做好准备进入真正的赌场了。

当时他必须在1966年10月报名参加海军训练——这是他在战争时期采取的风险规避策略,否则他很可能会被征兵然后被送去越南战场——所以,在此之前,他想要测试一下索普的理论。他拿着他200美元的积蓄去了拉斯维加斯。

当格罗斯把这个计划告诉他父母时,他遭到了父母的嘲笑。他们说:"估计你一天半以后就回来了。"无所谓,反正到东部去上大学是他第一次尝试脱离父母的掌控,这是第二次。他想看看自己能够做些什么。

他在首席法院酒店(Chief Court Hotel)租了一间每天6美元的房间,这个房间太脏了,以至于他都不敢坐下来看电视。但这酒店距离赌场仅仅6个街区,而且他只是在赌场玩21点的间歇会回酒店睡几个小时。另外,这个酒店也会给顾客免费提供价值95美分的赌场币。

他用一个渔夫帽遮住了他那仍旧瘀青并且看起来血腥的头顶,这样就能避免吓到赌场的其他客人,也可以改变他的外形,不会引起赌场保安们的注意。同时,这个帽子也会让他看起来不太富裕,他不想让赌场的管理人员怀疑他是那种有钱的"大人物"。

格罗斯观察着赌徒们在几百台老虎机、基诺游戏台和毛茸茸的绿色半圆形21点牌桌间匆忙奔走。一排排外表整洁、西装革履的男人们和穿着优雅裙装、一头烫发、戴着贝雷帽的女人们无头无脑地不停增加着赌注。他一时不能区分自己到底是为他们感到可惜还是觉得他们令人厌恶。这些人把他们的积蓄全都扔进了这些赌博机里，但他们对自己的行为没有任何思考，所以，他们也不会有任何希望会赢钱。他们知道这个事实吗？他们知道自己已经输了吗？这让格罗斯感到些许悲伤，因为这证实了人性中难以自控的、消极的一面。

他想，希望你们能玩得愉快，因为你们不可能赢钱。只要你们不会把积蓄输光，不会让你们的孩子挨饿就行。

那些在21点牌桌上的赌徒们，不停地喝着啤酒，谁也不比其他人更具谋略。他们都是冤大头。格罗斯想，我是赢家，你们是输家。格罗斯会紧握着他那一小堆白色的1美元筹码，盯着他们面前一堆堆黑色的100美元的筹码。

"我们玩的是同一个游戏，唯一的不同只是筹码的颜色罢了。"

在其他游戏中，如果周围都是这样一群蠢货是非常幸运的事，但格罗斯只跟赌场对战。他有一套策略。在那整个令人汗流浃背的夏天，他都会坐在赌场大厅中的21点赌桌前，从早上7点开始到半夜，每天要这样坐15到16个小时，每周7天。

他有时会对赌场的那些输家们怀有感激之情：他可以从他们身上学到点东西。他能够从他们的错误中总结经验并将经验融入自己的方法论中。例如那些赌徒的激动情绪：他们在连胜之后就会开始鲁莽下注，然后——一下子输得一干二净。

他们对于赌桌上的局势没有任何感知。他们总是在本应该撤退的时候增加筹码。格罗斯赌博时只使用渐进式加码的方式来"试探"庄家，他每次下注不会超过总筹码的2%。他只会在手中的牌有清晰优势的时候才下大赌注，当然，相对来说，这种情况会经常出现。

在21点游戏中，玩家们最开始会有两张牌，然后寄希望于这两张牌上的数字加起来尽量接近21，但不能超过21。因为是随机洗

第四章 危 机

牌,所以牌面加总的数值可能达到或超过那个值。你无法知道庄家会抽到什么牌,除非你能够仔细观察牌桌上已经发过哪些牌。

玩家可以仅仅通过简单的计数来追踪牌桌上已经发了多少张"花牌"或是高数值牌和低数值牌。根据计数策略,只需在每发出一张高数值牌后加一,在每发出一张低数值牌后减一。记牌者会记住那个数字来提醒自己——他们中的数学高手则可以据此进一步计算出下一张牌是高点数或是低点数的概率。

有时候,在长时间内,概率都对格罗斯不利,他意识到为了避免如玩家们所说的那样"被摧毁",他必须保护好自己的筹码。只要他还有筹码,他就能继续第二天的游戏。

记牌可以培养直觉。格罗斯学会了感知风险,学会了在概率对他有利的时候挺身而出下更大赌注,在概率对他不利的时候保持低调,等着牌面转热。他每次下很小的赌注,然后不停拖延,拖延;然后下大注,进一步加大赌注,就像驾驶手动挡汽车或是跳舞一样有条不紊。

格罗斯在2010年接受《金融时报》的采访时说:"这使我有了一种风险意识[1],这种风险意识在20世纪70年代并不常见,因为当时没有足够的量化风险模型。"当时电脑还不能计算出数学稳定性很好的答案,人们只能靠自己的头脑和直觉。

做这件事也有一些危险,格罗斯偶尔会感觉有一只大手放在他的肩膀上,然后一个魁梧健壮、穿着制服的家伙对他说:"赌场管理人员叫你马上离开。"他对这样的事从不感到惊讶或紧张;他内心的焦虑感告诉他,这种时刻可能随时会到来。赌场憎恨记牌者。这种时刻总是近在咫尺,以至于当一家赌场真将他请出去时,他反倒会有一种放松感,他也会莫名地为此感到骄傲,因为这代表他的计划奏效了,他已成功地走在了追随埃德·索普的道路上。

记牌并不违法，但赌场看中的是量，通过大量赌局来获得比玩家们更大的统计优势。如果一个玩家破坏了这个游戏的随机性，他就破坏了赌场的盈利模式。赌场可以拒绝为任何人提供服务，他们不喜欢某些玩家自己建立起一些数学上的优势，因为这是赌场的游戏。

格罗斯只能伪装到那了，记牌很难伪装。他会增加一些让人感到可笑的筹码来变换他的赌注。他很谨慎地、小心翼翼地选择了这些筹码的增量，但对于那些懂的人来说，他的把戏太明显了。

在营收层面，格罗斯并不对赌场造成威胁，因为他只玩 1 美元的筹码，并且每次只赢 25 美元。但是他知道，他的把戏对赌场的系统造成了威胁。这是不公平的，但在他眼里，这是在一个被操纵的系统中的不公平。

每当他从一家赌场被踢出来，他就会走到弗里蒙特大街（Fremont Street）上，走几个街区到另一家赌场，然后再次开启整个过程。他在弗里蒙特大街和四皇后赌场（Four Queens）之间游荡，有时候也会去明特赌场（Mint）或金块赌场（Golden Nugget）。

虽然进展缓慢，但确定的是，格罗斯的计划开始奏效了，他的那点小钱开始增长了。他对自己能够看清不同模式的能力也越来越自信了。这确认了他本已有所怀疑的事情：他跟别人不同，他能够看穿事物本质，能够看到事物开始转变。他能够保持冷静并用他自己的系统打败那些能够让其他人受挫的系统。

索普的系统需要玩家尝试的时间越长越好，这样玩家才能得到"真的赔率"，而不是可能包含连败的随机片段。格罗斯认同这种观点并且认为注意力最好保持不间断。在刚开始的时候，他偶尔会休息，暂时远离那些让人感到压抑的聚集在赌桌旁的赌徒。但是休息打乱了他的节奏，所以他停止了休息：他在赌桌旁待的时间越来越

第四章 危 机

长,并且习惯了每天花 16 小时在那上面。

那年夏天之后,格罗斯动身前往了越南,为美国海军服役。1969 年回到美国后,他用他在拉斯维加斯赌场中赚到的 1 万美元支付了读商学院的学费。

1967 年,埃德·索普出版了另一本书,书名叫《击败市场:一个科学的股票市场系统》(*Beat the Market:A Scientific Stock Market System*),书的内容是关于通过可转债、股票以及认证股权套利。格罗斯去读商学院的时候,随身带了这本书。书中的话题正好与他在加州大学洛杉矶分校(UCLA)的课程中学到的东西一致,这个学校的教授在认证股权和期权领域是权威。此外,这些内容也让他感到似曾相识。

格罗斯说:"这跟 21 点牌一样,都是非常原始和基础的东西,因为没有市场流动性,但这却能使它变得更好。"

再次受到索普的启发,格罗斯在他的硕士论文中写了关于可转债的内容。可转债就是在特定条件下可以转换成股票的证券。就是这篇论文帮他敲开了太平洋人寿的大门。

客户们都知道了他的这段故事,而且他从不厌倦地讲着这个故事。格罗斯在 1992 年接受《奥兰治县纪事报》(*Orange County Register*)的采访时说:"在(投资)这个行业,如果你操作适当,它就不是赌博。但它也需要一些赌徒精神。"[2]

2002 年他在接受《财富》杂志采访时说:"拉斯维加斯使我明白,我可以通过努力、创新的想法,以及忍受很多人都觉得单调无聊的步骤来击败系统。对我来说,这就是世界上最令人激动的事情。"[3]

多年以后,格罗斯见到了埃德·索普,他们是在由双方律师安排的一顿午餐上见到的,地点是当地很受欢迎的丽兹饭店(Ritz)。

索普住在那附近。在21世纪初，他受雇于加州大学尔湾分校（UCI），帮他们寻找能够捐款资助学校干细胞研究中心的"金主"。在那时，格罗斯显然是一个很好的目标。格罗斯从太平洋投资的办公室走到餐馆，说他只有半个小时的时间。之后，他们开始交谈。过了30分钟，格罗斯的电话响了，他的秘书提醒他该回办公室了。格罗斯回绝了，给午餐留出了额外的30分钟。30分钟后，秘书又打来了电话。

索普说："我们最终聊了有两个半小时。"

从那之后，格罗斯和索普发展出了一段非正式的友谊，这两个南加州游廊中痴迷于数字的人偶尔会一同吃午饭。有时候，格罗斯会跟索普说他面试员工时提问的问题，以及为什么他的答案是"名誉"。索普说："比尔想要成为一个成功并且著名的人物。他做的事情更多来自名誉的驱动，而非其他东西。"

对格罗斯来说，这些都是成功的重要印记。他赢得了索普的友谊和尊重，而索普曾是他的动力。他所拥有的钱已经足够让他受到他所在社区的机构的奉承。这是他的勤勉得到回报的标志。在过去几十年中，为了追求目标，他不停学习、测试，并且观察自己哪一部分的经验会得到最佳的反馈。之后他会重复这样做，然后把最好的和最成功的东西加到自己的传说之中。人们喜欢并且记住了他头皮脱落和落选篮球队的故事——但是，他知道，在拉斯维加斯的经历绝对是最有价值的。

* * *

声明于2007年9月11日发布：穆罕默德·埃里安将从他工作了20个月的哈佛大学的职位上离职，并在次年1月以联席首席投资官（co-CIO）和联席首席执行官（co-CEO）的身份加入太平洋投资。汤普森在太平洋投资的媒体发布中说道："我们欢迎他回家[4]，

第四章　危　机

他是一个公认的领袖、一个出众的投资者,以及在投资界备受尊重的人。"汤普森同时补充道:"我和比尔·格罗斯目前都尚无从太平洋投资退休的计划。"

在官方层面,是太平洋投资的合伙人们选择了埃里安。不管怎么说,这是惯例,规定公司的管理层要求合伙人们投票选出他们的新领导。

一般来说,在这些投票中都会有一个明确的正确答案,而且你会被建议选择正确答案。这些投票是"匿名的",但是这种保证在太平洋投资内部看上去是非常不确定的。总归要有人记录选票。要知道,如果在记录选票过程中被发现没有选择"正确答案",你将被打击报复,虽然不知道是在什么时候,或是以何种方式。

据知情人透露,在他们谈判的最后一刻,埃里安要求同时担任联合首席执行官(埃里安通过他的律师说,这是格罗斯的想法,是接班计划的一部分)。汤普森觉得让同一个人身兼二职不是一个好主意,而且这也是对太平洋投资"三腿凳"分权管理模式的背离,最早的"三条腿"是格罗斯、玛泽和珀德利切,之后是格罗斯、玛泽和汤普森。但当时他们已经来不及扭转这个进程了。格罗斯也不喜欢这个主意,但是他仍希望推进这件事。只要管理层的分工仍然能够将他和其他人隔离开,并且(或多或少地)将其他人和他隔离开;只要每个员工都能够做好自己的工作,也让他做好自己的工作,太平洋投资就能够像过去40年那样蓬勃发展。

埃里安至少看上去能填补比尔·汤普森那种"善交际者"的角色。他的举止非常传奇:没有人能做到在每一条回复中都会写"最好的祝福""祝愿你一切安好""希望你有完美的一天""你在万圣节拍的狗狗照片棒极了",或是"祝贺你在电视节目中有完美的表现"。

太平洋投资的合伙人们进行了两次投票,以确保大家都欢迎埃里安加入,第二次是一致通过的。之后,49岁的埃里安成了公司第一个联合首席投资官兼联合首席执行官,他负责管理公司全部的投资组合,并帮助太平洋投资开发新产品,以及未来带领太平洋投资转向新的领导层,就在整个世界正在崩溃的时候。

* * *

在纽约、伦敦和香港,太平洋投资之前预期的灾难场景已经发生。它现在必须着手应对。

在获得"年度最佳固定收益基金经理"称号后,喜气洋洋的格罗斯戴着一顶亮红色的帽子参加了CNBC的电视访谈节目。

节目的主持人艾琳·伯内特(Erin Burnett)说道:"帽子很漂亮[5],比尔,上面是写着'思考,太平洋投资'吗?"

格罗斯回答:"是的,'思考,太平洋投资'!我们现在已经进入了派对模式,艾琳。"

伯内特微笑着问格罗斯:"美国是否正在陷入经济衰退?"

格罗斯自信地用他那老生常谈的观点进行分析:强调影子银行,并敦促政府向系统内注入流动性。他说:"机会正在到来。太平洋投资希望能够利用这次机会,但是我们仍处于一个风险资产将爆发风险的情况下。"

格罗斯是对的。在那个月,贝尔斯登公司的首席执行官在这家做派强硬的投资银行陷入房屋抵押贷款投资困境时辞职了。市场上充斥着贝尔斯登正在破产边缘的流言,而投资者们争相撤资进一步使流言自我应验。到2008年3月前,所有事情都结束了:摩根大通以每股10美元的价格收购了贝尔斯登,为了使收购能够顺利完成,美联储接管了一些贝尔斯登持有的风险最高的资产。

在那一刻,太平洋投资知道需要作出更悲观的预测了:"我们认为现在的情况非常关键,之前不可想象的事情现在已经能够想象

第四章 危　机

了。"⁶ 埃里安在一年后接受《财富》杂志的访谈时如是说,用了一个拗口的表述方式,"我们已经进展到要把所有人今年的休假都取消的程度了。"

格罗斯说:"我还不习惯把起床闹钟设定在凌晨 2 点 45 分,但现在是特殊时期。"⁷

公司的普通员工们也开始将他们的闹钟从每天早上 5 点钟调整到荒唐的凌晨 3 点半,并在晚上 6 点下班回家。但他们下班后也不是不工作了。在接下来的几个月中,有的人甚至在他们停在停车场的车里面睡觉。有时候那样会方便点。

公司的会议室成了"作战指挥室"。为了遮挡阳光,房间的窗帘被拉上了。那年夏天,太平洋投资的顶尖基金经理和交易员们把他们的黑莓手机扔到了一边,在贝尔斯登破产后每天都在一起开会,"要确保'方舟'没有一个漏洞。"⁸ 格罗斯在接受《纽约时报》的采访时如是说。

作战指挥室的白板上写着一个"教学计划",里面罗列出了"在去杠杆时期会发生什么"⁹。第一,人们会忽然要求更多的补偿以承担风险,信用价差会变宽。第二,人们会恐慌式抛售资产,直到他们筹集到足够让他们冷静下来的现金。第三,现在的公司需要有干净的资产负债表才能够融到资,英雄才会出现。否则,价格会持续下跌。

贯穿整个市场的一个主要恐慌是关于交易对手风险的恐慌。太平洋投资与很多银行和公司进行交易,当太平洋投资能够从这些交易中获利时,它就是依靠交易对手来支付费用。像摩根士丹利、高盛集团或是雷曼兄弟这样的金融机构无钱可付是不可想象的。但现在谁知道呢?贝尔斯登已经无法完成付款了,至少在没有摩根大通和美联储帮助的情况下是无法付款的。太平洋投资的交易对手也在担心同一件事情：人们已经不相信任何人了，之前互相信任的交易对手现在也要求对方立即支付现金。所以，以防交易对手要求现金支付，太平洋投资储存了 500 亿美元。格罗斯说："贝尔斯登事件表明，现在事情已经发展得过于极端了。"[10]

市场混乱也影响了太平洋投资的交易策略。这些策略帮助公司在过去几十年里取得了优异的业绩，本·托洛茨基记得有一两个有影响力的咨询顾问不能理解这些交易策略，所以他们将其结果称为"格罗斯现金"。要进行这些交易策略需要有运行良好的市场，但随着外面的世界里充满了恐惧，市场的良好运行越来越难以实现了。太平洋投资的一个交易模式曾经非常受欢迎，他们把这个模式称为"兰达现金"（Lambda Cash）①。这个名字听起来很炫，但实际上它并不复杂：基金法规对于太平洋投资能够利用的"杠杆"有明确的限制，公司通过这个交易方式能够绕开限制。

太平洋投资在 20 世纪 80 年代开始表现出对金融衍生品习惯性的、持久性的和格外热情的喜好，并在这个时候开发了这一交易模式。这些已经在市场上有较长历史的金融衍生品在金融危机时占据了舞台的中心位置。金融衍生品衍生于股票或者债券这些真实的东西，但是又跟这些东西有所不同。期货合约，就是那些约定在未来某个日期以固定价格买入债券的合约，就是一种金融衍生品；期权合约也是金融衍生品，它们是给予持有者在未来能够以固定价格买入或卖出某个金融产品的权利而非义务的金融工具；互换协议也是金融衍生品，它是能够用一系列现金流与另一系列现金流进行交换的金融工具。因为购入金融衍生品不要求持有者马上购入其衍生的

---

① Lambda 为希腊字母 λ。在期权交易中，该字母指的是一个变量，即通过交易期权能够为投资者提供的杠杆倍数。——译者注

底层资产，因此投资者在购买时可以只支付很小一笔钱。金融衍生品可以帮助太平洋投资构建它想要的债券敞口，但并不需要马上付钱交易债券。因此，太平洋投资同时可以用剩下的钱投资到它想投资的其他东西上，并赚取更多的钱。而它的竞争对手则懒惰地坐在一边没有进行这些交易，导致它们错过了赚取额外收益的机会。

格罗斯喜欢便宜货，因此他全身心地投入衍生品交易中。

他们在 20 世纪 90 年代初期正式命名了这种交易方式，即"管理债券"（Bonds Under Management，简称 BUM），同时也进一步完善了公司记录持有资产的会计系统。公司里一个热爱交易通胀相关产品的交易员约翰·布林约尔松（John Brynjolfsson）当时正在研究如何对期货合约记账。如果你有一个能在未来某个日期买入 200 万美元债券的期货合约，你现在并不拥有这个债券，并且你的期货合约的市场价格接近于零。但是，当债券价格波动时，期货合约的价格也会波动，等到了合约执行日期，你还是需要支付 200 万美元来购买合约中规定的债券。太平洋投资发现，在这期间，你可以取出未来需要买入债券的 200 万美元并将其记账到你拥有的头寸中。

你不需要准备全部的 200 万美元，至少在合约到期前不需要。你可以用价值 200 万美元的债券购买期货合约，但只保留 100 万美元的现金。布林约尔松说："在第一个切入点，我们可以将这 100 万美元记为杠杆现金。如果你有 100 万美元，但你买了 200 万美元的东西，那就是使用了杠杆。"

在这类以及其他需要基金经理持有现金的案例中，太平洋投资发现它可以利用现金和"现金等价物"之间的区别谋利。"现金等价物"是一些被认为基本等同于现金的金融市场工具，因为它们可靠并且流动性好。例如短期公司债券，当它们即将到期的时候就跟现金差不多了，但是它们的收益率会比现金高一点。购买短期公司债券可以为你手头的现金赚取比竞争对手多那么几个基点的收益，但只持有现金就不会有这种收益。

在20世纪90年代初期，布林约尔松坐在太平洋投资的交易大厅中给公司的投资委员会成员解释这套会计系统，他总结道："所以，我们可以称之为杠杆。"

投资委员会成员们的脸都变白了。他们中有人说："那个行不通。"

布林约尔松问："你是想让我调整公式吗？"

"不，不，公式是对的。问题在于这个名字。"

"好吧，那我们还能为它取什么名字呢？"

杠杆，也就是借钱，可以帮助你进行更多投资从而增强投资收益，这在经济繁荣的时候是非常好的事情。但是杠杆只是让你的赌注变得更大，它也可以完全崩盘。杠杆就像在投资的可卡因（一种毒品）中加入的一些果汁，但用杠杆的代价可能要超出你的承受范围。这就是为什么那些为退休人员管理财富的基金会被限制使用杠杆，因为退休人员不能承受他们的所有钱都被亏光。即使只是使用"杠杆"这个词，那些共同基金和养老保险基金的基金经理们也会感到紧张。

布林约尔松在他的大脑中搜索。杠杆……金融行业的人们喜欢用希腊字母，并且布林约尔松对希腊字母略知一二。"那么用'兰达现金'这个词如何？"因为"兰达"（Lambda）和"杠杆"（Leverage）的开头字母同样是L。

投资委员会批准了这个名字。

仅仅是"兰达现金"每年就可以增加0.25%—0.4%的收益，这在固定收益行业中是最重要的东西。而且太平洋投资可以永远做到这一点。这在任何资产类别中都是投资的取胜之道：如果你没有在某些愚蠢的交易中损失掉所有的钱，如果你采取稳健的策略，那么你就会成为长期持有收益排名第一的人。太平洋投资自嘲为"垃圾债券基金经理"的本·托洛茨基曾经称这种策略为"战略性平庸"。他自己的计划是从不在某一年成为行业第一，但也从不爆仓。只要能在这个游戏中玩得时间够长，就赢了。并且这也是客户们想要的：长时间的良好投资记录；一个能够跑赢业绩基准的投资经理，即使有时候需要一点冒险——客户们怎么可能比他了解得更深入呢？或者说，如果这套方式能成功的话，一点冒险算什么呢？

只是有一个问题。太平洋投资的策略——运用金融衍生品、赚取"兰达现金"并推迟结算——可以给它一些额外的时间把现金投资到短期资产中并赚取一点额外的收益，但这就使公司进入了影子银行系统。如果太平洋投资短期资产的篮子出现了问题，比如在影子银行系统里发生了挤兑，那就会给公司带来麻烦。在 2008 年，这种问题就出现了。太平洋投资的影子银行和其他公司的影子银行一样遭受了毁灭性的冲击。

这场冲击对太平洋投资的影响仍小于对它同行的影响，因为它对于房产市场的预测以及对影子银行系统的认知帮助它躲开了那些最糟糕的事情。并且在公司外部，太平洋投资仍被认为是非常优秀的。查理·罗斯（Charlie Rose）在 2008 年 7 月对穆罕默德·埃里安进行了访谈。罗斯身体朝前倾斜着，询问埃里安太平洋投资是如何预见了房产市场危机的到来。

埃里安说这很简单。股票和债券生活在不同的世界里：2005—2007 年[11]，债券市场告诉你，"市场正出现严重错配，要小心"；而股票市场告诉你，"这是黄金时期，一切都很完美，在这个大缓和时期，什么都不用担心"。

埃里安说："我们发现市场正在尝试告诉我们，有一个主要的基本面的转变正在发生，但金融系统并没有做好准备。"

他告诉罗斯，曾经不可思议的事情现在已变得可以理解了。

在接下来的一周里，麦卡利和美联储前任主席阿兰·格林斯潘（Alan Greenspan）一同出现在了CNBC的电视节目上，当时格林斯潘正在为太平洋投资提供咨询。在玛利亚·巴蒂罗姆（Maria Bartiromo）主持的《收市以后》（*Closing Bell*）节目中，他们认为美联储需要应对一个巨大并且日益严重的问题："政府支持企业"（GSE）。

房利美（Fannie Mae）和房地美（Freddie Mac）从那些直接向客户发放住房贷款的公司处购买住房抵押贷款。在2008年秋天，它们持有或担保了价值超过5万亿美元的房贷，其中大部分都是垃圾。它们通过发行债务为持有或担保这些资产进行融资，而金融市场认为它们的债务跟美国国债一样安全。但是美国政府从未明确表示政府会怎样"支持"房利美和房地美，这个问题现在很紧迫。

格罗斯和太平洋投资，如果房利美和房地美的糟糕情况保持不变或者变得更差，美国政府将为它们提供支持。这两个机构太大并且太重要了，政府不可能让它们破产。在这种前提下，格罗斯将其总回报基金投资于GSE担保债券的份额由2007年的20%提升到了60%。问题是，这个下注看上去有点可疑。这些证券正在亏钱，而太平洋公司持有大量这样的证券。是时候在公开场合施加些压力了。

在CNBC的电视节目中，格林斯潘和麦卡利提出，房利美和房地美存在内在的结构性不稳定，因此美联储和财政部需要为它们注资。之后格罗斯在他9月的《投资展望》中也进行了类似的论述：恐慌性地抛售有问题的房屋抵押贷款证券已经过头了，把GSE支持的债券价格也拉下来了。价格下跌得越多，对手方就会要求他们的交易伙伴提供更多的钱，这会导致交易伙伴紧急出售他们的资产，并且这样延续下去。格罗斯写道,"不加约束"[12]的话,这将会"使一场篝火变成森林大火,使一个温和的熊市演变成一场毁灭性的金融海啸"。

在买家进场前,恐慌是不会停止的。这就需要有人站出来,需要一个对公共利益更感兴趣的人。格罗斯写道:"常识无法使我们得出其他结论。如果我们想避免接近历史极端状态的资产和债务清盘,我们需要能够开放美国财政部资产负债表的政策。"

格罗斯是在明确地告诉美国政府,它必须买。距房利美和房地美将即将到期的2 250亿美元短期债转换到新债券的截止日期仅剩下几周了。格罗斯警告称,这些新债券可能不会有市场了。

他在CNBC的节目中阐述:太平洋投资和其他市场参与者正在静观其变[13],等待某个新的大买家跳进市场。必须是新的买家。现有的买家们不会再购买房利美和房地美的债券,除非……

格罗斯说:"你可以说我正在讨论我的持仓。"[14]

这番言论并没有得到其他人的认同。Seeking Alpha网站上的一个业余投资者和博客撰写者迈克尔·斯坦伯格(Michael Steinberg)在名为"格罗斯在为救助他自己进行政治活动"(*Bill Cross Politicking for His Own Bailout*)的专栏中写道:"格罗斯正在祈祷财政部以公益的名义支持他所持有的资产。"[15]

另一个投资人彼得·科汗(Peter Cohan)在《财富》杂志的采访中说,政府需要太平洋投资慷慨解囊来资助它救助经济;政府需要太平洋投资买它的债券,所以政府"不能让他走掉"。

他说:"这是一个双向垄断的市场[16],一方有一个大卖家,另一方有一个大买家。格罗斯是一个出名的优秀赌徒,他知道要在这样的市场中获胜就要在政府需要出售时威胁不买入。格罗斯将政府逼到了谈判的弱势位置上。"

就在格罗斯发表那篇《投资展望》并在 CNBC 节目中强调了自己的观点之后不久,《华尔街日报》的一篇报道中透露了一条消息,财政部即将完成一项支持房利美和房地美的计划。政府正完全按照格罗斯要求的方式做事。格罗斯将在这场赌博中得到回报。

在 CNBC 节目播出的 3 天后,9 月 7 日,财政部长汉克·保尔森(Hank Paulson)宣布政府将对房地美和房利美进行托管,财政部将向它们注入数十亿美元来覆盖它们的损失。在它们的资本结构中,所有持有投资在太平洋投资持有的级别以下的人都亏光了。

那一天是总回报基金有史以来表现最好的一天:一天上涨了 1.3%,获得了 17 亿美元的收益。

对此的愤怒已经超越了金融界。在 9 月 8 日,《华盛顿邮报》(*The Washington Post*)的一个读者写道:"记者们都应该赶到太平洋投资去调查一下,比尔·格罗斯和太平洋投资是如何不停购买 GSE 债券,进行政治赌博,让它们变得跟国债一样。"[17] 他抱怨道:"不应该允许太平洋投资用它超大的规模和花言巧语来攫取巨额利润。"

* * *

另一个难以想象的、最坏的情况正在发酵。与贝尔斯登同样遭受重创的投资银行雷曼兄弟正在为它持有的抵押贷款和房地产资产忙得不可开交。9 月 10 日,星期三,雷曼兄弟公布了巨额亏损,公司股价暴跌,市场充斥着恐慌情绪。雷曼的高管们匆忙地到处奔波,想要找到一棵救命稻草,寻求救援。

埃里安后来告诉《财富》杂志:"太平洋投资已经花了很长时间准备应对灾难了。[18] 但即便如此,还是有一种恐惧感。事情演变得太快了。"

到星期天下午,一切就都结束了。雷曼没能找到买家。星期一,它申请了破产保护。道琼斯工业指数下跌超过 500 点。

第四章 危 机

很少会有所有人都同时感受到拐点的情况，但是雷曼的破产毫无疑问是一个拐点。在那之前，事情看起来是可以控制的。即使在那之前一个星期，如果谁说市场的下跌会演变成衰退，他都会被认为不是美国人，不了解美国国情。人们都觉得，经济的确处于困境，但它不会跌落悬崖。因为经济从未跌落过悬崖，至少在每个人记忆的范围内是这样。肯定会有人做些什么。比如监管者们精心安排并支持了贝尔斯登的援救计划，并拯救了房利美和房地美。一定会有办法的。

但是他们就这样让雷曼兄弟破产了。现在没有任何东西是安全的了。交易和交易对手都不安全。所有事情都被质疑了。美国金融机构正在崩溃，市场突然间完全收紧，可能没有任何人能够阻止这种趋势。

随着这种趋势逐渐变成现实，事情开始变化得更快了。"聪明钱"的对冲基金正在遭受重大损失，开始内爆，并禁止客户赎回投资。大家觉得每一个交易对手都很可疑，要求交易对手提供更多的担保，因此对现金的需求不断上升，但没人有这么多现金。数十亿美元被搁置在资产负债表中。太平洋投资的交易员们进行着24小时的接力赛，致力找出他们的哪些交易对手在雷曼兄弟身上没有过多的敞口。人们非常害怕。

在雷曼兄弟破产两三天后，埃里安叫他妻子赶快去银行ATM机上能取多少现金就取多少现金。

妻子问："为什么？"

他说："因为我不知道是不是有可能这些银行以后就关门了。"[19]

保险业巨头美国国际集团（American International Group，简称AIG）也摇摇欲坠了，但是看到了雷曼兄弟破产给经济带来的冲击，政府这次不会再冒险了。9月16日，美联储救助了AIG，它借给

AIG 850 亿美元并获得了该公司 79.9% 的股权。

即使这样，恐惧和不确定性仍在持续加剧，已经影响到了所有市场、所有层级的资产。曼哈顿那些疲惫到眼睛抽搐的人们情况更糟了；交易员们一直坐在不停闪动的彭博终端前，桌子周围堆满了健怡可乐瓶、空零食袋和外卖盒子。华尔街上传着各种谣言：有人在雷曼兄弟的首席执行官迪克·富尔德（Dick Fuld）跑步时一拳打在他脸上，把他打昏了。这谣言不是真的，但人们想象出这个场景就足够满足了。

一个礼拜天的晚上，格罗斯和苏待在家里，一边喝着啤酒一边看着橄榄球比赛来放松心情。他从未一次喝超过一瓶啤酒，苏的电话铃响起的时候，他正在享受他的那瓶啤酒。苏接起了电话，一会儿，她把电话给了格罗斯："好像有个叫盖特纳的人找你？"

格罗斯呛了一下，蒂姆·盖特纳（Tim Geithner），纽约联邦储备银行的行长，怎么会有苏的电话号码？肯定是有人告诉他，这是能够联系到格罗斯的唯一办法，因为格罗斯拒绝拥有自己的手机。格罗斯还没有准备好交谈，但他只能接过了电话。

盖特纳只是想了解一下格罗斯对经济的看法。格罗斯很确定盖特纳对杠杆或是影子银行不是特别了解。格罗斯说，美联储的家伙们没有想过这个问题，也对此没有经验，因为"很不幸，他们都是一个模子里刻出来的，就是那种博士们一致同意的模式"：辩论，思考，讨论。他们中间没有一个能找出最好想法的决策者，但太平洋投资有。

公平地说，美联储呼吁很多大型投资机构随时了解市场走向以及市场参与者的感受，尤其是在动荡期。美联储有一个委员会在做这件事。但即使这样，格罗斯还是在努力争取名誉，因为这对太平洋投资和他自己都将产生新的红利。

第四章 危 机

到现在,旋涡已经超越了孤立的金融世界,超越了股市:雷曼兄弟的破产已经破坏了美国公司为他们日常运营进行融资的管道,这是一个总值达1.97万亿美元的商业票据市场。这些票据一般只有3个月期限(最多9个月),因此被认为是非常安全的投资:有什么会在3个月内变得很糟糕呢?如果戴尔公司或者柯达公司将要破产,你起码在3个月之前就会得到信息。正因为它们被认为是很安全的,这些票据的收益率仅比美国国债高一点点。

一家名为主要储备基金(Reserve Primary Fund)的巨型货币市场基金购买了大约8 000亿美元的雷曼兄弟的商票,雷曼兄弟破产了,这些商票就没有任何价值了。这样的损失对任何基金而言都是很糟糕的,但对于一个"货币市场基金"来说,这是史无前例的。在总额为3.45万亿美元的货币市场行业,"1美元永远等于1美元"被认为是自然规律;客户必须能够在任何时候将他们的1美元取出。如果一个基金的资产价值跌破每份额1美元,就被称为"跌破净值",虽然这是不应该发生的。当雷曼兄弟破产时,一个储备基金的每份额价值跌到了0.97美元。这是历史上第二次出现货币市场基金跌破净值。投资者们争先恐后地把他们的钱从货币市场基金中取出。在几天之内,大约蒸发了2 000亿美元。

为了阻止货币市场中出现这种恐慌,美国政府最终介入了,承诺将为这种类型的基金进行担保。1美元又重新等于1美元。

这几乎成功了。赎回的节奏变慢了,但股票市场还在下跌,只要有缺口,钱就不断从金融市场中流出。所以,在10月份,政府又进行了一次救市:布什政府和财政部长汉克·保尔森为支持美国的房屋拥有者和银行推出了问题资产救助计划(Troubled Asset Relief Program,简称TARP)。TARP可以把有问题的房屋抵押贷款资产从银行的资产负债表里买过来,或者说是可以购买银行的优先股。这几乎是一个万能的救助计划了。

保尔森指派了一个新人来领导这个项目。保尔森在2006年被任命为美国财政部长时，高盛公司的一个地位平平的名叫尼尔·卡什卡利（Neel Kashkari）的技术银行家给他打电话自荐，希望加入财政部；卡什卡利想要了解政府是如何运作的。10天后，他作为保尔森的助手加入了财政部。在他的工作中，他帮保尔森起草了一个应对全球经济衰退的紧急行动计划。这个计划是一份10页纸的大纲——"打碎玻璃：银行资本结构重组计划"。计划推出的两年后，这份大纲已经变成了TARP计划的实际框架。在一个周末的时间里，卡什卡利必须组建7个团队，并构建整个TARP项目。

这是个小问题：他们已经制订好了整套计划。卡什卡利说："7 000亿美元这个数字是凭空想出来的。[20]这是一个政治考量。我说，'我们不知道多少钱能够用，我们需要从国会那边尽量多要钱。10 000亿美元怎么样？'汉克摇头说，'不可能。'我说，'好吧，那7 000亿怎么样？'我们当时还不知道这个计划能否起作用。我们必须向世界注入信心，支撑起整个世界。我们不能承认我们有多恐惧，或有多不确定。"

从推出那一刻起，纳税人们就对TARP计划表示怀疑，卡什卡利也遭到了尖锐的批评和嘲笑。劳拉·布鲁门菲尔德（Laura Blumenfeld）在《华盛顿邮报》中写道："批评者们将保尔森形容成了一个'邪恶博士'[21]，说他给国会洗了脑，让他们授予他史无前例的财政权威。这样一来，卡什卡利，这个'缩小版'的保尔森，能够把这些钱分给他们在华尔街的朋友们。"

捆客网（Gawker）①的汉密尔顿·诺兰（Hamilton Nolan）将卡

---

① 美国一八卦新闻网站。——译者注

什卡利称为"我们最喜爱的混蛋银行家"[22]，并用一系列文章详述了卡什卡利"以自我为中心的人渣本质"。诺兰还称卡什卡利"只用他灼人的目光就可以在纳税人的额头上烫出一个洞来"。

但诺兰也在文章中写了一些缓和的内容："他只是一个前台人物，为汉克·保尔森的决定以及华尔街上百万贪婪交易员的错误承受了所有压力。比起那些自信过头的、喜欢法拉利跑车和滑雪的、从沃顿商学院毕业的美国共和党议员，我们更同情卡什卡利。"

与此同时，商票市场仍处于水深火热中，政府宣布将入场购买商票。这是在2008年10月。到2009年1月前，美国政府已拥有超过整个市场五分之一的商票。纽约联邦储备银行建立了商业票据融资机制（Commercial Paper Funding Facility，简称CPFF），由一家资产管理公司负责监督实施这个价值7 380亿美元的项目，以重振商票市场。

它选择了太平洋投资作为这个监督者。

埃里安在2009年初做客CNBC的电视节目时，为太平洋投资在商票市场中取得的进展进行了大肆宣传。他说，人们没有谈论商票市场，但是那个市场"正在康复过程中"[23]，金融系统已经开始"畅通"了。太平洋投资现在正式作为纽约联邦储备银行的代理人，受纽约联邦储备银行之托买入商票。它的工作是尽可能多地买入公司票据，以稳定和重振提供短期融资的市场，使公司能够再次开始运作。太平洋投资每个季度会得到300万美元的执行费，以及占整个项目资产总额0.002 5%的管理费。

这个项目太复杂了，以至于难以吸引公众的关注，所以，埃里安在CNBC节目中出现可以为主流市场注入一些乐观的情绪。他说："商票市场、回购市场、货币市场，这些市场全都要回来了。它们是金融系统的管道，没有管道，任何其他的东西都回不来。"他说，这一进程将在下周政府设施投入使用时得到加速推进。

基金管理行业中的大多数人都在忙着从他们投资组合的坑里面往外爬；银行都在为资产负债表灭火；对冲基金正在探索着如何维持生存。比尔·格罗斯和太平洋投资极少见地未受到金融危机的损伤，并且能够集中精力做他们接下来要做的事情。

他们接下来要做的就是：做任何事都跟着政府的节奏。

格罗斯在《福布斯》的访谈中说："当你亏损了401（k）养老金计划中一半的钱，你关心的是能否收回你的本钱，而不是你的投资收益有多少。市场中缺乏动物精神将会影响接下来几年的投资。政府将不得不扮演最后的冒险者。"[24]

在太平洋投资内部，他们将这称为"伞"。诸如房利美、房地美、AIG以及大银行们的资产都在"伞"下，它们在美国政府的保护下保持安全、干爽。政府肯定要找到一个方法把它的钱收回来，格罗斯和太平洋投资发现他们也可以搭政府的便车。

埃里安告诉《财富》杂志说："在某种程度上，我们与政府进行了合作。"[25]他这里指的合作远远超出了太平洋投资与美联储字面意义上的合作关系。他说："我们在寻找那些我们觉得政府最终必须购买或者支持的资产。"在市场中寻找政府需要的资产，先买入，然后再卖给政府。

因为政府忽然需要买入所有东西，这个模式变得更加容易了。2008年11月15日，美联储宣布了一项由多个部分组成的经济提振计划。新计划中的一个项目是要发行高达2 000亿美元的贷款，支持从学生贷款到汽车贷款的各种担保的新证券。另一个项目是购买高达1 000亿美元的房利美和房地美债券，以及高达5 000亿美元的由房利美和房地美担保的证券。

这个计划的灵感来自日本中央银行在2001年通过购买政府债务

第四章 危 机

为金融体系注资并放宽借贷条件的创新举措,之后它被称为"量化宽松"(事实上,应该被称为量化宽松一期,因为接下来会有更多的量化宽松;安抚金融系统需要多年的时间)。

美联储的资产购买项目从未达到 5 000 亿美元这么大的规模。要完成这个计划,美联储需要组建自己的交易员团队,或者将这项工作外包,它选择了后者。

四家基金管理公司赢得了运营该项目的荣誉:高盛、贝莱德(BlackRock)、惠灵顿(Wellington)以及太平洋投资。该项目为这些公司带来的潜在收益和名誉非常明显,但它们很快就发现,美联储将不再是一个被动的合作伙伴了:它推出了新的法规来限制自我交易和内幕交易。这些基金管理公司必须在它们运营美联储项目的业务线和其他正常的业务线中间建立一道屏障,以将这两类业务线物理分隔,确保不会有任何信息被泄露。每家公司对此必须作出书面保证,并且接受外部和内部审计的调查。格罗斯说:"当穆罕默德和我想要祝交易员们圣诞快乐的时候,我们需要两名律师以及一把特别的钥匙才能进入那边的大门。"[26]

对房贷抵押担保债券的交易于 2009 年 1 月开始。每一天,这四家公司和纽约联邦储备银行都会通话决定在什么时间购买什么产品。在混乱中,太平洋投资看到了美联储的项目给他们提供的机会:一张能够摆脱债务的牌。政府购买的债券也将和国债一样好。太平洋投资可能比其他竞争对手更能够理解并相信政府所说的话。就在仅仅几个月前,它还在担心财政部会不会支持政府资助企业,现在政府已经向前一步了。如果美联储要买房利美和房地美担保的债券,太平洋投资可以先买入这些债券,然后再卖给美联储。

所以,当其他人在恐慌中抢购国债和高评级的公司债的时候,太平洋投资没有这么做。他们发现这些债券的供应将会非常充足。

相反，格罗斯买了很多由房利美和房地美担保的债券。格罗斯告诉《财富》杂志："我们尝试比政府快一步行动，提前买入他们未来认为必须购买的资产。"[27]

格罗斯和太平洋投资从瓦砾中挑选那些对美国经济非常重要以至于不得有失的东西。他们找到了通用汽车的金融部门：汽车产业太重要了，尤其在现在；美国政府不会允许一家核心汽车制造商破产。太平洋投资开始购买通用汽车的债券。

但是太平洋投资并没有坐在那等着政府收购（它持有的资产）。通用汽车金融服务公司（GMAC）需要注入更多资本。如果它变成银行控股公司的话，它就能像那些陷入困境的投资银行一样获得联邦基金。但要是这样的话，监管者就要求GMAC首先要自己筹集资金。这就需要其债券持有者们可以将债权转换成股权。必须有75%的债券持有者同意才行，而且时间已经很紧迫了。

太平洋投资拥有这些债券中的一大部分。GMAC提供的报价是60美分，虽然比理想的少一些，但是已经比债券持有者们在公司宣布破产时能得到的要多。太平洋投资一直表现得很有同情心，但在重要的时刻，同情心没有用；60美分还不够好。它拒绝了GMAC的报价。

这使GMAC离75%的门槛就差了一点点，它看上去就快要破产了。

美国政府再一次让步了：尽管GMAC没有达到它的要求，它仍允许了GMAC将债权置换成股权。太平洋投资成功地揭穿了政府的虚张声势。GMAC的债券价格上涨了，太平洋投资得到了回报。

格罗斯也积累了大量金融公司的优先股和优先债，这些公司由于买家很少，支付的利率非常高。美国政府已经通过TARP项目救助了很多金融公司的债务，现在格罗斯能够以两倍的收益率购买同样的东西。他购买了美联银行、美国银行、花旗集团等的价值1 000亿美元的票据。他告诉《福布斯》杂志："买入这些就为了赚5分钱或是1毛钱。"[28]

就好比放在人行道上的20美元。没人会把它们捡起来，因为他们不相信这是真的。格罗斯说："这是我至今看到的最令人难以置信的价值了。"[29]

对美国国际集团也一样。格罗斯看到，美国政府已经将数千亿美元的钱注入了美国国际集团。政府如果想让它倒闭的话，它肯定要把那笔钱先收回来。所以，他以每天1 000万到2 000万美元的速度购买了美国国际集团的债券，其中一些债券的收益率达到了近40%。

格罗斯在一期《投资展望》中写道："太平洋投资的观点很简单——与政府合作。"[30]当然，美国现在面对着"类似庞氏骗局的经济环境"，它已经成了一个"救助国家"，这很麻烦。但是这是未来需要担心的事情。至于现在，他说："你需要把他们（政府）当作你的合作伙伴，因为他们的账户拥有2009年及以后市场上最强劲的购买力。先做好预测，然后买入他们想买入的，要快。"

如果庄家总是获胜的话，那就成为庄家。

无论政府触碰什么，它都会成为金子。所以，每当太平洋投资发现了政府可能需要买入的资产，它就可以很轻易地赚取非黄金和黄金之间的差价。这有时候意味着需要推高政府想要买入的资产的价格。比政府的交易跑得快一点并从中获利将耗费纳税人的钱，但这可以使太平洋投资的客户们受益。太平洋投资的客户受益也会使公司的员工受益——理想状态下，是这种顺序。而且，令人很高兴的是，这是完全合法的。

在前景黯淡的领域，格罗斯也提出了警告。对他而言，股市中没有安全的地方。在 2008 年底以前，他已经将他个人持有的所有股票卖光了。他告诉《福布斯》杂志，股票将不再是帮助赚钱的成长性投资工具了，它们将会转变为收取分红的投资品，正如 20 世纪 30 年代和 40 年代的时候那样。他说，如果我们"幸运"的话，每年可以从股市中赚取 6%—7% 的收益。[31]

在 2008 年底，人们没有理由不听他的话了。在那一年，总回报基金打败了 82% 的可比基金，在其巨额资产上赚取了 2.5% 的收益率，总收益超 1 000 亿美元。这是一个巨大成功。太平洋投资的客户们不仅没有受到外面恐慌形势的损害，反而成为极少数能够利用这种恐慌赚钱的人。

格罗斯说："机会有很多。[32] 这是基金经理的超级碗①比赛。"这句话尤其适用于纽波特海滩。太平洋投资是危机中的胜利者，每个人都在关注它。格罗斯最终达到了他想要达到的位置。

---

① 指一年一度的美式橄榄球赛决赛。——译者注

第五章
建设性偏执

2009年5月28日,格罗斯在于芝加哥召开的第21届晨星投资会议上发表了主旨演讲。当他走上讲台,面对着一屋子财务顾问、经纪人和投资者,他的领带一反常态地系得整整齐齐,他的头发浓密但有一丝凌乱,他充满了自信,因为他知道自己清晰地看到了未来。数百名散户投资者世界的掌门人聚集在芝加哥麦考密克会议中心那宽敞且冷气充足的大宴会厅里。在宴会厅外面,基金销售人员挤在临时搭建的小隔间里,宣传着他们的平台、技术或基金,免费发放印有他们公司商标的纪念品。在市场行情好的时候,纪念品是一个毛绒玩具或者大咖啡杯;在市场行情不好的情况下,纪念品可能就是一支笔或者一个书签。

今年的纪念品是一支笔。参会者们花了将近800美元的入场费,他们非常紧张不安:市场的波动走势可能让他们离开办公桌参会的这段时间变得非常昂贵。

在刀叉切割鸡肉的背景音下,格罗斯向观众们描述了他所预见的凄凉的经济形势:"在未来几十年里,用他人的钱来创造财富将会变得越来越难。"[1]

台下的观众们严肃地听着金融行业最炙手可热的明星描述着未来形势的严峻。格罗斯将时间线拉回到了20世纪70年代初期，当时尼克松总统解除了美元与黄金的固定汇率，开启了一个资本主义、金融化和信贷创造的新时代，这将带动几十年的繁荣。20多年以来，美国人一直在用从银行和影子银行那里举的债来消费发展中国家生产的东西。当第二套抵押贷款能够覆盖他们的支出时，他们为什么要储蓄呢？这是最平稳的方式。但正如明斯基所预言、麦卡利所重提的那样，这种平稳造成了不稳定：美国的消费者们变得负债过度了。西方国家欠了中国大量的债。这些债务快要到期了。

消费支出不如之前增长迅速，储蓄率也上升了。政府将进行更多的监管抑制冒险行为。除非中国和巴西开始像美国那样消费，否则全世界的经济增速将会更慢。

投资者必须习惯格罗斯所说的"新常态"，这个词是埃里安创造出来的，来形容一个低利息、低风险且经济行为停滞的世界。投资收益可以从中央银行注入的流动性上预测出来，所以投资者们应该"跟政府握手"。他们应该预想到，未来将会有比他们在过去30年中经历的更低的收益率。

格罗斯认为最坏的消息是：低收益可能意味着他们必须收取更低的基金管理费，长期来看这是祸不单行。这个影响在很大程度上落在了格罗斯的客户们的头上，这些人的舒适生活将率先受到冲击。多年以来，他们可以从客户那边收取高昂的管理费——当然，跟资产管理行业其他领域的公司来比费用并不算高昂，但是已经足够让他们能在海边买一套度假用的大房子、一辆令人激动的车子，以及为他们的孩子提供良好的教育条件。所有这些东西跟他们通过管理基金为客户进行资金配置的实际投资业绩没什么关系。现在这种情况要结束了，拮据时期将要到来。

从好的方面来看——至少对太平洋投资来说——这些糟糕的情况可能对债券以及它们那很低但是可靠的收益来说是理想的。现在所有人关心的就是安全。涨幅缓慢而稳定的债券是很不错的。

晨星公司的拉赛尔·金奈尔（Russel Kinnel）在会议摘要中写道："公司债券让炒股票的家伙们垂涎欲滴。"² 太平洋投资和格罗斯无可争议地处于债券山峰之巅，正如格罗斯在几十年前所梦想的那样。他经常希望他的父母，尤其是他的母亲，能够看到他现在的样子。向"鹅妈妈"雪莉（Mother Goose Shirley）证明自己也是他多年来的一个驱动力，是促使他变得不同寻常的发动机。他在2005年的一期《投资展望》中写道："格罗斯'小鹅'一直被期望保持在巅峰状态，否则，就会听到'鹅妈妈'发出很响的呱呱声。"

他写道："我记得在我20多岁的时候，当我在当地的晚餐俱乐部很礼貌地请她跳舞时，遭到了她的批评。³ 只在舞池中跳了几步后，她就对我说，'比尔，你能做得更好'。她是对的，但我并不想模仿阿瑟·穆雷（Arthur Murray）①，所以我迅速回到座位上吃起了沙拉，以控制我沮丧的心情。我是他的儿子，并且我做得非常、非常好，但是还不够好，因为也许我'可以做得更好'。"

是"鹅妈妈"雪莉帮助格罗斯找到了他的第一份工作。当时他刚从商学院毕业，正在犯愁找工作的事情；妈妈看到报纸上有一个太平洋人寿招聘证券分析师的广告。格罗斯工作了大约一年后，他的父母终于从洛思阿图斯（Los Altos）来看他了。格罗斯很激动地向父母展示他的新生活；他和妻子帕姆以及他们的两个孩子住在米申维耶霍（Mission Viejo）的一个崭新但很小的三居室房子里，房子

---

① 20世纪40—70年代的演员。——译者注

里的地毯是绿色长绒的,冰箱是牛油果绿色的。格罗斯自己制作了一个书架摆放在起居室——书架是由一堆煤砖块砌起来的,他在表面贴上了包装纸,这样可以让砖块看起来更像是木头。

格罗斯和他的父母分散地坐在起居室三个角落的三把椅子上,帕姆当时正在厨房忙活。他父母手里拿着高脚杯,格罗斯喝着百威啤酒。此前格罗斯并没有跟他们说过自己的工作——他不喜欢打电话或是写信,所以这是他们第一次谈论这件事。

格罗斯想告诉他们,他不仅仅是一个像招聘广告中描述的那样的证券分析师;他是一个"私募配售贷款经理",他要评估把钱借给谁〔他可能会评估一个来自阿肯色州的名叫山姆·沃尔顿(Sam Walton)①的年轻人,以及巴菲特的伯克希尔哈撒韦公司(Berkshire Hathaway)〕。但由于他的聪明才智,现在情况又有了新变化。

格罗斯对他和帕姆一起建立的生活感到很自豪,包括他们的小房子和牛油果绿色的冰箱,以及摆在他面前的工作上的机会。这是他非常擅长的事情,符合他奇怪的冲动、他的好胜心,以及他的强迫性思维。他试图向父母表达这一点。

他说:"随着通货膨胀上升,债券的价格正在下降——它们必须被主动管理。"所以,现在太平洋人寿给了他一小笔钱进行尝试。他说:"这是个巨大的机会。"

他的父母安静地坐着,摇晃着手里的酒杯。

"我要成为世界上最棒的债券经理!"

他们看着他,表情像是他已经登上了月球。最后,其中一人问道:"什么是债券?"

格罗斯知道他们的脑子里在想什么——就是,到目前为止,他

---

① 沃尔玛超市创始人。——译者注

还没有证明过他在哪一件事情上能够做到最好。他几乎可以听到他们心里的声音：你不是刚从杜克大学以 2.9 分的 GPA 毕业吗？你不是差点失去奖学金吗？

几十年后，格罗斯去探望了他爸妈安葬的陵墓。他静静地坐着，在心里跟他们说话。他说，妈妈，你知道，我已经做得很好了。当然，在某种程度上，她必须同意的是：客观上，已经没有更好的空间了。如果没有她静静地表示不认同，格罗斯能那么努力地提升自己，那么想要自己变得非同寻常吗？比如他有一次在 6 天时间里一鼓作气地从旧金山跑了 200 多千米（125 英里）到卡梅尔（Carmel），在最后 8 千米（5 英里）的时候肾脏已经破裂了。这就是不同寻常的。当没有任何人感兴趣的时候，引领一个全新的交易债券的市场，以及创建太平洋投资，成为有史以来最优秀的债券交易员：这都是不同寻常的。

现在他是杰出的。在发明主动债券交易后接近 40 年的时间里，他都是业绩最好的，他已经不可争辩地证明了，并且仍在证明，他是杰出的。在那儿，在晨星会议的演讲台上，他站在一群全神贯注的人面前，整个行业都认同他是杰出的。

格罗斯在芝加哥提出的悲观展望符合当时全球市场的情绪，而且他那简洁的概括词开始流行起来，甚至比"影子银行"更流行。"新常态"立刻成为经典，轻松地进入了 CNBC、彭博社和《华尔街日报》这些主流媒体的金融白话中。多年后，当这个词被收入词典中，格罗斯和埃里安开始就这个词的归属展开攻击性的拉锯战，格罗斯会因太平洋投资从未为这个词注册商标而惋惜。

"新常态"的展望对债券而言是准确的，对太平洋投资而言也是准确的。格罗斯在 2009 年 2 月接受美国在线网站（AOL.com）的采访时说"股票已死"。他说："股票相比较于一个长期的成长型投资工具,更像是一个低级的收入型投资工具。⁴冒险精神已经被毁灭了,动物精神必须来自华盛顿。"

尽管做了这个明确的声明,格罗斯还是想朝反方向冲锋,与他生命中的一个新的权威人物相呼应;他自己的动物精神,以及太平洋投资的动物精神,都在飙升。

* * *

作为首席执行官,穆罕默德·埃里安的任务是找到太平洋投资可以扩张的领域。他想把他在哈佛管理公司看到的多元化投资组合方式带到太平洋投资,将投资分散到风险类型不同的产品中,这样会比将所有鸡蛋放在一个篮子里的风险低。太平洋投资在债券篮子中投入了大量资金,而债券市场刚刚经历了一波史无前例的上涨。

现在可能是更换新领袖的最佳时机。15年中,比尔·汤普森已经将太平洋投资从一个由25名员工管理不到500亿美元资产的公司,发展为一个由超过1 000名员工管理1万亿美元资产的公司。但是他已经精疲力竭了,如他对《奥兰治县纪事报》所说的那样。⁵即使经历了2008年各种激动人心的时刻,在那年年底,他已然可以预见每次谈话的结果,可以在会议开始前就知道会议的结论,可以安抚格罗斯每次的暴脾气发作。在他这个位置上的人总是待得太久,他能感觉到自己现在处境危险。格罗斯会想念他,但他已经累了,是时候出局了。另外,格罗斯也对埃里安的表现感到激动。汤普森将在新年期间出去玩一圈,但是他的地位正在失去。

埃里安的领导风格并不如他表面给人的印象那样,只会用活泼的邮件和乐观的公关文章。在太平洋投资的高墙内部,很多人认为他并不擅长打磨组织内部分散而不齐的棱角,而更擅长塑造这种棱角。

汤普森喜欢勤奋而周密的计划,埃里安则喜欢不安感和不确定性，他将这些称为"建设性偏执"[6]，让你有一种竞争对手在脖子边上吹气的感觉。持续的、保持怀疑态度的警觉性，是能够让你保持领先的关键。这与格罗斯激烈且严格的特征非常吻合，虽然后者已经在公司内部造成了一种偏执——例如在"影子投资委员会"中，格罗斯会对投资委员会作出的决策进行事后批评，使其一直保持警觉，确保他们不会错过任何重要的事情，或是错误地陷入共识思维中。埃里安将公司里这种自然的偏执进一步形式化、政治化了。汤普森重视透明度，认为这可以鼓励合作；但埃里安认为这更多时候是低效的，比如在太平洋投资内部最大的问题——奖金问题上就是这样。每年，公司的合伙人都会公布他们获取公司利润的比例。这种方式从公司最早只有三个合伙人的时代就形成了。当时三个合伙人会围坐在一个小桌子边，用铅笔在纸上匿名写出自己认为其他人应该得到的利润分成。他们会将这些纸汇集在一起并取平均数。当公司的合伙人越来越多的时候，这种方式就不得不停止了。但是他们仍然继续披露合伙人的利润分成，既出于责任感也出于鼓舞人心的作用。据了解情况的人说，埃里安将这种披露方式取消了（埃里安通过他的律师回应说，这个改变"不是埃里安做出的，而是由格罗斯先生提议，并且被公司的薪酬委员会批准的"）。

在很多方面，埃里安不安分的个性、作为局外人的思维方式与太平洋投资非常匹配。作为一个外交家的儿子，他在成长期间频繁变换着居住的国家、学校、语言和朋友。他在职业生涯初期是在国际货币基金组织工作，当时这个组织还没有很多来自发展中国家的工作人员。后期他从公共部门转入资产管理行业。他总是跟人有些不同，总是会超越人们认为他能够做到的极限。可能在他看来，一些不安分和偏执是很有用的。

太平洋投资的前合伙人比尔·鲍尔斯评论说："穆罕默德以马基

雅维利①的方式行事。他在幕后运作，通常会通过进行单边对话的方式引导他人支持自己的观点，即组织中的其他人不应该拥有他们现在的职位或奖金。他是以秘密方式破坏他人形象的高手。"

埃里安和格罗斯一样非常喜欢用电子邮件交流，但是有他自己的特点。鲍尔斯称他的电子邮件是"尖酸刻薄的邮件"。他说："通过这些邮件，比尔·格罗斯或穆罕默德·埃里安可以安抚或毁灭任何人。"

鲍尔斯说，埃里安经常出差去拜访客户，这使他可能在世界的任何角落联系任何人，并通过发送电子邮件使那些没有被联系的人们感到焦虑。鲍尔斯说："穆罕默德可能在伦敦，我可能在纽波特海滩评估一笔交易，接下来我就会收到穆罕默德的电子邮件，打断我正在做的事情，这本可以通过一通电话解决的。"鲍尔斯想晋升到公司管理层的野心被埃里安的上位压制了。鲍尔斯记得埃里安的一些邮件中写着"我想把这个人开掉"或是"你今年年底不会很好看"，人们通常认为这种话是对他们年终奖的威胁。但埃里安的律师说"埃里安从来没有发送过'尖酸刻薄的邮件'……也没有以马基雅维利式或其他贬损他人的方式行事"。

当然，招募和开除员工，以及拜访位于遥远地区的办公室是一个首席执行官的日常工作。鲍尔斯的分析虽然涉及的面很广，但并非面面俱到。太平洋投资的一个前员工回忆说，当他作为应聘者前往加州拜访太平洋投资时，埃里安亲自到机场接了他。他很感动。而且埃里安告诉了他在哈佛管理公司的一个同事他要离职加入太平洋投资，还在交谈最后拥抱了这个同事。

这个同事说："商业世界中像他这种级别的人，很少有会如此对

---

① 意大利政治思想家，以主张为达目的不择手段而著称。——编者注

第五章　建设性偏执

待同事的。"

不管怎样，这些事情对格罗斯来说都不太重要。只要格罗斯自己不需要管理员工，其他管理员工的经理所做的任何事情他都不在意。另外，他期望人们都具备一种积极的工作态度，每个人都应该最大限度地发挥自己的作用。人们被压得越厉害，他们的表现就会越好（尤其是通过战略性地表扬某些员工）。格罗斯给自己的压力帮助他实现了超人的注意力，这对其他人来说可能也有用。他们必须表现好，现在也许比以往任何时候都更需要表现好。

股市惊心动魄的下跌使投资者们感到慌张，而太平洋投资一直强调的自己"在债券领域的权威性"正在推动金融市场数十亿美元的流动。公司在彭博社和CNBC电视节目中的每次露面、格罗斯发表的每一期《投资展望》、咨询顾问的每个新推荐，都在助力将大量新客户的资金推进太平洋投资的大门。

所以，现在应该做些什么呢？除债券之外，太平洋投资也一直有投资一些其他的资产，例如货币，因为它要买入国际债券的话就必须这样做。太平洋投资有各种各样的产品，以不同的方式提供不同的债券投资并产生不同的收益，例如太平洋投资收入基金和新成立的无限制债券基金，后者是一个时髦的新策略，能够将基金经理们从指数基准比较中松绑。另外，太平洋投资也在漫不经心地考虑开展ETF业务，因为其他机构好像都有这种业务。但除了这些，还能开展什么业务呢？

公司之前已经在内部做了一个调研，以明确未来的业务方向，并在2008年5月的公司外部会议中审查了调研结果。在调研中，公司询问了投资组合经理们什么新业务是太平洋投资能够比同行们做得更好的；询问了业务部门什么新产品是最有意义的；并将销售团队派到客户那边，了解他们想从太平洋投资这里得到什么新东西。

他们将对这些问题的回复用不同颜色分类：绿色代表公司应该开展但还没有开展的业务，黄色代表可以对公司现有业务进行补充但需要投入额外资源才能开展的业务，红色代表不能开展的业务。

埃里安说，太平洋投资将反馈结果整合成了一个用不同颜色呈现的"路线图"[7]。这个路线图将指引公司未来朝什么方向发展，怎样实现最优的、为公司客户个性化定制的"多元化投资组合"。绿色表示资产配置基金，即运用多个策略投资来保证多元化，红色表示私募股权直投，黄色表示股票，意思是可以尝试一下。

是的，格罗斯在过去几十年已公开将股票骂成了渣。但那通常是为了作秀，或是一种情绪化的表达，即使他这么多年一直在公开演讲和电视节目中露面，也无法控制这种情绪化。他曾经在公开场合说股票"很糟糕"，上市公司利润是"捏造"的，他将把自己退休金账户中所有的股票全部卖出，股票的价值毫无疑问是被高估的，等等。当被问及与股票相关的问题时，他大脑的肌肉记忆使他回到了那种本能的不信任。

经过反思，他发现比起讨厌股票，自己更喜欢买便宜货，而现在钱正躺在人行道上呢。

股票市场很大。虽然从市值来看它比债券市场小，但对太平洋投资来说，股市市场中大部分仍是开放的跑道。要么成长，要么死亡。而且在那时候，股票正经历大甩卖，竞争对手已经变得疲软。凭借躲过危机最糟糕时期而积累起来的信任，这可能，真的是太平洋投资进军股票市场的时候了。这肯定比筹集私募基金更容易。

股票项目落到了迪克·威尔（Dick Weil）手上。作为公司的首席运营官，他负责落实格罗斯或者埃里安想到的点子。虽然他们两个都强调了股票投资是一个战略路径，但他们都不怎么相信选股，也没有很多选股的经验。威尔可能只能靠他自己了。

第五章 建设性偏执

在2009年初,太平洋投资大约30位董事总经理聚集在公司会议室,威尔上台介绍了公司选股业务的初步进展。作为太平洋投资最优雅的员工之一,他看上去或是听起来并没有很紧张。但随着威尔继续讲演,格罗斯在位置上流露出了焦虑和不耐烦。会议室中的每个人都被这种情绪所影响,这可能意味着这场讲演将以一个成年人流泪的方式结束。

最终,格罗斯打断了讲演。威尔做的努力还不够多,进展还不够快。现在才是关键时刻,股市正在大甩卖。这些东西有什么难的呢?他说,将股票卖给别人是很容易的,人们都喜欢股票,他们会贪婪地吃进。如果太平洋投资的品牌实力很强——事实上它的确很强,并且每个人都知道它——那么我们为什么不卖股票呢?傻子都可以卖出股票。凭借公司在2008年的业绩和影响力,这应该是很容易的事情。

说着说着,他那细尖的嗓音变得激烈起来,逐渐变成小声的尖叫。"现在就给我去找懂股票的人!"格罗斯低声吼道,"我们要做,就要真正做好它。"

其他的董事总经理们静静地看着,内心祈祷格罗斯看不见自己。对他们来说,格罗斯的爆发并不令人惊讶,他对股票的态度与他在公开场合论述的矛盾也不令人惊讶——格罗斯之前的策略就是在接受采访时说一套,然后朝相反的方向操作。可能是因为他想掩饰太平洋投资的意图,将大家的注意力从公司进军股票的战略上转移走,以免竞争对手意识到有个大买家要进场而在他们之前买入。

尽管格罗斯对威尔很生气,但他怀疑自己也应该为太平洋投资成效不足的推进承担一定的责任。他知道自己对股票强烈的怀疑态度有很大的引力,他已经当了太久"反对派"了。这种态度导致之前他们很多次想拓展股票业务但最终都以失败告终。即使在过去,在他们和做股票的家伙共处一室时（当时格罗斯还不是"比尔·格罗斯"），他也无法克制自己的这种情绪，这种鄙视他们有勇无谋、盲目乐观的情绪。没办法，这种情绪总是会跑出来。

现在他对自己阻挡太平洋投资通往未来道路的行为产生了负罪感。公司需要成长，现在成长的方向就是廉价到让人惊叹的股票。所以，他将做出改变。他将以自己知道的最好的方式发出信号，表明在这次会议中他正在全力推动这个策略。要么成长，要么消亡，一直是这样。

其他合伙人们看着格罗斯朝威尔咆哮，让他赶快推进，要不就要找其他能够做得更快的人取代他的位置。埃里安在这场攻击中的大多数时间里都保持沉默。威尔被置于一个尴尬的境地。太平洋投资的两个前高管透露，埃里安曾私下里建议威尔不要太快去寻找股票基金经理。但是格罗斯说他要搞股票，所以他们必须表现出在努力尝试，但事实上，这可能并不是一条正确的道路。即使在那个路线图上，股票也仅仅是"黄色"，从客户的角度来看，这并不是一个自然或者简单的下一步。公司的战略应该根据客户的想法来决定，因为客户的钱推动着公司的业务。如果他们拖延不前，格罗斯可能就渐渐淡忘了这个想法。（埃里安的律师说："埃里安博士从未建议过威尔先生不招募股票基金经理。"）

公司的一个前高管回忆说："迪克当时哭得浑身都要湿透了。"然而，没有人真正上前干预这场攻击。太平洋投资的惯例就是，丢下受害者让他们"等死"，让他们在没有援助的情况下被"撕裂"。没有人能够承受激怒格罗斯的后果。

对埃里安来说，保持沉默是权宜之计。在格罗斯的眼里，股票是威尔的问题。通过不支持威尔，埃里安表达了对格罗斯的支持，这样就能确保其中的所有失败都可以绕过他并削弱他在高管层的竞

第五章　建设性偏执

争对手。这场激烈的指责将格罗斯推到了发展公司股票业务的位置上，这也意味着埃里安不需再被迫思考如何执行这个不成熟的主意了。在太平洋投资寻找"替罪羊"的框架里，格罗斯现在承担着这个风险；这个问题落到他身上了。如果新业务失败，太平洋投资中有一个不成文的规定：格罗斯要为此受到指责——而这意味着指责将会消失，埃里安将置身事外。

威尔按照格罗斯的要求去做了。他雇用了多个猎头帮他搜索股票基金经理。猎头搜索从3月的第一个星期开始；3月9日，股票市场跌到了金融危机以来的最低点，标普指数从2007年的高点下跌超过了50%。所以，在某种程度上，太平洋投资再次展现了它的先见之明，刚好在最低点的时候站出来唱多股市。只是它买进的并不是股票，而是股票基金经理。这就可以增加一层责任，使公司已有的员工们可以将这个项目的风险转嫁出去。

太平洋投资面试了许多股票市场的明星经理，发现这个市场就像一个战地医院一样。那些知名的基金经理们受到了冲击，被"炸弹"炸到休克，血流不止；他们从年初至今已经亏损了45%，眼看着自己的职业生涯就要结束了，盈亏在这一行就代表着他们的身份。市场的每次下跌都会侵蚀他们的投资收益，并转而侵蚀他们个人在未来的现金流。他们的投资策略已经将他们所有的错误暴露出来了——他们过度暴露在愚蠢的风险中，他们无法对未来进行预测，他们很容易亏钱。他们中的一些人表现相对平稳，但是没有人有信心能胜任这份工作；没有人能够提出有意义的策略，就是那些看上去能有用的策略。太平洋投资还在不断进行着面试。

为了把它也在债券市场之外开展业务的信息传递出去，太平洋投资需要一个新的品牌标语，换掉"太平洋投资：债券领域的权威"这个标语。他们不是那种穿着劣质西装坐在彭博终端前看价格涨跌的无聊之人。现在，他们更加不会成为那一类人。是时候要转变了，转变成为一个包罗万象的太平洋投资。相较于其他机构，它提前进行了结构性转变，甚至帮助拯救了"世界上最强的、最成熟的"政府。它汇集了经济和金融领域最强的大脑、最好的思想者、最时髦的西装、最新的讲演。太平洋投资：资产管理界的哈佛。太平洋投资：未来。

太平洋投资的沟通团队招募了奥兰治县一家叫HEILBrice的品牌公司为它设计新标语。他们分析了太平洋投资竞争对手们的品牌口号和战略定位，并将它们与太平洋投资的优势进行对比，尝试确定是什么使太平洋投资如此特别。

最终，他们找到了答案——"太平洋投资：这就是我们的思维方式"（Pimco：It's How We Think）。

这个新标语将焦点从太平洋投资的产品转到了它的流程上，转到了它的思想领袖地位上，转到了它跟别人不同的视野上。他们用光鲜亮丽的设计为新标语做了一个实物模型，还制作了一支新的电视广告。他们在美国专利和商标办公室提交了一个使用意愿申请。

公司的沟通团队与公司20多位董事总经理交流了这个新标语。他们认为这个标语强调出了使他们变得如此伟大的东西：他们的头脑。太平洋投资孕育了"新常态"和"影子银行"这些概念，而且，在未来的岁月中，它可能将很多简练的措辞和广泛的经济概念萃取成为易于消化的金句。

但格罗斯不喜欢这个标语。他觉得可能诸如"全球投资权威"（Global Investment Authority）之类的标语更好。这个标语更宏大，而且它保留了"权威"的部分，这对太平洋投资非常重要。有些人建议在标语前加上"你的"（Your）。

于是，太平洋投资在年底时推出了它的新标语："你的全球投资权威"（Your Global Investment Authority）——简称是 YGIA。

太平洋投资也需要一个同样吸引人的大人物来为其新业务掌舵。公司里有些人在美联储或是经济学家的圈子里很有名，但是公司合伙人的目标更高。在应对金融危机的过程中，他们遇到了一些令人印象深刻的领袖。

在所有人中，格罗斯对尼尔·卡什卡利这个 TARP 计划背后的神童印象最为深刻。随着经济逐渐稳定，并且政府的措施看上去已经成功，人们对卡什卡利的态度由刚开始的嘲讽慢慢转变为尊敬。卡什卡利是一个出了名的对抗危机的怪才，并且拥有格罗斯和埃里安看重的闪光点。

所以，在 2009 年 12 月，《华盛顿邮报》刊发了一篇长文介绍卡什卡利闪光的履历，一天后，太平洋投资宣布卡什卡利将以董事总经理和"新投资计划负责人"的身份加入公司。《华盛顿邮报》的文章详细描述了卡什卡利在 TARP 计划完成后的生活，他从华盛顿特区回到了北加州靠近特拉基河（Truckee River）、离塔霍湖（Lake Tahoe）不远的田野中，自己砍树建造了一所房子，来治愈他在政府工作中遭受的创伤。

这个公告既让人感到惊讶，也让人感到奇妙。如果说卡什卡利在财政部期间的工作超越了他的能力和经验，那么这个新职位将更是这样。他从未担任过基金经理。他将领导并创建一条新的股票投资业务线，但他没有任何股票投资管理经验，甚至他根本没有投资过。

对卡什卡利的任用使太平洋投资和政府的联系进一步紧密起来。负责监督政府救市资金使用的特别监察员尼尔·巴罗夫斯基（Neil Barofsky）说："财政部与大型投资基金、投资银行间的旋转门从未停止旋转。"[8]

路透社的专栏作家菲利克斯·萨尔蒙（Felix Salmon）说，卡什卡利最早在财政部的工作是创建一个机制来"精确评估太平洋投资认为自己很擅长的复杂债务金融工具"[9]。

萨尔蒙写道："他们是否在当时明确表达了他们有兴趣在卡什卡利离开政府后任用他这一点并不重要——卡什卡利是个聪明人，他知道这个旋转门是怎么运作的。对于尼尔·卡什卡利这种人来说，工作机会是不会少的，但是他却选择了一个最违背他为国效力初心的工作。"

但是外界对于卡什卡利加入太平洋投资的反应，总体上是正面的；太平洋投资与政府的亲密关系到目前为止使它收获了很大的友好。一篇在6月发表的《纽约时报》文章声称，财政部将比尔·格罗斯放在了快速通话名单中。[10] 文章报道了政府在危机期间如何依靠太平洋投资和格罗斯的建议来出售陷入困境的资产。这篇文章带有讨好性质——它将格罗斯描述为一个有公德心的天才。格罗斯很喜欢这篇文章，这是一个里程碑，是一个可以衡量他的名誉和影响力的指标。太平洋投资深度融合在金融系统的管道设施中，以至于它自己必须渗透到政府中。

太平洋投资与政府的实际伙伴关系、商票项目和纽约联储的房屋抵押贷款支持债券交易，预示着其未来努力的方向。太平洋投资对通用汽车的强势干预以及在如何安排救市方面提供的建议，证明了它对经济的关键作用。

保尔森时期财政部的法律顾问罗伯特·F.霍伊特（Robert F. Hoyt）在另一次访谈中对《纽约时报》说："格罗斯和巴菲特等人是真正愿意为结束金融危机提供建议的人。他们会把备忘录发给财政部。虽然我们最终没有采用他们的点子，但是这些点子都很有趣。"[11]

太平洋投资的领导们为公司开拓了一条全新的业务线：帮助政

府、公司，以及任何有需要的人对资产定价。金融危机迫使全世界的政府成为最后的买家，这也使他们面对着一堆不知道如何应对的麻烦事。他们需要对资产定价，需要监控市场，需要测量风险，并且需要抛出他们从未想要购买的证券，他们完全应付不了这些事。

贝莱德在公司规模和业务线方面是太平洋投资最强劲的竞争对手，并且它已经在为政府提供帮助了。贝莱德在2009年从巴克莱银行（Barclays）收购了一个世界最大的、总资产规模达1.5万亿美元的ETF基金，这使其规模大幅超越了太平洋投资。但是格罗斯和埃里安受到了贝莱德咨询业务的启发。这个咨询业务线叫"贝莱德解决方案"，它从20世纪90年代起就以某种形式存在了。在金融危机最严重的时候，贝莱德是当时一个惊慌失措的政府官员——可能是蒂姆·盖特纳或是汉克·保尔森——第一个打电话求助的公司。

太平洋投资与准政府关系密切，从比尔·杜德利（Bill Dudley）到蒂姆·盖特纳，这些联储银行行长都经常给太平洋投资打电话。格林斯潘还真正地为太平洋投资工作过，他在2007年被聘为公司的咨询顾问，这是他从美联储主席位置上退下后的第一份工作。所以，为什么不设立"太平洋投资解决方案"呢？

为了让咨询业务成为一条正式的业务线，太平洋投资需要找一个有光鲜背景的人来领导这项业务。这个人要能对人热情并让人信赖，同时要能自然地开开玩笑，要有正常的行为。这样的候选人只有一个。

根据太平洋投资一位管理层人士的回忆，埃里安问迪克·威尔："你为什么不来领导这个业务呢？"他又敏锐地补充道："但我知道你想要不被打扰地做自己的事情。"

根据太平洋投资一名前员工的说法，威尔和埃里安经常会斗嘴，威尔觉得他在首席运营官的位置上没有充分施展自己的能力。多年以来他都是作为汤普森的替补在工作，而埃里安阻碍了他的晋升道路。现在有一个成功的机会，就是离开，去相对独立的业务线上证明他作为领导的能力，即使是在埃里安那令人讨厌的管辖之下。威尔也有管理咨询业务的资质，他是一个律师，并且在太平洋投资内部掌管过其他业务。这不是一次晋升，但看上去也不会是降职。这点对威尔很有吸引力。

2009年5月，太平洋投资宣布威尔将会掌管太平洋投资新的咨询业务。

与此同时，太平洋投资在危机时期的英雄事迹也逐渐变味了，逐渐被各种怀疑和质疑取代。《财富》杂志的凯蒂·本纳（Katie Benner）很直白地问格罗斯：太平洋投资有没有打着帮助市场的幌子推进自私的目标？

格罗斯停顿了一下，回答说："在一段婚姻里，每个人都有自己关于吵架的理解，那是因为我们看待事物的方式不同，并且不是总会有对错。我向政府提供的政策建议是基于帮助市场的实际意图。在我眼里，帮助市场跟我们把自己从困境中解救出来没有关系。"[12]

在房利美和房地美的问题上，经济学家和银行家同意太平洋投资的观点：如果让它们倒闭的话，将会对资产支持证券和房产市场造成极端的后果，也将给美国人民带来极端后果。但是，格罗斯等人确实在电视、广播、报纸上到处发声，进行对自己有利的辩驳，称政府应该按照太平洋投资的建议去做，从太平洋投资这边购买房利美和房地美的证券，而政府也应该从陷入困境的银行的资产负债表中购买不良资产。

本纳写道，是的，这些观点支持了太平洋投资的资产负债表。"但是，这并不意味它的那些观点是错误的。我们当时是处于一片未知水域。历史上很少有，甚至没有一家公司会在一个国家的金融系统中起到如此关键的作用，但是同样也很少有金融系统陷入过如此困难的境地。"

一位战略家曾告诉她："如果没有太平洋投资，政府也会创造一家出来。政府需要一家像太平洋投资一样的机构为市场提供流动性。"

格罗斯没有否认这种观点。他说："我们现在的职责是为太平洋投资赚钱，但并不止于此。我们是在整个美国和世界范围内进行有效的资本配置。我们是在做资本主义的生意。"在金融的世界里，没有比这更重要的；在满是金融伤疤的美国，也没有任何反驳的理由。

格罗斯告诉本纳，太平洋投资今天的影响力并不是它未来的保证。他说："我做瑜伽是为了延缓不可避免的衰老，我在太平洋投资所做的工作也是为了阻止太平洋投资走向衰败。尽管我希望我们能成功，但没有人能够拥有永生许可证。"

第六章
新常态

埃里安找遍了奥兰治县,想找一个愿意在早上 4 点 45 分给他送蛋糕的烘焙坊。这并不是一件容易的事,但他最终找到了一个愿意接这个活的店。

2010 年 1 月 12 日,如往常一样,格罗斯来办公室上班的时候,太阳还没有升起。在大约早上 5 点钟的时候,他迈入了交易大厅,享受天亮前奢侈的寂静时光,脑子里筛选着那天早上有什么经济数据会发布,以及这些数据会带来什么影响。

太平洋投资的交易员们突然站起来为他鼓掌。

格罗斯被吓了一跳。公告已经发出来了:他被晨星公司选为"近 10 年来最佳固定收益基金经理",他在过去 10 年里为总回报基金的客户们获得了市场最好的业绩,该基金在这期间的年化收益率达到了 7.7%。

在 2009 年这一年里,总回报基金的收益率就达到了 13.8%,是对标业绩基准的两倍多。在过去的 3 年内,这个基金的开放式共同基金部分的规模就增加了一倍,达到了约 2 000 亿美元。再加上采取同样策略单独管理的客户账户中的资产,这个基金的总规模超过了 4 000 亿美元。

格罗斯在 2009 年 12 月对晨星公司说:"这对我而言意义重大。"[1]但是,他也加了一句,说他不是一个英雄,他只是从长期趋势中受益了,背后有股风在推着他前进。

这里面可能有一些谦虚的成分。自从格罗斯成为第一批涉足债券交易的人员,他一直通过他那魔术般的交易手段保持着相对稳定的业绩。但是这些手段是机械式的,他意识到自己还可以在其他领域复制在拉斯维加斯记牌的能力。在某种程度上,金融市场中的交易可以使他成为"庄家",可以帮他建立起相对其他赌徒的微小但又可持续的统计优势。

其中一个很简单的创新就是:在早期,格罗斯买入了风险更高的高收益债券,例如抵押贷款债券和国际债券。当时计算业绩基准指数时还没有将这些债券纳入,因此,格罗斯通过增加一点点额外风险就可以获得一点点额外收益,这意味着他在大多数时间里可以击败指数的收益率。

最简单的交易是利用现金和"现金等价物"之间的差异,例如在你的竞争对手们持有现金时,你持有高收益短期公司债。

这些交易方式中有一些后来被编入了操作手册,例如太平洋投资 1986 年提出的"股票+"(stockplus)操作,将标普 500 指数的回报与短期债券的额外收益相结合。

格罗斯最喜欢的标志性交易方式之一是"卖出波动率",指的是一个交易员通过卖出金融衍生品合约来对底层资产价格持续在某一个特定的范围内波动进行对赌。在金融领域,这等同于格罗斯在玩 21 点牌时在精准记牌后进行下注。通过分析宏观经济指标,发现 10 年期国债收益率可能在一个特定的范围内波动,那时候他将会卖出

"鞍式期权"（strangles），即卖出一对执行价格在那个范围上下限周围的期权合约。如果他猜对了，他会收获期权费；如果底层资产价格跑到了那个特定范围之外，他就会被套牢。但通常来说，这种情况不会发生。

这些交易方式和其他类似于"兰达现金"的交易方式一起，构成了格罗斯称作"结构性阿尔法"的交易策略——其中阿尔法的意思是超额收益（也就是在债券市场本身上涨产生的收益之外获得的额外收益，它是每个基金经理都在找寻的），结构性的意思是持久的、可复制的。结构性阿尔法交易预期会在一年中带来0.5%或1%的收益。

这些交易方式很有帮助，尤其是当一个基金经理在某一段时间内不小心失去了预测利率走向以及筛选正确债券的感觉时。每个人都会经历这些时刻，这是不可避免的。所以，当格罗斯看不清市场走势时，这些结构性交易可以为他提供一个回退的缓冲垫。

就格罗斯而言，这些交易方式是太平洋投资王国的秘诀。他在2003年的一期《投资展望》和2005年发表在《金融分析师杂志》（*Financial Analysts Journal*）上的文章中写道：结构性交易是一个投资组合的"基因构成"[2]，它是能够帮助一个基金经理在职业生涯中取得成功的两件事之一。另一件是"长期视角"，或者说是对未来3—5年的预测。他说："进行预测可以迫使人进行长期思考，以避免那些由于恐惧和贪婪的情感波动而产生的破坏性想法。"这些破坏性想法可能会使一个交易员做出完全错误的事情，就像他在拉斯维加斯看到的那些赌徒们一样。

太平洋投资有一个传统，就是每年都会组织全公司范围内的"长期展望"会议。这个传统是从太平洋人寿时代延续下来的，它帮助公司将视野聚焦在长期维度上，在这个维度上噪声和竞争相对较少。它也有助于格罗斯保持他在拉斯维加斯的那种感觉,以及他感知风险的能力,使他能知道在什么时候要跟随主流,什么时候要逆潮流而行。

格罗斯也发现了,只要比其他人更努力就能获得更多的收益。做其他人不愿意做的事情本身也是一个结构性交易,是一种安全、合法地操控市场的方式,尽可能地争取额外的几个基点。比如,大多数交易员将他们与华尔街销售之间的关系视为长期关系,并将投资于这种关系;格罗斯则视这些关系为功利的——他们的存在就是为了帮他完成交易。

太平洋投资的一个前投资组合经理记得,格罗斯的第一位雇员和门徒克里斯·迪亚纳斯曾经说过:"如果他们跟你拍板成交,那说明你钱给多了——也就是说如果他们同意了你的报价,那这对我们来说肯定不是个好买卖。"这种态度在公司成立的初期就存在了。太平洋投资(或是格罗斯)的观点是:银行会剥削任何人,所以为什么要把一些本应属于客户的基点给银行呢?

这是一个明智的看法,但它与大多数投资者的行为相违背。正常的行为包括参加银行组织的牛排晚餐会、高尔夫休闲游。作为交换,投资者们会把他们的交易业务分派给他们最喜欢的银行。

但太平洋投资不会这样做。它对华尔街所持的怀疑的、功利主义的看法会在日常交流中体现出来,在争吵的电话和恐吓性的电子邮件中体现出来。在太平洋投资充满压迫感的、安静的开放式交易大厅中,有些人会躲在桌子下面以压低他们愤怒的声音。如果不能避免发出噪声的话,有些人会干脆对着他们的电话吼叫,坚持要一个更好的价格。

有交易员想出了一个套路,他会安排几个值得信赖的交易对手同时在线上:根据需要,他会给其中一个发信息说"上线了",对方会回复一个"k"①，然后这个交易员会拿起他桌子上的电话，在交易大厅的中央位置，用一条可以接通太平洋投资内部任何一位员工的电话线路，给那个交易对手打电话。他会大声威胁和训斥对方，而对方只能不停地说"对不起，我会做得更好"。这会让这个交易员在太平洋投资内部树立一个强硬冷酷的形象，但这不会对他和交易对手的真实关系有任何影响。

如果太平洋投资感到一家银行在一笔交易中没有公平对待它，它将会拒绝参与这笔交易。如果这家银行真的把事情搞砸了，太平洋投资将会停止与该银行的一切生意——将其放到"惩罚盒子"[3]中，直到它表达歉意为止。格罗斯和太平洋投资知道他们这招可以成功，因为华尔街需要他们。格罗斯在太平洋投资的规模还没有达到这么大且没有这么重要的时候，就相信这样做会成功。

一个之前做过高收益债券销售的人说："因为这些银行规模太大，而且给这些公司贡献了太多收入，人们不得不忍受它们乱来。"很多人尝试着远离不良行为，但是他们做不到，这让他们陷入了困境。但太平洋投资的人可以，因为"他们做了这么多生意，可以把每个人置于激烈竞争的境地。他们真的可以成功地争取额外的6.25美分，而且下次他们还会收到销售打来的电话"。

太平洋投资公开放弃了那些不成文的道德规范，那些市场参与者们期望的绅士行为——例如对银行的交易对手友好，或者不利用交易的不透明性获利。从一开始，太平洋投资最喜欢的伎俩之一就是到华尔街交易商那里询问一组债券或衍生品的报价——比如，1 000万美元产品的报价。他们会商定价格，这个交易商会购买这些产品，然后他们会发现其他五家交易商也从太平洋投资那边购买了

---

① OK的简写。——译者注

价值1 000万美元的同样的产品。现在这些产品在华尔街的供应太多了，交易商们发现他们持有同样的产品，于是他们想把这些产品卖出一个合理价格的希望就破灭了。如果他们知道太平洋投资这笔交易的真正规模，他们本可以付更少的钱。太平洋投资的这种交易方式被吐槽称很没有道德，很多人还认为这种方式是短视的，短期会省钱，但长期来看会失去交易商们的信任。

意外的是，这种方式还给太平洋投资带来了一个额外的好处：任何在它那儿长时间工作过、采取过这种标志性交易手段的员工，都可能发现自己很难再被其他公司雇用，因为华尔街上的每个人都讨厌他们。这也进一步加强了他们对太平洋投资的依赖，这些痛苦的人就被迫留在他们的岗位上。

格罗斯和太平洋投资总是乐于表现得更激进——更激进地承担风险和运用杠杆，更激进地以更好执行交易的名义对待华尔街销售，更激进地在术语、授权、监管的灰色领域进行开拓。其他基金经理们可能会尽力避开灰色领域，格罗斯和太平洋投资却发现在灰色领域的边缘游走可以获利，可以让他们收获额外收益，直到监管部门或者客户拒绝这种行为为止。

所有这些工具合并在一起成就了总回报基金，包括可靠的"结构性交易"和"长期视角"，分析师们对债券的逐个选择，从华尔街交易商那边抢出来的基点，以及靠其他人认为粗野但太平洋投资称作"为客户服务"的行为扒出来的基点。这些工具帮助比尔·格罗斯构建出总回报基金的交易表现，并解释了他为什么会三次赢得晨星公司评选出的"年度最佳固定收益基金经理"的头衔，这是非常大的荣誉。现在，他是晨星公司评选出的"近10年来最佳固定收益基金经理"。

到此时为止，比尔·格罗斯已经在债券市场中留下了他的印记，他的喜好被融入了这个市场的规则中，他的个性被嵌入了这个市场的结构中，他的权势地位——以及与之相随的他的技术——在整个行业中鼓励着各路模仿者们。格罗斯和太平洋投资并没有发明出突破边界的东西，但每当他们尝试突破时，他们都会创造出更多空间，然后很多人会跟随他们进入这些空间。有些做法在金融行业之外可能是令人厌恶的，但在太平洋投资权力的茧房中则是令人钦佩的：对名人的崇拜；对于通过其他路径将风险注入投资组合的热情；对于保守的客户们甜言蜜语的哄骗；在电视节目中无耻地声称一些证券没有价值，但在同一时间他的交易员正在准备从你这边购买这些证券；对政府的恐吓。所有这些都使他自己，也使债券市场，在权力阶梯上站得更高，站得最高。

太平洋投资的人守口如瓶，奥兰治县这个地方与世隔绝，但这些方式中有一半都在电视节目中被播出了，于是这一切就被泄露到外部世界并且蔓延开来。格罗斯和太平洋投资的双重傲慢给了全世界初出茅庐的债券交易员们一种权限，使他们可以张扬傲慢地说这完全是为了他们客户最大的利益行事，这是他们的工作。

他们那种狭隘的关注点完全忽视了经济学家们所说的"外部性"，或是其他人所称的"意想不到的结果"。如果可以以"服务客户"的名义给政府和企业施压，那么也可以争辩说，投资给私募基金经理的有钱人们地位比纳税人高，公众的支出是为资本拥有者们服务。但这并非太平洋投资的问题，它的兴趣止于客户，其他的问题是社会需要考虑的。

* * *

蛋糕被放在交易大厅里，等待庆祝的开始。随着掌声逐渐平息，交易员们也回到了各自的座位上。格罗斯环视交易大厅，他的脸上不由自主地露出了一丝微笑，但是微笑很快变回了苦相。

他对工作乐趣的想法是结构性的、有限的，是他能够预期和控制的。那个夏天，他认为公司的交易大厅太安静了，所以突然提出在早上8点钟要跳康加舞，让大家以不规则的、强制性娱乐的方式在交易台之间蛇形穿梭。几个月后，他发起了每日一歌的活动。那些在交易大厅的员工们可以选一首歌；格罗斯自己选了第一首歌，是凯克（Cake）的《短衬衫/长夹克》（*Short Skirt/Long Jacket*）[4]。另一天，有人要求播放《变成日本人》（*Turning Japanese*），借这首歌引出书呆子们和市场观察者们对于美联储的零利率政策是否会使美国出现像日本一样的"失去的十年"的争论。还有一天的歌曲是斯汀（Sting）的《我心之形》（*Shape of My Heart*）——格罗斯给那首歌的提议者发了信息，说他自己也准备推荐这首歌。

格罗斯喜欢这项活动。不久之后，他又提议在星期五下午1点钟播放"收盘钟声"。

这些是恰当的娱乐活动，比如在跳完康加舞之后，每个人都会回到自己的办公桌旁，秩序井然地坐着，重新安静地盯着自己的屏幕，房间里只有敲击键盘的声音。这是可以管理的娱乐活动。

这次的"伏击"可不是恰当的娱乐。埃里安后来在彭博新闻的访谈中开玩笑说，这个惊喜聚会是"格罗斯最不想要的东西[5]，因为那时他必须说些什么"。格罗斯的发言很短暂，他感谢了大家对他的支持，然后就退回到他的办公桌旁开始研究市场了。他嘟囔着说他不喜欢在这么一大早就吃这么多糖。埃里安轻松地回答他说："每十年只有一次，所以不用担心。"

抛开这场庆祝和众人的目光不谈，这个奖项正是格罗斯所渴望得到的。至少在金融领域内，他的名字家喻户晓。金融领域媒体甚至主流电视媒体都会经常请他上节目，会议组织者们也需要一位令人印象深刻的主旨演讲者。他说的任何东西都会马上被记下来。人们对他说的东西很在意。

他之前也感受过自己的名声带来的市场震动效应，比如在2002年，他在一期去滑雪前匆忙完成的《投资展望》中表达了看空通用电气的观点，在他回来后发现该公司的股价陷入了混乱。他在2008年对房地产和抵押贷款巨头们的表态造成的市场震动效应更大。

但现在，他知道自己真的要出名了，仅通过读《纽约时报》就能找到佐证。另一个能确定他已经变得有名的迹象是，就连他收集的邮票——这是他最早为了吸引"鹅妈妈"的注意所养成的兴趣爱好——都得到了报道。他进一步通过捐赠1 000万美元以及他收集的一些邮票给华盛顿史密森尼国家邮政博物馆（Smithsonian's National Postal Museum）强化了他爱集邮的名声。这笔捐款被用于创立了"威廉·H.格罗斯邮票廊"。此外，他在2010年还捐赠了1 000万美元，在加州大学尔湾分校建立了"苏和比尔·格罗斯干细胞研究中心"，这个研究中心的建立曾被当地报纸大幅报道。

他在2009年8月花2 300万美元在哈勃岛（Harbor Island）购买的一个海景房也在《华尔街日报》的头版和房产行业的博客中被报道（这个房子的要价是2 600万美元）。之后他拆掉了这幢约1 000平方米（11 000平方英尺）的佐治亚风格的房子，只为了腾出双倍土地来建设更杰出的作品，更是引起了公愤。尽管人们的关注可能会让人感到有一点危险，但这正是他想要的；这就是他的目的。

他不再虔诚地做瑜伽了，并且因为太忙也没法继续上瑜伽私教课，但这重身份可以被用作持久的品牌推广。在报纸报道中，格罗斯永远是一个瑜伽修行者。他做树式瑜伽的姿势被拍了下来，照片中的他显得年轻，留着胡须，眼睛看着远方。

回到交易大厅，他摆脱了那块蛋糕的烦扰并开始投入一天的工作。在债券领域，交易"新常态"正在蓬勃发展。太平洋投资低调的乐观，使其着眼于国债收益率曲线上的一个明显的交易：在金融危机前，短期国债的收益率与长期国债的收益率已经基本一致了，这是异常现象，因为债券期限越长，事情越有可能朝坏的方向发展，也意味着有更大的风险。因此，长期债券的收益率应该更高。但当时这个情况变得更糟了：国债收益率曲线——在那之前更像一条平直线——已经翻转了，短期债券的收益率比长期债券的收益率更高。

翻转的收益率曲线是一个很强有力的衰退信号，每次这种形态出现，人们都会恐慌。但是既然危机已经烟消云散了，太平洋投资预见事情也会返回常态。交易员们会再次要求提高长期国债的收益率。所以，太平洋投资押注收益率曲线会"变陡峭"，并通过利率互换协议买入短期国债并卖出长期国债。正如其所预料的那样，随着市场逐渐冷静，收益率曲线翻转回到常态。太平洋投资迅速获得了大量利润。

在其他方面，公司的另一个业务也保持了良好的势头，它是迪克·威尔和塞布丽娜·卡林（Sabrina Callin）负责的为上市和非上市机构提供咨询服务的太平洋投资咨询。卡林之前领导过公司的商业票据融资工具项目。

太平洋投资咨询遇到了一个阻碍，但并不严重：它的一个项目进展不及预期。在公私合营投资计划项目（Public-Private Investment Program，简称PPIP）中，财政部计划从银行购买大约价值1万亿美元的问题资产。太平洋投资在2009年3月（也就是威尔正式掌舵公司咨询业务的两个月前）说要帮助政府建立并运营这个项目。《纽约时报》称格罗斯是PPIP项目"最狂热的支持者之一"[6]，他极力阻止将这些资产国有化的诉求，并称那样的后果将是灾难性的。

PPIP项目后来被证明是一个"最好停留在纸面上"的项目。太平洋投资因为和政府走得太近，并对政府施加了过多影响而受到了公众的监视——做这些事情是为了什么呢？只是为了能够参与一个一半是用来品牌推广，另一半只有在通过杠杆融资时才有利可图的项目吗？太平洋投资对于低价贷款并不排斥，事实上，公司已经通过定期资产支持证券贷款工具跟政府借钱了。此外，比起他们刚开始谈这个项目时，事情已经变得不那么可怕了。随着时间推移，杠杆和风险情绪已经开始出现复苏迹象。如埃里安所说，这是治愈和恢复的迹象。新的客户资金仍在大量流入太平洋投资，并且借贷也放松了；这样的话，他们还需要从政府这边获得什么呢？而且这个项目非常抢手，太平洋投资需要和其他8家公司一起做，这样它能从这个项目中获利的机会又变得小得多。

2009年6月，太平洋投资撤回了它对PPIP项目的申请，撤回的原因是"出于这个项目在设计和实施上的不确定性"[7]。晨星公司的凯蒂·卢什科维茨·莱卡特（Katie Rushkewicz Reichart）在2009年7月说："这个项目的规模大幅缩小了，现在预期项目的总规模只有400亿美元。9家管理公司共同管理这个项目——可能比最早预期的数量还多 ——以及项目规模急剧缩小，可能意味着太平洋投资能够获得的份额低于它所预想的，这对它的付出来说就不值了。"[8]

抛开那个没用的项目，迪克·威尔在2009年的晚些时候回顾了自己当年的业绩时，感觉很好。太平洋投资咨询的业务正欣欣向荣。它从美联储的项目，以及一些其他蓬勃发展的项目着手，营收已经增长到了大约3 500万美元。很明显，他们并不需要PPIP项目，但是不管怎么说，当时是威尔建议公司参加那个项目的角逐的。太平洋投资咨询的运营很受业内尊重，它的增长前景也非常好，它肯定能拿到更多的项目。

咨询业务的成功并非意外——它是按照太平洋投资的战术要求来做的，即只有在完全可行的时候才下手干一件事。除了极力推动股票投资的那件事情之外，太平洋投资"创立"一条新业务线时，更多是承认某些事情在其内部正在发生，并对其重新贴标签。在它向客户推出一只新基金前，这个基金就已经在公司内部被其他账户使用好几年了。总回报基金和其他基金会买入一套垃圾投资组合，并在它有几年业绩后推出新基金，因为业绩记录能够让客户们在投资时感到更加放心。这也是太平洋投资自己的历史。它在20世纪70年代最早是作为太平洋人寿的一个壳子建立的，多年后才从母公司被拆分出来。

2009年底，威尔走进了公司的会议室，埃里安、格罗斯和客户账户管理部门的负责人坐在房间里等待给他做年度业绩审查。威尔很热情地跟他们打了招呼并对今年良好的业绩做了评价，称业务增长前景很好。

但埃里安说，事实上，是公司赢得了美联储的项目，而不是威尔。美联储的那个项目占太平洋投资咨询营收的很大比例，所以如果没有这个项目的话……威尔实际上贡献了什么呢？埃里安说："我不认为你今年的业绩好。"

威尔彻底爆发了。他吼道："你胡说八道！我不认同你的观点。"

格罗斯瞪大眼睛说："哎呀，你们两个人都有问题。"格罗斯不介意针锋相对，但这样使他感到不舒服。他不想要任何吵闹。

埃里安说："我觉得我们在这儿的复盘已经完事了。"

威尔说："是的，我们完事了。"然后走了出去。

几周后，在进入2010年后的头几个工作日——就是在格罗斯收到他不想要的那个蛋糕之前——威尔走到了埃里安边上对他说："我能跟你说句话吗？"

他们走进了旁边的一个会议室里。

根据知情人士透露，威尔说："我猜你肯定不会惊讶。我要辞职。"

这不是一件令人惊讶的事情。实际上，不管埃里安的态度如何，直接提出离职对威尔是有利的。但有一个小问题，比尔·汤普森在一年多以前离职了，现在威尔也离职的话，会对太平洋投资的形象造成不好的影响，并且会引起外界对公司高管队伍不必要的关注，这可能会使投资者、理财顾问和媒体产生顾虑。这会使公司高管层看上去出现了混乱。

"你要去哪？"

"杰纳斯。"

杰纳斯资本（Janus Capital）是一家专注于股票的基金公司，它在20世纪90年代末期的互联网泡沫时代是最炙手可热的资金管理机构，客户们会亲自在它位于科罗拉多州丹佛市的总部大楼旁排队，希望能够将自己的钱交给杰纳斯来投资。但当互联网泡沫在2000年破裂时，杰纳斯的基金跌得特别惨。公司资产也产生了巨大损失，从3 300亿美元跌到了2004年的1 450亿美元。之后，金融危机就来了，基本上对所有股票投资者都造成了沉重的打击。

杰纳斯资本正挣扎着想要重拾它失去的荣耀。威尔在那儿能有很大空间帮助公司扭转局势。

埃里安问他准备什么时候离职。

"两周内。"

"我需要你工作到1月底。"

"你会付给我高业绩评级的奖金吗？"

"是的。"

"成交。"

威尔在一个星期五完成了他在太平洋投资最后的工作，然后开始一点点搬家去丹佛。在46岁这年，他那脆弱的棕色头发变得更加稀疏，使他看起来更像一个公司高管或是参议院议员。威尔必须向杰纳斯的员工们证明，虽然他没有担任过首席执行官，也没有任何股票投资经验，但他可以做到的比他看上去能做到的更多，他在债券领域的背景可以转换到股票领域，他能够使公司的士气和股价再度高涨。他必须说服客户们重新回到杰纳斯。

在宣布威尔将担任公司首席执行官的那一天，杰纳斯的股价下跌了2%。但这不重要，他自由了。

格罗斯没有特别关注这件事。威尔在公司里的作用似乎总是透明的。他不是一个投资家，他也不是汤普森，但他总是出现在格罗斯周围。每个人都知道，对格罗斯来说，像威尔那样的人是穿着西装、总是唱反调、唯利是图的官僚主义者。他们的薪水高得离谱，并且总起妨碍作用。格罗斯总希望这样的人越少越好，所以威尔的离职对他来说无所谓。如果埃里安是对的，那么太平洋投资的咨询业务在没有迪克·威尔的领导下也会增长。

太平洋投资咨询现在也不是公司最受欢迎的业务。太平洋投资将在股票投资领域进一步推进：2010年8月的《彭博市场》（*Bloomberg Markets*）杂志封面上印着格罗斯露齿而笑的照片，标题是"为什么比尔·格罗斯喜欢股票"。债券之王进入股市，每个人都明白是什么意思。公司在债券领域之外的推进开始起作用，并成功得到了关注。

格罗斯在那年1月对英国的评论也引起了轰动。他说，随着英国发行越来越多的债务，英国国债市场已经躺在了"一张装满炸药的床上"[9]。后来，他改口了——他本来想说的是英镑——但不管怎样，英国政府削减了支出并顺利发展，他也不再对此有顾虑了。

这是一个逆向思维的判断，并且它将被证明是对的。格罗斯应该等待——在投资中使用逆向思维是他的作风，而且他相信人们会跟从他的引领。他在房利美、房地美和通用汽车问题上取得的胜利使他得意扬扬。他近来也取得了一些小成就，比如在2009年11月，他在《投资展望》中提到"公共事业公司的股票很吸引人"，道琼斯公共事业平均指数马上就上涨了；他在电视或广播节目中的访谈可以推动市场走势；在太平洋公司内部，他发布命令后，接下来就会有一连串的活动。突然之间，公司里负责新兴市场业务的家伙得到了公司内部潮水般的买入指令。

格罗斯在金融危机前非常焦虑，因为尽管他不停地发出警告，市场仍旧不断上涨；但现在，每个人都听他的话。随着2010年步入尾声，他发现了所有资产类别中最重要的一个资产："无风险"的美国政府债券。格罗斯的判断结论将会震惊所有人，给他带来前所未有的关注。

第七章
糟糕的一年

1994年初,《北美自由贸易协议》正式生效,墨西哥经济前景明朗。与此同时,美国的利率正低,投资者们纷纷寻求利率更高的地方投资。墨西哥凭借着其原有的经济自由化优势,在《北美自由贸易协议》的加持下,打开了投资的阀门。投资者们兴奋地带着国际热钱涌入了这个国家。

但随着《北美自由贸易协议》忽隐忽现,事情逐渐变得极为糟糕。恰帕斯(Chiapas)[①]本地的一支叛军已跟政府宣战。在野党的总统候选人在参加提华纳(Tijuana)[②]的竞选集会时被暗杀了。美联储开启了加息进程,并将引爆资本从新兴市场逃离的进程。之后墨西哥又出现了其他的叛乱和绑架事件,而恰帕斯那边也不断发生着更多的混乱和暴力事件。这些对焦躁不安的投资者们来说已无力承受,他们纷纷逃离了那个国家。由此,墨西哥比索锚定美元的汇率看上去越来越脆弱了。

---

① 墨西哥的一个州。——译者注
② 墨西哥北部城市。——译者注

随着这个恶性循环的开始，墨西哥政府尝试通过将它发行的以墨西哥比索计价的短期债券转换成用美元计价的新债券来控制利率，这种新债券被称为"特索博诺斯"（tesobonos）。这种控制方式有一些效果，但副作用是这些交易使墨西哥外汇储备蒸发了。

这进一步助长了恶性循环。这种形势也把交易员们吓到了，以至于他们连"特索博诺斯"都不愿意买入。墨西哥的一场国债拍卖没有成功，接着是另一场，然后又一场……总共有四场国债拍卖没有成功。墨西哥政府借不到钱了，其海外债务的收益率不断攀升。糟糕的事情很快变得更糟。太平洋投资的前合伙人布林约尔松回忆说："随着墨西哥国债的收益率越来越高，人们开始担心如果它变得过高，墨西哥政府可能会说'不能再这样了'，政府将放弃汇率挂钩，并可能发生债务违约。"

一直以来，太平洋投资只持有中等数量的墨西哥债券，规模不是特别大，但也不容忽视。它在这个国家不崩盘的情况下会有一份适度的、切实的利益。然而，随着收益率越来越高，墨西哥债券价格下跌，所以太平洋投资正面临着一份"账面上"的损失——一旦抛售债券，这些损失就会变成现实。太平洋投资面临一个选择——在能够卖出这些债券时将它们卖出，虽然这很可能会加剧墨西哥的危机；或者，它可以继续持有这些债券，任由局势发展，然后看着它们的价值越来越低；它也可以进一步增持，在其他人不为墨西哥提供贷款的时候延长信贷，即将钱投入一个极为不确定的场景中。

到了1995年，墨西哥国债的另一场拍卖会即将来临——总价为4亿美元。太平洋投资的基金经理们必须作出决策了。

一个断章取义的谣言开始四处散播：美国财政部将和墨西哥政府讨论一种救市方案，可能是通过美联储的外汇稳定基金。没有什么是确定的。很少有人愿意为那个可信度很低的谣言赌上真金白银。

第七章 糟糕的一年

格罗斯可能看到了一些其他人看不到的东西。他之前也做过这样的事儿，就像在1981年他和玛泽能嗅到那场小型经济衰退到来的气息一样。格罗斯在几十年后重述道："（墨西哥国债）收益率在9月正如预料的那样掉下来了。"另外，在1992年，格罗斯在《华尔街日报》上预测短期利率不会变得更低了，结果它真的没有再降低。格罗斯确信他能够从市场的蛛丝马迹中窥探未来，预测市场变化，权衡风险，并且能够从中适当获利。他能够获胜的概率总是稍高一点，差不多是51%对49%，最多是55%对45%。当这种概率对他有利时，就是行动的时候了。并且，有时候是他投出的信任票改变了局势。另外，在某个时间点，投资收益率已经高到值得赌一赌的地步了。墨西哥开始看起来像一个好机会了。

在接下来的投资委员会会议上，太平洋投资的基金经理李·托马斯对一场即将开始的墨西哥政府债券拍卖进行了详细阐述。1年期债券的收益率差不多能达到20%。这种收益率对短期政府债券来说简直是天文数字——尤其是如果美国政府或者其他机构前来救助的话。如果墨西哥在接下来的12个月内可以存活下来，太平洋投资可以获得20%的收益。

根据布林约尔松的回忆，托马斯对参会的人员说："你们的问题不是考虑这些债券是否会顺利到期，而是要想想你们是否能在其他地方找到在4亿美元投资上收益20%的机会。"

尽管市场上流传着一些救市相关的谣言，但在进入下一场国债拍卖会时，还是很少有买家参与拍卖。所以，如果太平洋投资要买入这些债券的话，现在就是最好的时机。布林约尔松说："我们当时确信，我们想买多少就能买多少。"

格罗斯和他的基金经理们想以19.75%的收益率拍得这些1年期债券——布林约尔松说这个数字是精心挑选的，尽管他们可能会得到更高的收益率。如果拍卖以超过 20% 的收益率成交，他们担心墨西哥政府可能不会偿还债务。所以，他们选择在收益率最接近 20%，也就是 19.75% 的时候，拍下这些债券，拿下全部的 4 亿美元。

随着太平洋投资拍得这些债券，拍卖会成功了，市场参与者们松了一口气。《纽约时报》的头版头条醒目地写道："墨西哥危机减缓，所有债券全部卖出。"[1] 传言四起，人们在传谣说投资者肯砸这么多钱买入债券，一定是知道些什么——可能救市措施马上会到来。太平洋投资并不比其他人知道更多，但市场并不知道它就是买家，所以太平洋投资的交易员们保持缄默，以便让市场的猜测进一步发酵，同时推高这些债券的价格。

不到两个星期之后，比尔·克林顿（Bill Clinton）总统批准了美国财政部动用外汇稳定基金 200 亿美元贷款的申请。虽然墨西哥的银行在未来几年仍可能陷入危机，但墨西哥债券市场幸存了下来；虽然它也遭到了冲击，但仍保持了稳定，并偿付了所有债券。再一次，格罗斯看上去又预知了未来。

布林约尔松说："说实话，这有点赌博的成分。对我来说，这并不能正面反映太平洋投资的可持续性，因为它在不断加大赌注。"但他也补充道，格罗斯通过加大赌注取得的业绩异乎寻常得好。

无论这其中有什么成分——鲁莽、幸运、稳重或是良好的风险意识——这种偶尔到达自大边缘的大胆尝试是格罗斯得心应手的操作。他知道在什么时候应该坚持冒险。这些赌博几乎都凭借着他这种坚持得以成真。对于整个行业的交易员们来说，这才像真正的激励，是他们希望在每周工作 80 小时、面对喜欢贬低人的老板，以及无休止地做演示文稿之后等来的奖赏。格罗斯证明了，如果在对的环境中把握对的要素，一个人就可以控制政府的命运，根据自己的意志操控市场和政客。

第七章 糟糕的一年

* * *

2011年3月,格罗斯作出了他职业生涯中最轰动的一个决定。他卖出了总回报基金持有的所有美国国债。现在,他在全球最大和流动性最好的市场中不持有任何资产,而几乎每个规模与总回报基金相当的基金都持有一些这样的资产。

这个公告立即产生了溢出效应。《大西洋月刊》和《华盛顿邮报》给公司打来了电话,想要对格罗斯进行独家专访。

在《投资展望》中,格罗斯解释了他简单且清晰的逻辑:美国国债的收益率太低了。鉴于即将到来的巨大风险,即美联储将不再每月购买1 000亿美元的美国国债,这个收益率远远不够。美联储说它将在6月停止之前采取的极端刺激措施,这种刺激措施此前使它每年购买了超过70%的美国新发国债。政府大幅买入自己的债务?这不是很明显吗?这是一个"庞氏骗局"。

格罗斯在接受《华盛顿邮报》的采访时说:"右手正在从左手买东西。"[2] 他在接受《大西洋月刊》的访谈中说:"我们几乎一直在一对一地支持国债。早上8点,美联储会给我们打电话,要求从我们国债交易部门买入,然后1小时后,美联储又会打电话要求我们卖出。"[3] 通过这样做,美联储降低了各个领域的利率,包括安全储蓄账户、货币市场基金、共同基金可以买的债券以及其他资产。在他看来,这是对那些将自己辛苦赚到的钱用来储蓄或投资的人的偷窃行为。

"愿上帝保佑本·伯南克、蒂姆·盖特纳和他们所做的事情,但他们这样做的结果是从很多储户手里把钱拿走了。"人们把钱放在银行存款账户中,不去投资,不去让格罗斯这样的人帮他们投资来赚取更好的收益,可能是因为这些普通储户中的很多人在金融危机时被那些自称知道如何帮他们投资的人伤害了。美联储的政策是奖励那些愿意承担风险的人，那些买入垃圾债券和投机性房产的人——那些像太平洋投资和格罗斯一样的人。

所以，当政府通过"量化宽松"购买债券的计划结束后，谁会站出来购买那70%的国债呢？格罗斯怀疑美联储会留下一个空缺。之前那些被人为压制的收益率会跳回来——这也意味着债券投资者们将要亏钱。

与此同时，进一步思考，因资助救市、经济刺激以及之后发生的一些事情，政府支出已激增，所以，它要通过大量发行国债进行融资。太平洋投资无法忍受任何公司进行这样的过度借贷，那为什么要容忍政府这么做呢？为什么会有人想要买一个供应如潮水般的东西？格罗斯发现，政府压低利率也意味着货币的价格会很便宜甚至为零，这将不可避免地导致每个人的支出增加。而每个人都争相支出购买商品意味着商品价格会更高。通货膨胀对债券持有人不利。因为当货币失去价值，像债券那样在昨天还有诱惑力的固定收益工具将在未来失去价值。对于格罗斯来说，这使他想起了他刚开始投资的时候，那时，20世纪70年代的通货膨胀让存放在金库中的债券失去价值，并引发了主动的债券交易。

他说，在他刚入行的前10年中，债券被称为"充公券"。在2011年，问题又回到了"保全资本、保全资本、保全资本"[4]上。在这期间的大约30年间，债券投资者们一直经历着一个利率不断下降的牛市。格罗斯说："投资者们已经习惯这段魔幻的旅途，在这段旅途中，债券不但会产生不错的收益，还会产生一些资本增值。"

这是比金融危机刚结束时更糟糕的一个"新常态"——一个失去了政府慷慨援助的新常态。在2010年9月，总回报基金持有资产的1/3是与美国政府相关的证券；2010年12月持有的比例为22%；2011年1月为12%；到2011年3月，持有比例已经降为零。作为

第七章 糟糕的一年

替代，总回报基金增加了对房屋抵押贷款、公司债和新兴市场债的持有量，并且持有23%的现金或现金等价物。埃里安对这个逻辑的解释是："你购买和持有的每样东西必须有价值。在我们的估算中，到处都有（比美国国债）价值更高的东西。"[5]

完全不持有美国国债是很大胆的。投资者会将总回报基金的业绩与一个指数基准对比，这个指数中总会持有大量的美国国债。任何偏离指数权重的边际偏差都是一个信号，客户们会仔细跟踪这个信号。总回报基金放弃了一整个资产类别，一个最基础的资产类别。

格罗斯在2011年4月进一步提高了他的赌注，在基金中增加了诸如与美国国债对赌的利率互换协议这种衍生品资产。现在，他不仅是不持有美国国债——这些赌注本质上使他持有负数数量的美国国债。如果国债价格下降的话，他就能赚更多的钱。他已进入了战斗模式，这只是另一个逆向思维的判断——是他已经习惯了正确的判断。

《华盛顿邮报》的珍妮弗·鲁宾（Jennifer Rubin）宣称："格罗斯先行逃离了国债。"[6] 她同时也发问："其他投资者还有多久离开？"格罗斯说投资者们可能需要一些时间才能反应过来。他警告说，如果持有一半美国国债的外国政府也都卖出的话，可能会引发一场"政治海啸"。

格罗斯的操作得到了称赞：他优雅地将总额为2 400亿美元的总回报基金进行了调仓，但并没有引起市场的大幅波动。

路透社的菲利克斯·萨尔蒙说这需要技巧，他写道："这显示出格罗斯超常的能力，他对他操盘的巨型基金的调仓看起来像对规模是其1/100的基金调仓那样简单和激进。格罗斯可能是这世界上人们已知的最好的债券交易员了。"[7]

但并不是所有人都持如此正面的评价。首先，这并非完全史无前例。投资家卡伦·罗奇（Cullen Roche）在博客中写道："他在过去10年中已经讨论了一些关于债券市场熊市的话题了。"[8]他提到了格罗斯在2001年宣称"债券牛市已经结束"，以及在2007年的一次访谈中自称是一个"熊市基金经理"。罗奇写道："在这期间，他一直对固定收益证券和美国国债关联的资产有很健康的持仓。"

格罗斯的逻辑也让诺贝尔经济学奖得主保罗·克鲁格曼（Paul Krugman）感到困惑，他并不确定利率如此之低是否只是因为量化宽松。克鲁格曼在他《纽约时报》的专栏中写道："如果美国国债的市场性真有问题的话，那不管是否量化宽松，利率都会很高。"[9]另外，如果这件事已经如此明显，那市场不早就动了吗？克鲁格曼写道："你不需要迫使自己相信有效市场理论，也会相信这种盈利或者亏损会被明确预料到。"

这些批评不能影响格罗斯。他在拉斯维加斯的时候就已经学会要在牌桌热的时候加大筹码。他是对的，其他人就会跟进。

另外，这家公司就是为大胆判断建立的。太平洋投资雇用了几百人，员工人数在2007年初到2011年底翻了一番，到2011年底时超过了两千人。因为新监管下卖方银行逐渐被削弱，并且太平洋投资需要人来管理所有新进来的投资，但所有这些都是次要的。交易员们吐槽着投资委员会会议以及论坛，称在这些会议中的思索和故作姿态都是在演戏，因为最后，他们只是根据格罗斯已形成的想法进行交易。这家公司更广泛的结构，权责的分离，格罗斯、珀德利切和玛泽组成的"三腿凳"，都是有些倾斜的。公司内凡是接触得到市场的人级别都会比那些不接触市场的人高。格罗斯就是最后的拍板人。

尤其是自从所有能对抗格罗斯意见的人都离开了，公司内已经没有人能轻轻敲打他、向他施压了。埃里安成了房间里剩下的唯一

第七章 糟糕的一年

成年人。

公司内的保守派感到，公司的传统文化已经被这群从华尔街或者MBA项目中涌进来的西装革履的新人们稀释了。人们在会议中已经越来越难认出对方是谁了，更别提在大厅里了，但当格罗斯走过时，他们那种探寻的目光似乎表明想从格罗斯那儿得到些什么。格罗斯觉得员工们可以在大会上学到些东西；他给了他们一个平台，他们可以利用平台展示自己的与众不同，与此同时他也可以更多地了解他们，例如记住他们的名字。但他不是必须这样做。

* * *

当格罗斯宣布他对国债的判断时，他看上去很聪明：国债价格下跌了，它们的收益率急速提升。他预测的情况已经开始出现了吗？还是人们只是跟着他的步伐行事呢？

不管是哪种情况，游戏已经开始了。

并非只有格罗斯和太平洋投资对美国政府的信用和信誉持怀疑态度。很多对冲基金经理和金融界人士也发表了类似的看法，警告说会发生通货膨胀，坚称美联储在创造更多的钱，并且将不可避免地导致货币供应的增加，货币价值会不断下降。事情总是这样发展。

一个更棘手的威胁正在形成：人们仍在寻找需要为金融危机承担指责的对象。购房者们指责华尔街，华尔街指责政府，政府指责信用违约掉期。但几乎每个人都认为，信用评级公司没有看出当时的问题。它们对风险视而不见，当华尔街的银行在寻找评级公司、想要获得最好评级的时候，它们之间展开了激烈的竞争，并给那些糟糕的担保债务凭证打出完美的评级。只有在投资者们资金耗尽的时候，它们才开始下调评级。

这些评级公司意识到了可信度的问题，它们开始重申自己的立场，以展示它们的工作仍然出色。人们看到了华盛顿丑陋的政治斗争的开端。

那年夏天，政府正不断靠近"债务天花板"，也就是政府随意设定的允许自己借贷的上限。任何对债务上限的提升都需要得到国会的批准，而一些众议院议员为了对奥巴马和他的医保法案作出回应，想划定一个界限。他们说政府支出太多了，财政赤字已经失控。他们的姿态威胁到了政府举债融资的能力。如果美国政府突破了债务天花板，财政部将无法承担它的支出。

2011年春天到夏天，标准普尔公司紧急警告：由于财政赤字和政治僵局，它可能将降低美国国债的信用评级。奥巴马总统最终通过了一项缩减美国2.1万亿美元债务并提升债务上限的法案，但为时已晚。在2011年8月5日星期五，标准普尔历史上首次降低了美国国债的信用评级，评级从AAA变成了AA+。标准普尔表明，"政治边缘政策"[10]已经使政府管理其财务的能力变得"更不稳定、更没效率和更难以预测"。

信用评级降级通常会压低债券价格，因为投资者们会跳船而逃。投资者们也经常会被评级所限制——他们已经向客户承诺将持有一部分信用评级在某个级别的债券，所以必须围绕这些承诺进行交易。但在美国国债信用评级下调的那一刻，一些外部因素正在扭曲这一正常的化学反应。

在大西洋的另一边，金融危机仍未结束。在2009年末，一个新政党在希腊执政，它发现旧执政党给这个国家做了假账。希腊的财政赤字率达到了13.6%，并且它的债务已经超过了产出——这展示了债券的阴暗面，在"阳光明媚"时同意支付的固定费用，在未来变得"阴云密布"时则成了负担。

希腊的债权人看不到希腊有任何希望能走出债务困境，除了被救助外没有任何其他方式能改善其财政困局。希腊国债收益率攀升，欧元区的其他国家看上去也开始摇摇欲坠了,这进一步加深了紧张情绪。因为希腊是欧元区成员,欧元区统一的货币消除了原本最容易减缓财政压力的方式,但那也意味着它的命运与法国和德国这些富邻居们绑在了一起。

德国一直靠说一些冷漠的支持性话语"支持"希腊——"如果欧元区整体陷入危机,那救助希腊符合德国以及欧元区所有国家的利益"[11]——但它始终没有拿出足够大额的支票来解决希腊的问题。得不到充分的救助,希腊财政的窟窿变得越来越大。它威胁着将整个欧盟拖下水,这威胁将跨过大西洋——与此同时,美国的经济数据看上去已变得十分脆弱了。市场情绪快速恶化。

8月在金融市场中发生了一件有趣的事情。纽约的气候变得特别潮湿,在街上走路就像游泳一样,摩天大楼和雾气罩住了热气。能离开的人都离开了,将这座城市的所有权交给了游客和老鼠。金融机构的初级员工们被留下驻守,他们非常激动且过度自信。他们会感到焦躁不安:他们还没有习惯于承担责任,即使这种责任仅仅是暂时的,并且在高级员工们休假回来后会被检查。这期间交易变慢了,交易量变少了,这也使价格变得更加跳跃。

所以,在标准普尔下调美国国债评级时,市场被希腊的前车之鉴吓到了,害怕经济再次陷入衰退,而且华尔街银行交易部门稀疏的人群中只留下了一些年轻交易员们在负责交易。股价快速下跌。国债作为永恒的避险天堂,作为人们能买到的最安全的东西,它的价格开始回升,这与本该发生的情况正相反。这源于市场对"逃向安全资产"的肌肉记忆。美国国债价格大涨。10年期国债收益率在2月8日那天是3.7%,到了8月,它已经降到了2%以下,达到了1962年以来的最低水平。

在格罗斯作出大胆判断的5个月后,他的判断公然地、意外地成了一个错误。

8月，总回报基金下跌了0.5%，而其对标的业绩基准上涨了1.5%。该基金从年初到那时的收益率刚刚超过3%，使它在同类的179只基金中排名第157位。

格罗斯失眠了。自从金融危机以来，他一直靠吃安必恩（一种安眠药）帮助睡眠，但这仍然不能让他入睡。他告诉《华尔街日报》，他在2月卖出总回报基金持有的所有国债，以及在3月进一步通过衍生品对赌国债的决策是"错误"的。他之所以坦白承认，是因为想"努力在精神上对公众保持诚实"[12]。

到10月，总回报基金的年收益只有1.9%，而基准指数的收益达到了6.7%。格罗斯的业绩比他90%的同行的业绩都差。

那年还没结束，他就发出了一份书面"致歉"。

他在10月的《投资展望》的开头写道："让我以这个作为开场白。我或者太平洋投资公司里的任何人都不会临阵逃脱。为应对全球金融市场日渐复杂的局面，我们在早上，甚至在半夜的工作时间都在增加，而非减少。竞争之火烧得更加猛烈了。我们尊重我们的竞争对手，但我们每天都想要超过他们。"[13]

他写道："我只是经历了很糟糕的一年。今年表现很糟糕。太平洋投资的中锋们在太阳下丢掉了一些高飞球。"

在金融领域，道歉基本上是闻所未闻的事情。商业内幕网（Business Insider）的乔·维森塔尔（Joe Weisenthal）分析了为什么格罗斯感到必须道歉：股票市场的剧烈波动使人们在情感上更加依靠债券投资组合作为稳定的"锚"[14]，通过它来平滑波动并减少损失。但总回报基金完全避开了这个锚。新客户已经停止投钱到这个基金里了。因此，格罗斯进行了道歉。

与此同时，格罗斯对其基金的投资者和公众发誓：他并没有与市场疏远，他仍然"每天早上很早就来到球场上"，他一定会东山再起！

人们之前就跟他捆绑到一起过，比如在2006年经济危机爆发前夕，当他过早（"错误"的另一种说法）预测会降息的时候。他当时说过这是一个"很大的错误"[15]，但在他之后东山再起的时候，客户们对他的投资取得了很好的回报。客户们一直记得那段经历，知道格罗斯能做到。与此同时，格罗斯进行了一次激进的"U型转弯"。9月，美联储宣布将购买长期美国国债并卖出同样数量的短期债券，这种行为被人们称作"扭转操作"，因为它会扭转收益率曲线。格罗斯从"看空"转向"看多"，引领着总回报基金这个"超级坦克"朝着一个巨大的赌局前进，赌的是美联储的操作会成功，长期利率会下降。

他的"U型转弯"起了一点作用。到2011年底，总回报基金的收益率达到了4.2%。但它的业绩仍落后于87%的同行，这些同行基金的平均收益率达到了6.3%。如果一个投资者在年初时买入30年期国债，他在一年内将会难以置信地赚到30%的收益。如果他们买入的是10年期的国债，一年的收益率会超过15%。

2011年，太平洋投资的业绩记录发生了重大转变。在那之前的10年间，它比97%的同行们表现得都好。这种长期良好的业绩表现的确使格罗斯得到了客户们的耐心，大多数客户仍追随他。但这次即使是最忠实的客户也不得不考虑撤出投资，因为他们也要对他们自己的客户负责。

他们看到了一点苗头，也许太平洋投资并非总会有好的表现。

* * *

2011年9月，太平洋投资举办了一个派对来庆祝它40岁的生日。太平洋投资高收益部门的创始人本·托洛茨基出席了派对。这是他在离开公司将近10年后再次出席前员工的活动，公司里的人他已经完全不认识了。他环视房间，看到埃里安作为公司最受欢迎的人散发着光辉。当他看到格罗斯的时候，他想着要说些什么，便走了过去。

他说："任何对冲基金大佬这样挥棒一击，都会发现基金下跌20个百分点。"但格罗斯的放手一搏并没有使公司和总回报基金爆掉，他应该鞠躬致谢。托洛茨基说："没人亏钱。你最终只是比指数的业绩差了一点，他们全都靠指数活着。"

根据托洛茨基的回忆，格罗斯说："谢谢你。但不幸的是，你是除了我之外唯一一这样看待这个事情的人。"

托洛茨基太了解格罗斯了，他知道格罗斯并不认同这个观点；他知道如果格罗斯真这样看的话，他会为此辩解。除非客户已经非常生气了。

2011年11月之后的12个月内，客户们从总回报基金中赎回了100亿美元，使基金的总额降到约2 400亿美元，而格罗斯的竞争对手们则得到了数十亿美元的新增投资。

那是格罗斯第一次失策并在公开场合进行道歉。他仍然是"债券之王"，无论在太平洋投资内部还是外部。但美国政府最终证明了它并不完全仰仗太平洋投资，并非像几十年前的墨西哥那样完全受制于它。而格罗斯也不再是永远正确的了。

第八章
边　缘

格罗斯不会浪费时间舔舐伤口。他需要继续前进找到他需要征服的东西，现在这个东西就是交易型开放式指数基金（又称"交易所交易基金"，简称 ETF）。

很多年前，格罗斯的母亲曾经尝试着购买她儿子引以为豪的总回报基金的份额，但当时经纪商们要求的最低申购金额很高，她因此被拒之门外：你要么投资 100 万美元，要么就别投资。申购金额的最低要求将很多小客户拒之门外，这令格罗斯非常愤怒，因为这意味着这些客户失去了投资可以将他们的小钱变成大钱的高收益基金的机会（当然，几十年来，很多太平洋投资管理的基金，包括总回报基金，已经接受了客户低至 1 000 美元的投资）。

格罗斯为了宣传"交易所交易"版本的总回报基金，在接受彭博新闻采访时讲了他妈妈的故事。ETF 是一个可以像股票一样交易的共同基金，可以让投资者在一天内的任何时候在股票交易所买入或卖出他们的份额。自从 20 世纪 90 年代被发明后，ETF 就变得非常流行。但在债券领域，仍没有多少这样的基金。与传统的共同基金相比，ETF 的交易成本和税通常更低，很多 ETF 被动地追踪着一个指数（并且几乎不收取管理费）。因此 ETF 吸引了一部分投资者，这部分投资者对采取主动管理方式的共同基金经理持怀疑态度。

太平洋投资在 2012 年 3 月 1 日推出了它的总回报 ETF，这只基金跟世界上最大的债券基金采取大致相同的投资策略，购买几乎一样的产品。那只债券基金从 20 世纪 70 年代起就为机构投资者们赚取了可靠的收益。

这个新基金的诞生意味着像格罗斯母亲那样的客户拿几百美元就可以购买基金了。这个新产品可能会冲击那个稍微贵一点的旗舰共同基金，至少根据传统假设是这样。但传统假设并不一定总是对的：每个人都认为星巴克如果在同一条街上开了第二家店，就会影响第一家店的生意，但实际上它反而会增大销量。为了进一步证明这是个好主意，太平洋投资只需看一下贝莱德通过他们庞大且仍在壮大的 iShares ETF 业务取得的巨大成就。另外，格罗斯对彭博新闻强调，这是个正确的决策。过去几十年来，个人投资者们除了投资集合式共同基金外，几乎被金融市场拒之门外，错过了"钱生钱"的机会，或是他们为了能得到一些投资特权而被收取了过高的费用。现在，国债收益率已达到历史低点，没有专家帮他们理财可能会使他们受到更大伤害："小型投资者们并不总会有投资高收益、高回报的主动管理基金的渠道。"[1]

格罗斯说："我们希望小型投资者能够在收益率处于历史低点的时候，在债券市场取得更好的回报。"

小型投资者面临的这个问题并不是一个意外，因为金融行业并不是为他们设立的。服务个人投资者没有什么经济效益。这对那些没有很多钱进行投资的人们来说是很大的麻烦。太平洋投资发现，把目标放在那些巨型机构客户身上会更有利。直到现在，这家公司

第八章　边　缘

还没有真正帮助过那些不能承担储蓄损失的人进行理财，因为它并没有特别关注过这些人。

尽管公司的焦点集中在机构客户身上，但格罗斯一直以来都有一点民粹主义倾向。在他 1997 年写的《你听到的关于投资的一切都是错误的！》这本书中，他着重强调了规避高额管理费的重要性。他写道："公司总会为他们创造的一丁点附加值收取高额的管理费。"[2] 如果读者发现他们的基金经理收了过高的费用，他们应该"严肃考虑换一个基金"。他竟然在书中推荐了低费率的指数基金提供商——先锋基金（Vanguard），这令太平洋投资的员工们感到震惊。一般一个公司的销售人员会很积极地推销该公司创始人的书，但太平洋投资的销售人员们拒绝向客户们推销格罗斯的书。

在以前，投资者们可以购买一只国债并得到超过 10% 的收益率；但现在，在后金融危机时代，收益率只能到 2%。这意味着基金的高费率问题比以往更为严峻。格罗斯争辩说，利率如此之低，而且对投资回报的预测也低得可怜，投资者们需要尽可能找到最便宜的基金。在几十年前，1% 的费率只是个可以忽略不计的数字，但现在这在微薄的收益中占了很大一部分。

新 ETF 并不比共同基金便宜很多。对太平洋投资来说，这个价格很合理：总费率是投资金额的 0.55%。这是跟当时总回报基金 0.85% 的费率进行了对比的，并且不包含在初始时征收的高额"前端费用"。这个折扣是相对的：总回报基金的散户投资者每投资 10 000 美元就要支付 85 美元的费用，所以投资 ETF 只支付 55 美元就像是捡到便宜一样。但总回报基金的机构投资者客户会享受最低的折扣，只需支付 46 美元。

而一个竞争对手的 ETF，追踪总回报基金的业绩基准指数，仅收费 10 美元。

总回报基金 ETF 的确比大多数 ETF 的费率要高，但是由真人掌舵的主动管理型 ETF 只占市场的一小部分。格罗斯说："挑战是显而易见的，我们可能彻底失败，但我们也可能像一头雄狮一样，在 1—3 年内成为最大的 ETF。"[3]

新产品发行的接待会规模很大。普通人毋庸置疑会对与"债券之王"一起投资这件事感到非常兴奋，而且他们是比较迟钝的观众，他们对格罗斯关于市场的每个判断是对是错知之甚少，反应也更小。他们对一次小错误的关注度远低于对格罗斯是谁，以及他的承诺的关注度：格罗斯是他们多年来听说过的金融世界最闪亮的明星；无论何时他们打开电视调到财经频道，都能看到格罗斯。他很聪明，你能够相信他。现在他们有投资渠道了。

标准普尔"资本智商"（Capital IQ）部门的 ETF 分析师托德·罗森布鲁斯（Todd Rosenbluth）在一篇名为"聚焦太平洋投资的 ETF 发布"的报道中说："这是一个分水岭式的事件，这背后有太平洋投资的名望背书。智能手机的新品发布会经常有，但它们不会像苹果手机的发布会那样热闹。"[4]

这次发行的确带来了一个全新的复杂局面：主动管理的 ETF 每天都要披露它们的持仓，而非像正常共同基金那样一个季度才披露一次。所以，按照 ETF 新的信息披露时间窗口，每个人每天都能看到格罗斯做了什么。一些交易员甚至讨论了模仿这位金融市场大师的可能性，以及窃取他的交易策略的可能性。

这对格罗斯来说并不是很大的麻烦。没人可以预料他的策略转向，以及他持仓背后的微妙差别。没人可以窃取他的交易策略，因为没人可以像他一样交易。更重要的是，即使是他，也不能在总回报基金的孪生 ETF 中完全重复总回报基金的交易，因为根据美国证券交易委员会（SEC）的现行法规，这个新基金也不能像总回报

第八章　边　缘

基金那样使用很多衍生品。这个 ETF 给予了普通投资者们通过比尔·格罗斯进行投资的渠道，但它并没有为他们发挥格罗斯的全部魔力，或是完全重现格罗斯在总回报基金中的操作。

新产品发布会的轰动让人松了一口气，但它并没有擦除 2011 年的糟糕影响；总回报基金将在那样的业绩水平上徘徊数年，直到它覆盖掉关键的 3 年和 5 年业绩指标。但幸运的是，基金的长期业绩记录仍看上去很不错，并且它的业绩表现也反弹了。新的 ETF 有助于重新点燃人们对太平洋投资品牌的热情，并且表明了太平洋投资也可以推出 ETF 产品。

这只 ETF 基金的股票代码是"TRXT"，但这并不容易让人记住，所以不久后就换成了"BOND"（债券）。即使在之前那个难以识记的代码下，这只 ETF 也在推出的前几周内融到了 1.8 亿美元的资金，并在 6 月 30 日前融到了 17 亿美元——这对一只 ETF 来说是非常大的初始投资额。

格罗斯确认了他仍是一个家喻户晓且备受喜爱的人物。但现在这些小型投资者正在冒着失去储蓄的风险。他们在为格罗斯下赌注，如果格罗斯想让他们开心并且继续投资他的基金，他需要向他们证明他们做了正确的选择。

此时还出现了一个额外挑战：格罗斯不能充分发挥他使用金融衍生品的超能力了。

之后，太平洋投资结构性产品部门的负责人宣布了更多的坏消息。他负责监管 ETF 将购买的一些证券。格罗斯喜欢运用的另外一个金融工具也不得不被禁止使用。格罗斯和太平洋投资非常喜欢一项豁免了 1940 年颁布的法律、催生了共同基金行业的法条。这项条款是 17a-7，它允许在一个基金家族中进行交叉交易，只要交易的证券价格是市场价格即可，且决定市场价格需要独立的数据。因此，

17a-7条款有助于将债券纳入一只新推出的基金。但是，正常情况下如果客户要赎回他们的份额，基金必须出售资产来变现。这项豁免意味着基金公司可以避免在公开市场出售它的资产，从而避免被卷入以不好的价格被"强迫卖出"的窘境。基金经理可以只将这只基金里最好的债券转到公司管理的其他基金中。尽可能持有好的债券总归是好事。这是一个极其有用的工具。

但是有太多双眼睛盯着这个新产品了。结构性产品部门的人写邮件给格罗斯说："由于这只ETF发布时非常引人注目，以及它可能被投资博客作家和监管者注意到，人们对它的合规性非常敏感。[5] 所以，用17a-7条款将这个基金持有的债券转到总回报基金中这个方法是不能用的。"

好吧，如果这个漏洞被堵上了的话，也许还会有其他漏洞。只需对法律文件读得足够仔细，看清楚什么是被允许的，什么是不被允许的。这种持续不断寻找漏洞的方式同样适用于发现潜在员工、市场机会，以及其他人没有想到的不寻常的交易策略。而且，即使他们可以看到这些交易机会，他们也不会有胆子真正进行这些交易。但太平洋投资有。

* * *

太平洋投资为它自己能够找到解决方式感到自豪；在它挖掘细节的历史中，它总会从中得到其他人没有想到的利润，尽管有时候可能会挖掘过度。太平洋投资在20世纪80年代因其复杂、优雅、全面并且极为有效的技艺而著名，让人觉得这肯定是个奇迹。那场交易使它在华尔街上建立了"令人畏惧的交易对手"的名声，它比普通竞争对手更能撕烂你的脸，但你直到很长时间以后才能反应过来。

1983年，太平洋投资的一小撮交易员在房屋抵押贷款期货市场

第八章　边　缘

中精心策划了一场完美的合法"表演"。当时它的这类业务已经开始得到认可,但这一巧妙的交易为太平洋投资树立了一个精明、注重细节且愿意承担高风险的形象。

那年夏天,在一个阳光明媚的日子,太平洋投资将六名最重要的员工中的两人派到了芝加哥。他们是在吉姆·玛泽之后负责客户服务业务的迪恩·迈林,以及公司后台和运营部门主管帕特·费希尔。他们两人到那里是去执行一个几乎没有人能够理解的高风险任务。

他们在武装警卫的陪同下到了芝加哥交易所(简称"芝交所"),这也是美国最大的期货和期权交易所。在他们走进交易所的时候,迈林将他的西装外套和领带整理了一下,费希尔快速地梳了一下她那脂粉气很浓的小卷发。她已经和芝交所的人在电话上沟通过了,并对他们想要进行交易的方式进行了谈判,虽然她当时想象着他们会在一个更宏伟的大楼开会,而不是在现在这个又暗又旧的建筑。

芝交所觉得这些太平洋投资的家伙像是从另一个星球来的,因为没有人曾经尝试进行这种交易。费希尔说:"所以他们并不知道这种交易应该怎么实施。"她不得不手把手教他们。

克里斯·迪亚纳斯曾经警告过费希尔说这是非常难的一件事,叫她必须做好准备:他们要尽可能多地买进这种类型的合约,而且这些交易最终是要求实物交割的。

这个交易想法是迪亚纳斯在一次对华尔街经纪商和交易协会的定期拜访后想出来的。他回到纽波特海滩后激动地召集了格罗斯、玛泽、珀德利切等人到投资组合经理的办公室开会。他在拜访中打探到了一个令人难以置信的交易想法——它太复杂、太精确,对大多数基金经理来说太激进了,所以太平洋投资实质上只能靠自己来操作。这种交易想法同样过于倾向芝加哥学派,芝加哥是迪亚纳斯的母校（芝加哥大学）所在地，那是完美的数学和永恒的有效市场理论的地盘，同样也是现代金融衍生品的诞生地。这对太平洋投资来说正合适。

这个交易想法钻了市场对新推出的房屋抵押贷款期货合约了解不足的空子。这种期货合约于 1975 年推出，允许人们对未来的价格进行下注，并有一个听上去很笨拙的名字：美国政府国民抵押贷款协会（GNMA，被亲切地称为"吉利美"）的抵押存款收据（CDR）。用于交易这类合约的金融市场仍在发展中。

每个合约都会有一个预先设定好的到期日期，到这个日期买家可以选择现金交割——如果他们赌对了价格，就可以收到钱，否则就要付出去钱——或者买家可以"滚动"到一个新的期货合约并更新合约到期日。还有第三个选项，也是一个人们没有注意到的选项：买方可以选择交割合约上的实物证券，他们可以要求卖方将他们对赌的实物交付给他们。

这一次，太平洋投资参与对赌的是吉利美发行的房屋抵押贷款担保证券，也就是一堆捆绑在一起的抵押房贷。人们借钱买房，银行将成千上万的抵押房贷打包在一起，形成房屋抵押贷款证券，并将它们转手卖给投资者。购房者们会为他们的房贷支付本金和利息，这些支付也会被转移给投资者们。不同的吉利美证券有不同的利率——在 20 世纪 80 年代，一些此类证券的利率高达 17%——这些利率是根据购房者们同意支付的房贷利率进行计算的。

通常来说，债券的息票率越高，它的价格就越高。随着利率下降，这种情况会变得更明显——高息票率债券会变得更有价值，因为如果现在新债券只付给你 8% 的收益，你将为收益率 16% 的旧债券支付更高的费用。但抵押贷款债券不一样，因为购房者们能提前支付他们的房贷，并且经常会这样做。当利率下降时，持有昂贵的

第八章　边　缘

16% 贷款利率的房主们会重新贷款，得到贷款利率更低的新贷款并偿还他们的旧贷款，避免以旧贷款的高利率支付未来的现金流。投资者们将会收回本金，但将失去未来数年高利息收入的现金流。所以，那些拥有高贷款利率的抵押贷款债券的投资者们在利率下降时不会得到该债券的全部收益。

吉利美 CDR 期货是可与任何吉利美房屋抵押贷款证券挂钩的期货合约。当一个 CDR 的买方要求进行实物证券交割时，卖方可以选择用什么债券进行交割。正常期货交割有一个公式：少交割高息票率债券（正常情况下它们价值更高），或是多交割低息票率债券（正常情况下它们的价值更低）。但这个公式并没有考虑到房贷提前还款的特殊情况：那时高息票率的房屋抵押贷款债券就会比一个 20 年期的、没有提前还款条件的债券价值更低。因为存在这一缺陷，在实践中，交割高息票率的吉利美债券对卖方而言总是最划算的一个选项：因为期货定价公式认定它们的价值比它们实际的价值更高，所以，这就使卖方可用更少的数量进行交割。

市场已经意识到这一点。期货交易员们通常假定他们会得到"最便宜可交割证券"，因此吉利美 CDR 期货被视为最高息票率债券的期货合约进行定价。

但世界上就这么多高息票率的吉利美债券。利率已经高上天了，这意味着新发行的吉利美债券的数量也是固定的。但在 1982 年，利率开始转向，所以那些交割时最便宜的高息票率债券的供应量也开始急转直下。它们变得越来越稀少了。

迈林回忆说："期货合约的定价总是跟着最便宜可交割债券的价格来的，并且是按照已经存在的这些债券的价格来的。高息票率债券仅占（所有证券的）很小的比例，但交易员们一直用那个算法进行定价。我们往后退了一步，我们的想法是，不应该用那个公式定价,因为没有那么多高息票率债券。如果你们还坚持按照那个方式玩这个游戏的话,那我们就要跳进来了。"

市场还没有意识到他们的错误,也就是他们假定有无限多的高息票率、可以最便宜交割的债券供应,并根据这个假设对期货合约进行定价。

在金融领域,不存在一个机制说"不好意思,你们的模型出错了",而只存在有人利用这个错误攫取它全部的价值。这也基本符合市场有效理论:一些在纽约、芝加哥、东京或者奥兰治县的混蛋会纠正你的错误,虽然这会让你和你的客户付出很大的代价。

这个期货合约中还有另一个奇怪的问题。它还给出了一个可以将 CDR 转为永久性债券的选项,并将息票率在债券的剩余期限内锁定为 8%。此选项在利率下降时非常有用。

在太平洋投资,克里斯·迪亚纳斯和格罗斯"讨论并意识到那是一个装载着期权合约的期货合约。如果利率下降,而吉利美债券才发行了不久,债券持有者们可以选择接受卖方在债券剩余期限内支付恒定的 8% 息票率。如果利率上升,债券持有者可以继续持有这个抵押物,并且可能比持有 20—30 年期限的国债获得更高收益"。

似乎没有其他人注意过这个期货合约有多个层级,或是做过这个数学推导。迈林回忆说:"我们聚焦于细微之处。事实上,我们或许可以建立一个充足的头寸,并且可以通过这个头寸来压垮那些交易员们常用的定价法则。"

荒唐的是,这个机会就躺在那儿。迈林说:"长期以来,人们只有在看到这种可能性的时候,才能沿着那条路走。"

迪亚纳斯和格罗斯跑到华尔街征求意见,询问了所有了解这些合约的人,来确认太平洋投资的人们不是凭空想象或是在考虑时遗漏一些重要的东西。这些合约与市场之前所看到的完全不同,但它

第八章　边　缘

们像以前一样进行交易。迪亚纳斯和格罗斯在询问时尽可能地小心和缓慢，以避免让人们看出他们的意图。

玛泽回忆说："我们至少花了一个月来尝试找出原因——为什么华尔街的人看不到CDR中的房屋抵押贷款债券有这种特征？我们最终发现它完全被错误地定价了。"

这使市场上的交易员都像受伤的动物，他们无法比太平洋投资跑得快——他们甚至还不知道这件事。这些期货合约是完美的投资：按照太平洋投资的需求，它们可以变成一个永久性债券或是一个短期债券。这是格罗斯看到的最接近无风险投资的一次机会了。他在1984年的一个会议上称其为"一生只有一次的机会"[6]。他说："我的确觉得……在我投资生涯的剩余时间内不会再遇到这样的机会了。它真的很独特。"

"这不是一个看谁聪明的问题，而是看谁能成为第一个实施者的问题。"

太平洋投资需要做大，需要寻求尽可能多的客户的支持。它开始从最大的客户下手。这个交易很显然要通过期货合约进行，美国劳工部在1982年消除了养老保险基金投资期货合约的障碍，但很多客户内部还没有正式批准这类投资。为了向客户们推销期货投资，太平洋投资必须注册成为"商品交易顾问"（CTA）。所以，公司内所有参与投资的员工都需要通过一个考试，之后他们必须推动客户们买进（期货合约）。

玛泽说："我们从芝加哥请来一个人给员工们培训了关于芝加哥交易所的课程，员工们度过了一个精力集中、任务繁重的周末。"之后他们全员参加了考试。如果考试通过了，他们就会成为商品交易顾问、注册期货交易员。

鉴于太平洋投资内部激烈的竞争，据玛泽回忆称："这并不是一个能否通过考试的问题，而是一个你能得多少分的问题。人们已经假定他们会通过考试……不能失败。但是，有人得了98分，有人得了100分，有人得了96分……"

所有人都通过了考试。所以，接下来，他们需要跑到那些保守的客户那儿，游说他们允许这个自命不凡的西海岸基金管理人使用这些可怕的新型金融衍生品。这些客户把资金投到像太平洋投资一样的债券基金管理人那里，因为他们想要降低风险。迈林回忆称："我们做了一些图来描述这个合约、当时的情形特征，以及市场如何基于错误假设进行定价。很多大型养老保险基金的客户都赞同我们的观点。"

在芝加哥、纽约和纽波特海滩，太平洋投资接待了所有愿意前来的客户（可能达到公司总客户数的一半），并向他们宣传使用期货的好处。玛泽说："他们都对此产生了深刻的印象。最后，有几十个客户与公司签了约。"

这对客户而言也很好：这是一个"杀手级"的交易。

在得到了客户的认可和执业许可证之后，迪亚纳斯和格罗斯开始尽可能多地买入吉利美的期货合约。市场开始注意到太平洋投资这种无节制的"胃口"并尝试跟进，尽可能快地满足这种"胃口"，而没有注意到它正在为自己挖坑。

玛泽说："他们不断地把这些期货合约卖给我们，这很疯狂。"

据迈林回忆，尽管他们在疯狂买入，他们也在想着是否能够最终脱手。他说："我们担心我们做的一些事情可能被认为会引起市场混乱，以至于芝交所可能会禁止我们所要做的交易。"

他们不想被禁止。迈林记得迪亚纳斯曾跟他说："我们必须当心，否则我们可能只能做一次这种交易，然后……"

所以，他们小心翼翼地用了好几个月建立起他们的头寸。他们

第八章 边　缘

在到期时"滚动"到新合约，然后持有的合约量不断增长，形成了一个期货合约的雪球。

迈林回忆说："我们持有的头寸越来越大。"

格罗斯说："我们基本上将市场逼入了死角。"

交易对手们开始变得聪明起来。玛泽说："终于有人意识到，有人在对这些合约做市，其中肯定有些问题。"即使他们不知道将会出什么问题，那些在交易另一端的人们开始拒绝卖出更多的合约。"那些做市的人创造了这些期货，然后忽然撤销……之后就消失了。"

* * *

最后，格罗斯告诉《纽约时报》，那些在交易另一端的交易员们，就是那些之前把期货合约卖给太平洋投资的人们，开始佯装向太平洋投资的经纪人们投降。

在这次狂热的购买结束时，太平洋投资已经积累了将近20亿美元的敞口。这几乎跟该公司当时所管理的资产总额相当，这是一场令人难以置信的高风险赌博——或者说，如果没有这样的一笔大交易，它可能就是一场高风险赌博了。

那时，利率开始下降了。迈林回忆道："我们说，'好，音乐马上停止，每个人快找到一把椅子。'"太平洋投资告诉华尔街，它想要执行立即交割的权利。所以，忽然间市场上每个人都开始更仔细地研读这类产品的合约了。格罗斯说："大多数人似乎都不知道（合约中隐藏的期权），但消息很快就传开了，然后CDR的价格猛涨。"

为了完成交易交割，迈林和费希尔在那个夏天坐飞机去了芝加哥，那是这些衍生品的发源地；在这个交易中，也可能是它们的死亡地。

实事求是地说，是费希尔注重细节的能力促成了这笔交易，她的精准性使太平洋投资在进行会计和交易结算时拥有灵活性，使其能够进行复杂的交易。

出于谨慎的态度，费希尔认为，太平洋投资应该使用一个中立银行，也就是不为其任何客户提供服务的银行，以保证交易不涉及相互矛盾的责任。通过她的人脉——费希尔认识所有银行的人，她找到了一个位于芝加哥的银行可以接收这些衍生品。

在跟芝加哥交易所确认了这笔交易之后，太平洋投资顺道拜访了这家银行并最终敲定了它们在电话上达成一致的协议：这家银行将从独立房贷服务商那边收钱，然后将偿还的贷款转移到太平洋投资的账户中。

费希尔对接下来的一部分事情已经记不太清楚了，但迪恩·迈林记得非常清楚：他们在另一家银行外面停下车然后走出来，手持武器的银行警卫们在后面盯着他们，他们跟银行的职员打了招呼，然后银行职员很有礼貌地接待了他们。他们拿出了证件和合约表明身份，并表明了他们想要来这拿取的东西。

一名银行职员对这些文件进行了审查，然后对另一名职员嘟嘟囔囔抱怨说："吉，我们需要交割这些吉利美（证券），但我们没有这么多。你去金库找找看还有没有吉利美（证券）可以用来交割的。"

然后他们陪同迈林和费希尔去了银行的金库。当他们走过去的时候，费希尔又检查了一遍整个流程的细节，详细地梳理出每个环节，并强调她需要跟进新动向。

那个银行职员"砰"的一声将呢绒包扔到用皮革抛光过的地板上，然后将一堆凭证放入包中。然后这些包的拉链被拉上，堆到了一辆手推车上，然后手推车被推到了在银行外面等待的卡车那里。他们动作很利落，很有效率。半小时、最多45分钟迈林和费希尔就出来了。

第八章　边　缘

迈林说："他们知道我们会来。"

迈林记得他们那天去了三四家金融机构，在每家机构待了 45 分钟左右。他们会出示他们的文件然后在那儿等着，等待人们将装着一堆凭证的大箱子推出来，在这堆凭证中翻阅并计数，然后再将它们放到呢绒包里面。

迈林回忆说："我们收到了很多低息票率的吉利美债券，就像金子一样。它们的价值可能比一个高息票率的吉利美债券高出 20%。我们为客户赚了好多钱。"他并没有对这次交易感到害怕或紧张。他说："有可能我天真了，但我知道我们这些债券并不是可流通债券。"而且尽管有这些安保措施，但他并没有觉得他们持有的这堆房屋抵押贷款文件会被抢劫。这些文件对太平洋投资来说是黄金，但对普通人来说是不能理解的。

这个烦琐且复杂的交易已经在掌控中了，现在费希尔紧紧地追踪着即将支付的款项，以确认每一美元都能正确地结算。她让负责这笔交易的电脑时刻保持运作，这些电脑约 60 厘米（两英尺）高，在她办公室的玻璃门外围成了一圈。她说："这样我就可以进行复查，确保每个账户都能得到它们应得的款项。"

太平洋投资持有这些凭证达数月时间。每个月，每份合约的收入为 635 美元。

只有格罗斯还记得这一细节：他说完成交易需要一点谨慎。格罗斯说："我们最终在洛杉矶机场的一个休息室和所罗门兄弟银行的人会面，商讨了如何让我们和他们能够以一个好价格从这笔交易中脱身而不必面对监管者们的'挤压'。"（太平洋投资否认这件事情发生过。）

太平洋投资的大交易毁灭了这个产品。吉利美 CDR 毫无疑问是个巨大的成功，在 1980 年前每年已经有超过 230 万手期货合约在市场中交易，但到了 1985 年，随着这类产品的市场开始繁荣，这一数字开始下降到低于 9 万手，然后到 1987 年降到了低于 1 万手——事实上这个产品已经不行了。

迈林说："人们意识到了这些合约存在严重的缺陷。"

据迈林回忆，太平洋投资并非打算把市场"逼到死角"，或者说至少它的员工们没有用那些措辞进行讨论。它只想利用产品的缺陷获利。"把市场逼到死角"并不是目标，只不过碰巧是执行交易的一种方式。

迈林说："如果你是像亨特兄弟（Hunt Brothers）那样想要把白银市场逼到死角的人，或是试图把其他市场逼到死角的人，你可能会胡思乱想这样的事情。但在我们所处的市场中，5 美分和 10 美分对我们而言都非常重要，我们没有在想这些问题。我们能够为客户赚到些钱就已经非常开心了。"

最后，这笔交易大约为公司的客户赚了 7 000 万美元。虽然那笔钱对于今天的太平洋投资来说简直是九牛一毛，但在当时那个数字是巨大的。它现在仍可能是太平洋投资历史上相对价值最大的一笔交易。对那些勇于参与进来的客户们来说，这笔交易为他们在当年的业绩增加了大约 200 个基点。

更具价值的可能是这笔交易开创了一个先例：太平洋投资已经为它自己大力发展金融衍生品铺平了道路。公司的一名合伙人说："这真的是非常重要的，因为这是我们吸引客户投资期货的工具，因为我们有一个极具说服力的故事，可以向他们介绍这个特殊交易。""这是一次非常艰难的销售，因为它需要养老金计划合法地改写它们的文件，而那需要法律帮助。"太平洋投资当时是从太平洋人寿保险的律师那边得到的帮助。通过这一生只有一次机会的冒险行为，公司把这些新的、复杂的衍生品引入了养老金计划。

第八章 边 缘

这名合伙人说，太平洋投资早期的过人业绩在很大程度上是归功于它能比其他人更了解衍生品合约中的细节，而且公司能这样做是因为吉利美的合约非常令人信服，以至于它能够得到交易期货合约的许可和文件。未来每笔期货交易的收益都将比吉利美 CDR 的收益少，但是几乎没有交易能够像吉利美的交易那样优秀，而且这些结构巧妙的交易不断在市场中萌芽，为公司提供了一个可持续的额外利润来源。并且期货合约会为太平洋投资的未来背书。通过格罗斯和迪亚纳斯的推动，太平洋投资常常是第一个接触到新合约的公司，而它对每份新合约的微小细节的研究意愿也将为它赚取几十年的利润。

这笔吉利美交易同样改变了太平洋投资在华尔街的名声。它此前在那儿建立了一个很好的交易记录，但现在它成了一个令人恐惧的聪明投资者。现在的它既精明又臭名昭著。他们说，有一个芝加哥的交易员已经被"抬出去了"，他亏光了所有的钱，妻子也离开了他。迈林说，对于从未听说过太平洋投资的人来说，这笔交易证明了太平洋投资可以"赢下它"，也就是说"我们确实有一种其他人没有的洞察力"。

这证明了太平洋投资在房屋抵押贷款领域的专长，当时很少有公司拥有这项专长：抵押房贷市场并没有被很好地了解，并且在未来的很多年中将一直是这样。太平洋投资偶然地从它的母公司太平洋人寿那边继承了一个东西：因为它生长于那个保险公司，所以它掌握了权责发生制的会计方法，这完全可以转化为购买抵押贷款证券。玛泽说："这有一个令人难以置信的好处，因为我们能够追踪利息还款收入和本金还款收入的现金流。"

在当时，根据玛泽的回忆，其他基金经理主要依靠银行帮他们记录利息和本金付款，但银行常常会记错账。"所以，我们会购买客户投资组合中的抵押房贷,然后银行在即时交付时并没有将利息,以及最主要的本金打给客户……所以我们会跑回银行索取关于本金的付款,并且要求他们支付利息。所以我们可以从这个行政管理的角度,同样也是一个投资的角度上,赚取很多结构性价值收益。"

那又一次归功于帕特·费希尔。那能够应对复杂会计记账的高效的系统,以及完美的交易执行——是她的运营帮助公司实现了差异化交易策略,并帮助公司创造了一流的交易记录。

她使用了一个由她发明的银行打分系统,这个系统会在例如准确性、对太平洋投资偶尔的荒唐要求的应对性等指标上由1到5为银行打分。这当然意味着,当银行了解了她的评级系统后,它们会争先恐后地要得到最好评级。这是费希尔对于一个一直存在的结构性问题的实际解决方式:她觉得,你的短板决定了你有多强,如果你因为歧视送信女孩而惹怒她的话,你将会在最后收到信件。所以,费希尔开始向银行讲解她的评级系统,它们都想在评级排名中名列前茅,然后忽然之间它们对太平洋投资的服务质量大有改善,无论是从提供帮助的准确性、及时性还是主动程度上来看。她的评级系统帮助公司控制了这些银行并让它们互相竞争,尽管它们受到了太平洋投资其他部门的"虐待"。

这项精确的行政管理工作也为公司持续高回报地在抵押房贷市场中过多持仓铺平了道路:太平洋投资只是简单地比它的同行们购买更多的房屋抵押贷款债券,这也是它的业绩能够击败这些同行的一个重要原因。太平洋投资精通房屋抵押贷款债券的交易,这也使它渐渐做大:到1984年,这家公司已经占据了房屋抵押贷款债券市场中的很大份额。因为人们对于这些证券的理解很欠缺,其他机构要花几十年才能自如地交易这种债券,这也意味着太平洋投资可以在几十年里轻松赚取额外价值。

第八章 边　缘

这也解释了太平洋投资为何能在金融危机前注意到问题。太平洋投资帮助打造并且繁荣了能够散播抵押贷款担保证券以及相关衍生品的世界，并在几十年间为这种产品提供了很多需求。所以，它对这个市场的畸形情况有独特的感知。太平洋投资发起了派对，但是为了得到更大的利润，它第一个离开了派对。

太平洋投资的优势也是结构性的：从技术上来看，任何人都可以看到有缺陷的假设并且从中发现潜在利益，实际上，也有其他人做到了。但普通的银行和投资公司通常更容易被命令和规则所束缚，或者更按照字面意思接受这些限制。并且，他们也并不总有兴趣在期货合约的刀刃边缘上跳舞。

但太平洋投资会。它很乐意将一个市场逼入死角，但在权威部门要求它停止的时候，它就会立刻停止。如果这样做可以帮助它的客户赚更多钱的话，它很乐意去触碰那个在可接受和违法之间的狭窄边界。

格罗斯知道什么东西是对客户好的——出色的业绩，并且正如太平洋投资的一位前合伙人说的那样，格罗斯也会竭尽所能去获取出色的业绩。这位前合伙人若有所思地说，如果监管是完美的，任何对客户好的东西也会是合法的。但事实上不是这样。格罗斯似乎会为一些限制他施展魔力的武断的法规感到沮丧，所以在他能够推进的地方，他就会推进。那些他抵制的法规本身就常常是没有明确定义或是结构糟糕的。但这也意味着太平洋投资的合规员工们不得不做好准备给交易室打电话。一个基金经理应该偷偷地把一个市场逼入死角并利用一个合约获利，直到这个合约作废吗？可能对于一些人来说这是很没有品位的事情，但是客户们绝对会因此而变得更加富有。

对于太平洋投资内部的很多人，尤其是那些老员工而言，这就是太平洋投资的价值定位：它把客户们稍微推出他们的舒适地带，在那儿会有更多的利润。但这家公司很少与监管机构发生冲突——它在几十年的经营中从未收到过监管机构的解雇通知单，也从未收到过 SEC 宣布即将采取行动的"韦尔斯通知"（Wells Notices）[①]。根据一些老员工反映，部分原因是公司会接到匿名电话：某个人会收到一通电话，然后在那之后，一些高风险的、处于灰色地带的交易会变少，蒸发，回到光明地带。

* * *

当太平洋投资全新的、必须成功的、面向小型投资者的 ETF 在 2012 年被推出，格罗斯那双进行衍生品交易的手将被绑在身后，他开始在市场中找寻好的交易想法。如果他们常用的伎俩被限制，他们将找到其他漏洞、其他方式——例如市场中那些隐含杠杆的证券，或是法律文件中没有明确禁止某些事情的字句。

负责结构性产品的家伙有一个建议，他写道："我们能够在未来几天帮你找到几个零数单头寸，它们的价格比整数单低不少。"[②][7]

这意味着他们可以利用债券定价系统的漏洞获利。大机构投资者们喜欢大笔购买债券，100 万美元起。但因为随着时间推移，抵押贷款会被偿还，它们中大多数的结构也会逐渐缩小，所以会有很小的单子在市场中游荡，无人问津。"零数单"结构奇怪，它们不是漂亮的"整数单"，即那些拥有标准规模、能够很方便交易的资产。大多数投资者们认为这些小单子的麻烦比价值更大，所以他们会折价出售这些零数单资产。

太平洋投资看到了一个它能玩的游戏。它必须每天将它的投资

[①] "韦尔斯通知"是 SEC 对在美上市公司进行民事诉讼前发出的非正式提醒，接到通知的上市公司可以在收到正式诉讼前与 SEC 进行沟通和协商。——译者注

[②] 零数单（Odd-lot）指成交量小于一个交易单位的交易；整数单（Round-lot）是成交量为一个交易单位，或是一个交易单位倍数的交易。——译者注

第八章 边　缘

组合的价值报告给客户和市场。股票交易所中交易的股票每天都有一个官方的收盘价，但与这些股票不同，很多债券，尤其是房屋抵押贷款证券的交易并不频繁，因此不会有一个很容易得出的市场价格。因此，基金经理们每天依靠外部估值机构估算每个债券的价格，价格估算基于一些混合的价格，诸如历史交易价格，银行愿意与它们进行交易的假想价格，以及类似债券的价格等。这些估值公司计算出来的估价就是太平洋投资这样的公司汇报给客户的价格。

但估值公司一般只根据整数单进行价格估算。这意味着一个聪明的债券专家可以购买一堆便宜的"零数单"，将它们放入估值系统，然后看着它们被按照整数单进行估值。这是即时的利润。这并不违法，虽然也不是什么值得做广告宣传的事情。当基金经理们买入一大批新债券并将债券在很多账户间进行分摊时，就会发生这种情况；基金持仓不能过度集中于一个东西，所以，对于小基金来说，经常会有零数单出现。

那个负责结构性产品的家伙写道："这种利用定价系统漏洞的获利方式在一开始会对业绩有帮助。"

在3月2日，格罗斯将一个手写的便条送到交易室，用他那极具特色的呆板腔调作出指示，就像是债券市场的艾米莉·狄金森（Emily Dickinson）。他写道："尽快在接下来的两个小时内找到你负责区域的100万—200万美元的债券，它们要比估值机构在今晚的估价低至少两个点。"

交易员们按照他的要求做了。

在3月9日，太平洋投资以64.999 9美元的价格买入了一个零数单，并将它放入估值系统，然后它的估值为82.745 9美元。这让公司在没有做任何工作的情况下得到了令人满意的27%的收益。只是这一笔交易，就让公司ETF的"净资产价值"（也就是它所持有的每样产品的价值汇总）在一天内增加了0.02美元/份额。而那只是很多笔零数单交易中的一笔。

这一价格上涨引起了太平洋投资内部估值部门的注意，该部门负责监督交易并确认没有特别离谱地出现不一致的情况，以至于引起交易对手或监管者的叫嚷。当买入价和估值供应商给出的价格差距过大的时候，这个部门就会收到自动发出的通知。每一次，他们不得不去询问负责相关交易的交易员，问他是否愿意"挑战"估值供应商给出的估值，以及他是否有证据证明他是对的，而供应商是错的。如果那个交易员没有回复，供应商给出的估值将会被自动挑战。

那个17.75美元的差价马上被标记出来了。在3月12日，内部估值部门的一个员工发了一封邮件给负责房屋抵押贷款证券的交易员，并在邮件中指出这些交易"潜在地"影响了公司ETF的净资产价值。那个交易员回复："不需要挑战"，并指出同一类债券中有一大块"可能在80美元出头交易"，而这一小块的估值已经非常慷慨了。

格罗斯在3月23日送出了另一个手写的便签，要求房屋抵押贷款证券的交易员们寻找更多的非代理抵押支持证券（non-agency MBS），并写道："便宜的零数单更好。"

他提供了一项激励：他会给交易员们"金星"来奖励好的表现、好的想法；每个星星都可以转化成1 000美元的现金奖励（反之，交易员们会因缺乏良好的沟通收到"沟通缺陷"的标签）。在这个时候，任何能够为公司债券ETF找到高折价率零数单的交易员都会得到一个金星。

一个星期后，这个招数开始生效了：债券ETF的表现甚至比其"孪生兄弟"总回报基金的表现还要好。3月，总回报ETF获得了

1.6%的收益率，而总回报基金却不足0.04%。作为业绩基准的巴克莱资本综合债券指数（Barclays Capital Aggregate Bond Index）则亏损了0.6%。

他们保持了这一策略：在ETF的前4个月里，太平洋投资买入了价值3 700万美元的零数单债券，并将它们分成了超过150套债券。这可能只是总回报基金或者整个太平洋投资篮子中的一滴水，但对于规模仍然很小的ETF却有重大影响。

到6月底，两个基金的差异变得更大了：债券ETF从发行以来产生了6.3%的收益，总回报基金只有2.8%的收益，而前者应该是追踪后者才对。

在太平洋投资内部，这并不是一个问题。公司负责监督交易并保证交易合法性的合规部门，已经意识到了债券ETF的出色业绩在很大程度上只是归功于零数单交易的策略，并指出内部估值部门已经对此签发了保证。在公司外部，没人知道那个估值系统的漏洞以及太平洋投资利用这个漏洞牟利，这也意味着ETF与总回报基金之间越拉越大的业绩差距变得非常奇怪，并且难以对客户和媒体解释。可能他们做过头了，人们已经开始提出质疑了。《华尔街日报》的克里斯汀·格林德（Kirsten Grind）写道："格罗斯实现了一个不寻常的壮举——他击败了自己的业绩。"[8]

公司的产品管理团队想到了一个解释该问题的方法。在4月初，这个团队向公司销售团队发出了一个"只供内部使用"的最新信息，并要求他们必须向客户们解释这种奇怪的且越来越严重的业绩差距。

最新信息中写道："总回报ETF从对执行价格特别有利的抵押贷款超配中受益。[9]众所周知，非代理市场中的低效率为采取主动管理方式的基金经理提供了增加价值的机会。"

在某种程度上，这是真的！他们"增加"的"价值"看上去很可疑，像是用一个价格买入债券，然后再用一个更高的价格进行报告（多年以后，太平洋投资事实上能够以接近报告的价格卖出很多零数单债券）。但现在这是对所有问题的回答，这就是我们需要的。

《华尔街日报》的文章引用了专家的话，他们将那只ETF令人不安的出色业绩归因于它相对于共同基金的小规模而产生的灵敏性。格罗斯用他标志性的谦逊表演和宣传方式对格林德说，那只ETF"毋庸置疑超越了我们的预期"。

太平洋投资的ETF策略师对《金融时报》说，大家的反馈"非常好"："人们对ETF的业绩表现感到满意，也对它的流动性和交易量感到满意。我们的总体感觉是，我们正在触及之前无法触及的人群。"[10]

对于太平洋投资来说，只有业绩和规模是要紧的。要么成长，要么消亡。

第九章
成长或消亡

成为庞然大物，也有其好处。

多年来，债券市场一直是所有人都想分一杯羹的地方。在经历了 2008—2009 年的股市暴跌后，为寻求安全，钱开始大量涌入债券市场，并产生了强大的潮汐效应：每只债券的价格都上涨了。起初，这让人觉得不可思议，像是一个偶然事件，但到了 2013 年，这种效应达到了高潮：公司上市时，投资者们争相抢购新债券，这意味着这些公司只需要付很少的利息就能借到新资金。公司债券的收益率比以往任何时候都要低，即使在危机前也没有过的低。每笔新交易都像抢食一样。新债券的价格在正式上市交易前的"灰色市场"中也呈现爆发式上涨。

危机后的监管新规使银行不太能通过持有债券交易获利了，它们也常常为此发牢骚。"卖方"只能卖出。这也使权力的天平朝买方倾斜，就是那些冷酷的、只由大玩家组成的、能够进入任何市场的对冲基金，以及那些大型基金：贝莱德、普莱斯（T. Rowe Price）、惠灵顿以及太平洋投资。

这些阻碍银行业务开展的监管产生的负面效应是，市场中的交易整体大幅减慢。忽然之间大家都开始为"债券市场流动性"担忧：当市场开始下跌时，如果银行不再买入债券，谁还能买呢？谁会去"接一把掉下来的刀"呢？这种说辞大多是由银行推动的，它们想通过这样抱怨使监管者解除限制。友善的买方和记者们也愿意帮助它们扩散这种说辞。

这对太平洋投资也产生了影响：一旦它所管理的资产规模达到一定水平，不就很难处理了吗？太平洋投资的成长速度已经超过主动债券交易的成长速度了吗？随着这么多钱涌进它的大门，坚持要买入，基金经理会不会在某个时刻被迫买入他能找到的任何东西，而不论这是不是一个好投资？如果市场转向，长达40年的债券牛市停止，债券价格下降，到时候该怎么办呢？那样的话，这个持有全部这些债券的庞然大物将会怎样呢？

到2012年底，太平洋投资管理的资产规模几乎达到了2万亿美元。它的客户、竞争对手以及媒体都在谈论：太平洋投资是不是太大了，以至于不能正常运行了？格罗斯常年要面对这个问题。在2003年的《风险》(Risk)杂志、2009年的《财富》杂志，以及2010年的《华尔街日报》上，格罗斯都曾被问及，客户们也在问——他记得早在20世纪80年代就听到过这种顾虑的声音。

他坚称，太平洋投资可以维持好业绩要归功于它的"结构性"方法：三到五年的投资视角；小而精的交易机器；它比其他任何人都会更谨慎、更持续地冒更大的风险，尽全力从每一美元中挤出一美分，从每个交易商手里挤出一个基点，将每一分钟都变成钱。

格罗斯在2003年的一次演讲中对这个问题给出了答案："就像在赌场的掷骰子或者21点牌桌上的优势一样，这些东西也给我们提供了获胜的机会。"[1] 在那场演讲中，他有点偏离主题：每个成功的

第九章 成长或消亡

公司都必须留意伴随规模扩张和成功而来的弊病,留意自我膨胀和资产过多。他说,为了衡量"太平洋投资霸权的衰落",要留意是否偏离"客户第一"的价值观,是否有任何过度保守而忽视增长的冲动,或者相反——对底线过分关注。

格罗斯说:"使这个公司倒下的不会是它的规模,而是这个规模所带来的名声,是大众假定它作为国家有史以来最好的和最成功的基金公司理应拥有的特权。太平洋投资不太可能因为在外部吸收了过多资产而崩溃,它更可能倒在内部的自我腐烂和道德败坏上。"

当时,在2003年,太平洋投资管理的资产规模是3 000亿美元。即使它在接下来的10年中资产规模增长了6倍,它仍不是最大的基金:贝莱德管理的资产规模已经超过了4万亿美元,大部分是由其低管理费率的ETF推动的。对比竞争对手,太平洋投资仍有很大的成长空间。在理想状态下,也有很大的利润空间。

但它和贝莱德在同一阵营:它们可以强化债券市场,并且联合在一起时力量会更大。贝莱德和太平洋投资中治理金融衍生品和掉期产品运行的代表们共同设定了规则,而这一领域原本是由银行把控的。

由于可能造成巨大的不良影响,它们不能再回避规模太大的问题了。监管者和政治家们仍在讨论着谁可能"大到不能倒":指一些公司由于过于重要,以至于即使它们冒了很大风险并(再次)威胁到了整个系统,政府也将不得不(再次)救助它们。在2010年《多德 – 弗兰克华尔街改革和消费者保护法案》(*Dodd-Frank Wall Street Reform and Consumer Protection Act*)推出后建立的金融稳定监督委员会(FSOC)找出了这些"碍事"的公司,并且将征求意见和询问清单中的机构由银行扩展到了一个更宽泛的范围——系统性重要金融机构(SIFI)。

拥有超过 500 亿美元资产的银行被自动归为系统性重要金融机构。2013 年 7 月，FSOC 投票决定将美国国际集团和通用电气资本（GE Capital）纳入这个范围。这意味着更多的公司面临着被列入名单的危机。FSOC 最开始审查的是保险公司，然后再审核其他金融公司。美国财政部的一篇研究论文中示意也要将资产管理公司添加进来。

据贝莱德和太平洋投资的人称，这将是个灾难。如果被贴上"系统性重要"的标签，它们将会被扔到一堆可怕的监管规则中，正如银行之前所经历的那样，这意味着它们必须高薪聘请律师并且限制能够盈利的业务。这也可能意味着它们的冒险行为将受限，并可能使太平洋投资精心构建的"结构性阿尔法"交易机器脱轨，使其不能再从金融市场的脆弱区域攫取利润。

太平洋投资把说客们派到华盛顿，和资管行业贸易协会的人一同与美联储会面。他们辩称，太平洋投资和贝莱德并不拥有自己的资产，他们仅仅代表客户进行投资。他们永远不需要政府救助，因为资产价格不是上升的就是下降的，那是资本市场运作的规律。这没问题。另外，他们指出，公司的很多客户就是普通人。简单地将普通人的钱聚集到一个资金池里怎么会是很危险的事情呢？

* * *

系统性重要金融机构的威胁正好在错误的时间加剧了。

太平洋投资公司层面的利润增长在金融危机后的几年间大幅加快，这要归功于新客户的投资像潮水般涌入公司的传统固定收益类共同基金产品。虽然太平洋投资对其新推出的 ETF 产品寄予厚望，但它永远不会成为一个很好的利润增长点，而对利润增长没有帮助的产品也不能增加员工奖金。

奖金是太平洋投资的"魔鬼"交易，也是这家公司对员工表达关爱的主要方式。否则为什么每个人都忍受着这样严厉的、尖酸刻薄的办公室氛围呢？为什么每个人明知道这是一份糟糕的工作，却仍愿意将他们的家庭从纽约搬到奥兰治县这种商业荒漠中呢？到这家公司工作，就等同于无法与家人见面，看着他们的兴趣逐渐转向冲浪、地产、整形或者舞蹈课程，以对抗有钱的无聊。面对着漆黑一片的早晨、公司内部的政治斗争、不尊重人的行为，以及来自格罗斯和埃里安无休止的电子邮件……这种极端的不适感是获得高工资的代价，至少对公司高层而言是这样的。对于公司底层员工而言：至少是对未来高工资的期望。

问题在于，员工的奖金大部分是基于公司的利润增长。

太平洋投资的员工们会有一个基本工资以及基于业绩表现的奖金，这在金融领域很普遍。在那之外，合伙人们会分走公司年终利润的一部分，大约30%。其中，格罗斯会得到一个固定的利润分成，大约26%，但他在2000年前后自愿将这个数字降到了20%，因为之前那个数字越来越不合适了。虽然格罗斯的利润分成占了大头，但公司内部对此没有任何异议：格罗斯创造了这家公司，创造了投资策略，创造了市场。他是唯一一个仍在公司工作的创始人，也是公司的门面；他决定交易策略，他决定所有事情。任何人只要想想这些，就会觉得20%是个很合理的数字。

所有被认为足够"核心"的员工们（包括高级副总裁、执行副总裁、合伙人）也会得到"隐形股权"，即公司的一小部分所有权。起初，这属于"B类股权"或者说是公司与安联集团签订的原始利润分享协议中的"B股"。后来，因为它为持有者们带来了潮水般的私人财富，B也代表着十亿美元级别的富翁。①

---

① 英文中表示十亿的单词为Billion，同样是B开头。——译者注

但在公司与安联集团达成协议后才加入公司的员工都不能得到利润丰厚的 B 股。太平洋投资的管理层告诉安联,需要对年轻一代的员工进行激励。格罗斯记得他是这样说的:"嘿,可能我们已经锁定 B 股了,但是那些其他的人,他们是公司的未来——你需要给他们一点 M 股或者长期激励计划(L-TIPs),否则,这家公司就只能步行穿过马路了,并且我们束手无策。"

格罗斯大笑着说:"其实这是不会发生的,但他们认同这个观点。他们可能永远不会发现,这里每个人都非常富有,因此不会有人离开公司。"

公司管理层与安联集团谈判的结果是为新员工们提供"M 股"(这里的 M 并不直接指百万富翁,但它也有此意①)。这些股票是太平洋投资的无投票权股票,跟 B 股的性质一样,但它们比 B 股更多地与公司的利润增长挂钩。只要公司利润增长能够保证,这就是个好交易。

然而,事情正在发生变化。虽然客户的钱仍在流入公司,但流入的速度变慢了。2011 年公司业绩不佳,而新推出的 ETF 产品始终没有成为公司的利润中心。现在新法规和昂贵的律师费使公司到了一个特别危险的时刻。格罗斯认为,只要太平洋投资公司的成功能够转化为个人的成功,公司的下一代员工就仍将留在他身边。

* * *

回到 2003 年,就在格罗斯对"规模和成功的弊病"作出警告的几个月后,他带着大家进行了一次阿拉斯加邮轮旅行,这是一次针对几乎全体员工的为期 12 天的奢华旅行,有超过 1 000 名员工参加。据太平洋投资的高管层估算,花销将超过 1 000 万美元,这笔

---

① 英文中表示百万的单词为 Million,同样是 M 开头。——译者注

第九章　成长或消亡

钱全部由格罗斯自己出。在邮轮的甲板上有很多场紧张的扑克牌比赛，以及一个著名的脱口秀喜剧演员和一个腹语表演者带来的节目。格罗斯说他想每 10 年左右就举办一次这种可管理的娱乐活动，但在那之后，当公司规模已经变得无比巨大，并处于巨大的压力之下时，任何类似的庆祝活动都没有被提上日程。

那种变化很难被感知，尤其因为它是受格罗斯的心情影响的。抓住太平洋投资的文化节奏是很难的。

对尼尔·卡什卡利这样的人尤其如此。他出身于投资银行业，那是一个由个人关系驱动的行业，之后他去了华盛顿工作，很明显，那也是由个人关系驱动的。他很正统，彬彬有礼，穿着得体，外表英俊。他镇定自若，从他在领导 TARP 项目时能够在国会接受激烈的盘问就能看出。他的光头闪闪发亮，那一双凸出来的大眼睛释放着如激光般的深邃目光。

卡什卡利的这些特征对太平洋投资而言是完美的——礼貌而有震慑力。但不知为什么，他那些在高盛和财政部工作时都很有用的特征，在他到了纽波特海滩后就不灵了。他在无数细小的日常琐事中脱颖而出。他是南亚裔美国人。当他 2009 年 12 月来到太平洋投资工作时，埃里安作为公司的领导也不是白种人，同时公司的管理层成员中也有东亚和南亚裔的人。尽管如此，卡什卡利仍是公司中少数有色人种员工之一。

同时，他也很出名。这帮助他在与公司谈判后获得了合伙人的职位——根据《养老金和投资》(Pensions and Investments) 杂志报道，他是公司里第一个没有通过内部晋升就到达合伙人职位的非首席执行官。但他在公司外部的名声并没有转化为公司内部的尊重。

更成问题的是卡什卡利的热情、他那外交官式的举止，他的礼貌达到了体贴的程度。他每天都与比尔·格罗斯进行眼神交流。他甚至会与公司的助理们说话。据太平洋投资的一位前高管称，有一件事给他留下了深刻印象：当走进公司大楼时，低级别的员工总是要为高级别的员工扶着门，让他们能够没有障碍地第一个走进公司大厅。高级别员工们认为这样是理所应当的，是一种自然秩序；通常，这些人会既不点头也不打招呼地穿过公司大门。

但卡什卡利不是这样。一天，一个低级别管理层员工看到卡什卡利在他身后朝公司大楼走过来，于是这个员工就如预期的那样帮卡什卡利扶着门。卡什卡利走进了门，然后转过头看着他说："谢谢。"这个员工惊呆了，他想，这家伙绝对不可能在这儿待得下去。

一开始也有其他不吉利的预兆，比如对卡什卡利工作职责的定义非常模糊——基本上，他负责"构建"。太平洋投资想要卡什卡利找到能够推动公司前进的新引擎。其中，股票是格罗斯能够想到的一个新引擎，因此，它也成为最紧迫要推进的东西。但是，公司希望卡什卡利找到更多的新引擎。在新常态框架下，能够预见的极低收益意味着基金经理们应该分散投资，在任何可能的地方获取收益。

卡什卡利此前从未做过类似的事情，从未买卖过股票。但那并不被认为是一个问题，卡什卡利在接受《彭博商业周刊》采访时说："我不是一个会挑股票的人，但我会雇用专职挑股票的人。"[2]

但那些负责挑选股票的员工们并没有做好工作。在 2012 年，他们发行的 6 只共同基金的业绩表现均落后于业绩基准。卡什卡利说这没有问题：这些基金主要是为了防范风险所建立的，是为了在市场暴跌时减少损失，所以它们在市场上升时收益相对较少也是正常的。而且，在 2013 年前，这 6 只基金仅仅募集到了 13 亿美元，不到太平洋投资管理总资产的 0.1%。

这不完全怪卡什卡利。太平洋投资能够在 2012 年吸引到新客户的投资本身就算是成功了，因为那会儿投资者们都在逃离主动管理

第九章 成长或消亡

的股票基金。但这些基金的前景不好,它们已经到了发行的第三年,但由于业绩低于基准,可能会在晨星的排名中排到低位,可能只能得到一星评级,而不是那些能够吸引客户投资的四星或者五星评级。一个强势的开局决定了一切,游戏已经结束了。

更糟糕的是,格罗斯不得不在2012年8月的《投资展望》中说出"对股票的狂热正在消亡"[3],投资者们不会再得到像以前一样的收益,而过去100年间,经通货膨胀调整后的年化平均收益达6.6%是一个"反常的现象"。格罗斯作出这种评论并不新鲜,但这种对悲观主义的回归也跟太平洋投资和股票市场命中注定的周期相匹配。

这是太平洋投资在股票市场中的第三次尝试——第一次是在20世纪80年代,这次尝试以几个负责股票投资的员工受不了债券交易员参与投资策略会议而结束,他们受够了这种会议,并在两年后离开了公司;第二次是在20世纪90年代,当时太平洋投资的母公司在互联网泡沫时期创立了一个独立的股票部门,名叫"太平洋投资股权投资顾问",然后互联网泡沫就破裂了。那次投资股票的尝试最终以一场法律灾难结束:太平洋投资被卷入了"共同基金市场择时"的丑闻中,这是当时纽约州首席检察官艾略特·斯皮策(Eliot Spitzer)热衷讨论的话题,后来这个丑闻逐渐演变成SEC对几家基金公司的指控,指控这几家基金公司允许客户按照自己的意愿随时快速进出市场,以利用市场的非有效性获利。最终,太平洋投资股权投资顾问部门被解散了,并且支付了罚款和赔偿金,才得以在不认罪的情况下解决诉讼,然后太平洋投资中参与这起丑闻最多的两名高管被终身禁止入市。

这件事情让格罗斯受到很大影响。他花了几十年时间才建立了这个受人尊敬的、客户优先的品牌,然后这些鲁莽的小丑竟威胁着要毁灭它。他写了一封由他和汤普森亲自签名的公开信,并在其中极力将太平洋投资与太平洋投资股权顾问划清界限。他写道:"太平洋投资这家债券基金公司真的堕落到谷底了吗?我们会坚决说'不'!"

这就是卡什卡利所继承的混乱遗产。

格罗斯的最新评论在公司外部点燃了一场大火;而在公司内部,则十分令人尴尬。卡什卡利在对这场混乱的回应中说:"我们相信,包括股票和债券在内的跨资产类别的投资回报,在未来将会比我们过去所习惯看到的低。"4 他在回应中精确地预测股票的回报率将在3.5% 左右,而非历史上的 6.6%。有谁会在那种环境中获胜呢?

一位太平洋投资的投资人、融合分析投资伙伴公司(Fusion Analytics Investment Partners)的投资副总裁约什·布朗(Josh Brown)对彭博社说:"太平洋投资的股票基金并不受欢迎,没有人会对这一点感到惊讶。"5 他说:"他们反对股票基金的原因是他们不喜欢股票,而且这家公司在大家心目中的形象就是一个债券投资基金。"

此外,埃里安和威尔在 2009 年的那场会议中爆发的激烈斗争在公司的记忆中已经根深蒂固了:快给我找股票基金经理,不然我就让其他有这个能力的人坐你的位置!卡什卡利在这样的设置中是永远不会成功的。

不管怎样,卡什卡利有更宏大的计划。他跑到了得克萨斯州跟他的前老板,也就是美国前总统乔治·W. 布什会面。卡什卡利问布什自己是否应该竞选加州州长,布什没有否定他。

2013 年 1 月 23 日,卡什卡利在写给同事和媒体的信中写道,在经历了三年"美好的"6 时光后,他将离开太平洋投资并将"探索着重新回到为公众服务的领域"。他继续写道:"离开从来不是一个容易的选择,因为我们的股票投资业务已经实现了伟大的开局,并且我们已经集结了一个完美的团队。但尽管如此,我的热情还是在为公众服务的领域。"

第九章　成长或消亡

所以，卡什卡利将离开这个债券投资基金公司的股票投资业务部负责人的位置，作为一个共和党人去一个到处都是民主党的地方竞选州长。看起来他不是一个讨厌挑战的人。

为了填补卡什卡利留下的空缺，至少眼下，太平洋投资只能选择哈佛管理公司的固定收益投资组合前经理马克·塞德纳（Marc Seidner）。他是埃里安的人。这个选择并没有受到太平洋投资内部很大的反对。公司内部的传言是，卡什卡利已经不能胜任这份工作了，一些人窃笑说加州州长可能是更适合他的职位。

卡什卡利的离开并不能说明公司已经留不住人，但这也值得注意，它代表着太平洋投资与政府间的亲密关系一度开始变得疏远。就在几年前，太平洋投资还在向客户兜售这层关系：它在对客户的讲演中提及，卡什卡利、阿兰·格林斯潘以及乔治·W. 布什政府在金融危机期间的白宫办公室主任约书亚·博尔滕（Joshua Bolten）都曾是公司的雇员和顾问。财政部2002—2003年的最高级经济学家里奇·克拉里达（Rich Clarida）曾经是太平洋投资纽约办公室的投资策略顾问。关于保罗·麦卡利（太平洋投资的前员工，现在已经退居经济智库中）将会被选为美联储官员的谣言也不时地泛滥。

这是一份很强大的人脉关系清单，首先表现为太平洋投资在金融危机后监管严格的世界中居于最佳位置。也就是说，太平洋投资选择了正确的"守护者"。此外，太平洋投资与联邦政府也有很多合作，比如为危机相关的项目提供建议并负责执行，为帮助美国和其他国家政府建立并扩张了太平洋投资顾问业务。所有这些与华盛顿之间的联系都可以被当作广告宣传……直到这种联系中断为止。

媒体对太平洋投资的怀疑一时间达到了顶点，2010年，《纽约时报》引用了约书亚·罗斯纳（Joshua Rosner）的话，写道："我们国家最大的金融机构和那些对它们进行监管的人们之间的关系过于亲近了。'大到不能倒'的概念不仅指资产,也指关系。"[7]

三年后,这些话看上去像一个警告。太平洋投资跟它的监管者之间的关系不仅没有变得过度亲近,反而已经开始产生对抗性,公司的盈利能力处于危险之中。

* * *

此时,新的希望出现了。丹·伊瓦辛,就是那个在2005年到处看房并嗅出房屋抵押贷款市场腐败气息的员工,已经默默地开始在资产支持证券市场中构建有利可图的产品,并在掘金的同时保持低调。有好的业绩是件好事,但即使有最好的业绩,也要避免让过多的注意力集中在自己身上。

他和太平洋投资创立了一系列基金,利用金融危机后留下来的漏洞获利。2010年,他创立了银行资本重组和价值机会基金(Bank Recapitalization and Value Opportunities Fund),这个基金也被亲切地称为"喝彩基金"(BRaVO)①。为满足监管要求,欧洲和美国的银行需要筹集超过5 500亿美元的资金来支持它们的资产负债表。喝彩基金将从银行那边买入它们不再持有的陷入困境的资产。这些资产的价格在金融危机中暴跌,而太平洋投资可以从被迫要出售它们的卖家那里,以很低的折扣价格把它们抢购一空。

伊瓦辛和他的团队为喝彩基金筹集了24亿美元,并且在基金投资上拥有最大的灵活性——它可以购买商业、居民、消费以及金融资产,这几乎是一个可以购买所有东西的授权。这个基金并不像太平洋投资之前的基金那样由交易驱动,它主要购买长期股权,投资于西班牙的购物中心,持有这些资产,然后收集现金流。它并不需要为每天的市值结算风险担忧。

---

① Bravo在英文中是喝彩的意思,也是这个基金名字中各单词首字母组合而成的单词。——译者注

第九章 成长或消亡

对于喝彩基金和其他类似结构的私募股权基金的创立,伊瓦辛一直保持着安静和低调,但他的名气逐渐上升。他很少接受采访,在 2012 年前很少被报道,但忽然之间,人们开始注意到他了。

在某种程度上,这是由于资金在流入他管理的共同基金——太平洋投资收入资金(Pimco Income Fund)。他和他的联席基金经理——阿尔弗雷德·村田(Alfred Murata)击败了他们的同行,在所有相关领域的评级指标中拔得头筹,并吸引了来自理财顾问、投资者和媒体的注意。

这个基金于 2007 年 3 月成立,当时金融系统细小的裂纹正在变成峡谷。那不是一个有利的时机,但它存活下来了。

之后,在危机最严重的时候,伊瓦辛得到了正确的线索:买入风险。随着房屋价格停止下跌并开始企稳,他积累了一笔巨大的赌注,买光了不受政府机构担保的房屋抵押贷款证券——这些是在危机中真正被摧毁的东西。

无差别卖出意味着价格会极为便宜,所以太平洋投资收入基金从惊慌失措的卖家手里抢购了大批债券。当时的时机是完美的。根据一个竞争对手的估算,这些房屋抵押贷款证券的价格在 2009 年上涨了 32%,并在 2010 年进一步上涨了 21%。整个美国的房屋价格在 2012 年再次开始上涨,在那一年上涨了 28%,并在 2013 年上涨了 10%。房价的上涨有助于降低房贷违约的概率,而越来越少的违约意味着投资者们会收到越来越多的现金。

这也刺激了伊瓦辛的基金的表现,他的基金在 2009 年上涨了 19%,2010 年上涨了 20%,2011 年上涨了 6%。斯科特·西蒙说:"我们没有在进入危机的路上死去,反而在走出危机的路上赚了一大把钱。这在很大程度上要归功于伊瓦辛。"[8]

到 2012 年,伊瓦辛擅长的领域形势转好:抵押支持证券正在恢复。如果你有时间、耐心以及深入阅读那些极其无聊的文件的能力，你就能够将好资产和差资产区分开来。到2012年年中时，太平洋投资收入基金几乎有1/4的持仓是由政府机构担保的抵押支持证券组成的，另有19%是非政府机构担保的证券。

《巴伦周刊》和彭博社用一连串新闻报道称赞了伊瓦辛在2012年的优异业绩。彭博社的文章甚至称格罗斯已经从"债券之王"的位置上被罢黜了。[9]文章中写道："比尔·格罗斯是太平洋投资公司里最大的也是最知名的债券投资人，但他并不是业绩最好的。"

伊瓦辛则在随之而来的采访中表现得非常谦逊。他说自己的业绩回报不能跟格罗斯的比，因为投资者对他们的基金有不同的要求，且他们的基金有不同的目标。收入基金是为投资者提供持续的收入，而格罗斯则集中精力于提供总回报，也就是在收入之上的资产增值。

在公司外部，理财顾问们赞颂着伊瓦辛有多伟大，说他年轻且前途光明——他仍然拥有一头飘逸的棕色头发，这也显示出他未来还会有很多赚取利润的健康时间——并且他没有展现出格罗斯那种十分极端的怪癖，如果格罗斯没有拿出亮眼的业绩，他的这些怪癖可能会让风险管理部门拉响警报。在公司内部，人们对伊瓦辛的评价更好：在那幢矮小的白色建筑物中，伊瓦辛的同事和下属们为他的表现感到激动，因为他能让他们得到奖金。

但伊瓦辛的谦逊是合理的：格罗斯当然不喜欢看到其他新星升起，尤其是那些不是由他亲自挑选的新星。媒体采访中对他人的赞不绝口更是触发他厌恶情绪的最快路径。

伊瓦辛在太平洋投资的大厅里始终低着头，埋头工作并避免与格罗斯相遇。但他并非完全透明。他的第一个老板，斯科特·西蒙，总是在交易大厅内发出很多噪声，并且偶尔地，会被驱逐到"西伯利亚"，也就是他的工位会被移到交易大厅内离格罗斯最远的地方。

第九章 成长或消亡

格罗斯会给其他坐在西蒙周围的人发邮件,这样他们可以提醒他小点声。尽管西蒙会发出噪声,但他知道自己的表现为自己构筑了强大的气场。格罗斯说:"你不能否认西蒙有跑赢市场的能力,所以我一直很尊敬他。我永远不会让他离开,我只是建议他闭嘴。"

在西蒙的庇佑下,伊瓦辛有时也会发出噪声,他会大声交谈并且大笑。他是太平洋投资中少数身居高位但仍旧看上去是"正常"或者"有趣"的员工。他会在周末穿上工装裤和人字拖。当塔可钟(Taco Bell)推出多力多滋焦塔可(Doritos Locos Taco)[①]时,伊瓦辛为抵押担保债券交易团队的员工们点了一打。他也曾经将一些团队中的朋友叫到自己空置的房子里释放一下压力,所以一些人称他的房子为"游戏场"。但是,他对待工作同样严肃。一天,他不同寻常地提早下班了,那是因为他要去结婚。他原计划几个小时就会回来,还是西蒙跟他说可以不用回来了。

在2013年初,西蒙宣布他要退休了,要把更多精力放在享受生活和陪伴妻子上[10]——旅游,开飞机,做慈善,开心地过富人的生活。他的精神世界非常健康富足,以至于当世界其他地方在召唤他的时候,他不能局限在太平洋投资里工作。

在那之后,公司的房屋抵押贷款板块就是伊瓦辛的了。

当外部世界在为太平洋投资和它的同行们打破旧势力的均衡进行调整时,在太平洋投资内部,事情也开始有了一些颠覆性的变化。那些能够使整个公司团结一致的"真理"也开始变得越来越俗套:与政府保持一致毋庸置疑是正确的;太平洋投资是一个绝对靠谱的冒险者,它对股票市场来说过于聪明了。甚至以格罗斯为核心的层级制度——这个公司衡量一切事情的准绳,也开始有些动摇了。

---

① 塔可是一种墨西哥风味小卷饼快餐。——译者注

第十章
一场骗局

回到 2000 年，杰森·威廉姆斯（Jason Williams）看上去不像是公司的一个麻烦。作为一个高收益部门的低级别交易助理，威廉姆斯一开始的表现很正常，只是有点不修边幅。他有些搞笑且粗俗，喜欢啤酒和美式橄榄球。但是在太平洋投资工作的这些年里，威廉姆斯在华尔街做销售的交易对手们看着他逐渐被这家公司的氛围所影响。他变成了一个脾气暴躁且刻薄的人——这是太平洋投资员工的普遍风格。在工作之外，他仍看上去很不错并且和蔼可亲；但一到了工作上，他就变得极度可怕。

人会在太平洋投资内部腐坏并不罕见——比如弗兰克·拉宾诺维奇（Frank Rabinovitch），由斯坦福大学的数学书呆子变成了交易员，在下班后帮助太平洋投资写了很多公司早期的代码。他由于长期受交易大厅内其他同事的欺负，到 20 世纪 90 年代已经变成一个让人不认识的人了。他在 1995 年重新将生命交给了耶稣，并创建了蓝字母圣经——就是把圣经放到了网上，供人们搜索。为此他缩短了在太平洋投资的工作时间，并最终从公司退休。退休后他重新找回了一些曾经迷失的自我，并且变得更加快乐。

尤其是太平洋投资的高收益债券部门，看上去总是处于混乱之中。本·托洛茨基在20世纪90年代为创造这类产品而付出了巨大的努力，他最终说服了客户购买信用评级在投资级别以下的公司债券。这些产品在这个市场的创造者、"垃圾债券之王"麦克·米尔肯（Mike Milken）因涉嫌欺诈而被起诉后有一点受挫，但这个市场仍在不断成长，并且在其中认真研究确实能够获得更高的利润。托洛茨基高大英俊，说话直率；虽然他经常只穿袜子而不穿鞋子，但他的确是一个符合格罗斯的高要求的优秀交易员。每个交易部门都有它们各自的个性——例如现金交易部门那种一触即发的紧张情绪，斯科特·西蒙雇的那堆分析房屋抵押贷款证券的马戏团怪胎——但自从托洛茨基在2002年离开公司之后，信用债团队看上去一直处在悬崖边缘。

为了让过渡变得更加顺畅，太平洋投资尝试雇用了安德里亚·范戈尔德（Andrea Feingold）和伊安·奥基夫（Ian O'Keeffe）。他们的履历都很厉害，看上去聪明且有前途。

但他们在那儿待了不到一年（在离开太平洋投资后，他们马上共同创立了他们自己的信用债基金公司，并在差不多15年后，在基金管理资产规模达到23亿美元时卖掉了这个公司）。在那之后，太平洋投资让托洛茨基的忠实下属雷·肯尼迪（Ray Kennedy）晋升到了那个位置。

托洛茨基为他的下属们提供了庇护，使他们能够免遭格罗斯的怒视，并且他随时都能勇敢地对抗格罗斯那些很不合理的要求。他把格罗斯称作"微笑先生"，因为他并非如此，但他俩之间会以自己的方式互相尊敬，并且是可控的。托洛茨基的离职使团队变得不稳定了。

第十章 一场骗局

肯尼迪更加温和。他没有托洛茨基的那种狂野,没有比尔·鲍尔斯那种特别的社交能力,也没有斯科特·西蒙那种精神上的超脱。他很聪明,但并没有聪明到可以保护下属们免遭格罗斯怒斥的程度。他没有特别的盾牌,他只是一个聪明的普通打工人,还有一家子人靠着他生活。

失去了托洛茨基的缓冲,肯尼迪和他团队的境遇比他们预想的更加糟糕。在托洛茨基离开公司后的很多年里,他们渐渐接受了这种境遇,但这也不断消耗着他们;最终,他们受够了每天呼吸着太平洋投资内部刻薄辛辣的空气。在金融危机后,肯尼迪准备辞职,跟他约定一起辞职的还有部门的信贷投资组合经理杰森·罗斯亚克(Jason Rosiak),后者是从公司运营部门一步步晋升上来的。他们准备创建自己的风险分析公司。罗斯亚克先提出了辞职。

罗斯亚克是一个矮小而健壮的家伙,他曾尝试着训练自己在太平洋投资内部不露笑脸,但对他来说,一直保持愤怒的状态也不是一件自然的事情。2005年的一天,他尽最大努力保持着冷漠的神态,准备和公司的一名高管谈一谈。他们走进了一个会议室。罗斯亚克解释说他想离职,并表示非常感激公司,不管公司怎么做,他都不会改变决定了。

那名高管对罗斯亚克说了一堆废话,比如他多么有价值,他应该再想一想这个决定然后改天再谈。是因为钱不够吗?需要再给他多些工资吗?那名高管给了罗斯亚克两张白纸,并让他尽量在会议室中多留一会儿。罗斯亚克可以在其中一张白纸上写下他的理想工资,在另一张白纸上写出他觉得能够干得开心的工作内容。高管表示,他们会想办法实现罗斯亚克的愿望。

罗斯亚克说,这跟钱没关系,他就是想辞职。然后他们握了手,离开了会议室。罗斯亚克感觉很轻松。他已经逃出来了。

罗斯亚克把他的东西打包后回到了家中,但之后他没有收到肯尼迪的任何消息。他已经开始为筹建新公司做准备了,但肯尼迪那边的沉默让他感到很不舒服。他给肯尼迪打了电话,但对方没有接听,之后也没有打回来。他一直等着。

最后,他通过小道消息得知了一二:肯尼迪没有辞职。罗斯亚克在肯尼迪上班的时候打电话给他:"这到底是怎么回事?"肯尼迪轻声地向他道歉,说他不能放弃这份工资,他有家庭。

罗斯亚克说他也有家庭,但那并没有阻止他兑现自己的诺言。

流言在部门里传开了:他们说,罗斯亚克被骗了。之后肯尼迪又在那儿待了一年多,他被那闪闪发光的金色镣铐困在那儿了。2007年,肯尼迪最终决定离职,太平洋投资的记录显示他的下一份工作是数学老师。肯尼迪的下属,马克·胡多夫(Mark Hudoff),在2007年4月接管了公司的高收益债券基金。

在2008年底,肯尼迪加入了另一家投资基金公司,名叫Hotchkis & Wiley。同年5月,胡多夫离开了太平洋投资,这也使晨星公司的分析师们感到惊讶,并开始思考"为什么这些一流的人才不想或是不能在这家公司久待"。[1] 7月,胡多夫也加入了Hotchkis & Wiley。

之后格罗斯接管了公司的高收益债券基金,直到他们找到一个能够全职管理该基金的人选。2009年11月,他们从高盛雇用了安德鲁·杰索普(Andrew Jessop)。

杰森·威廉姆斯在所有人事变动和人身攻击中存活了下来。但在2012年,他也开始陷落。在那年3月,他被公司解雇了。

格罗斯一直以来对高收益债券作为一种资产类别都持不信任态度,即使在托洛茨基负责这个产品的时候也是这样。他热爱风险,但只限于那些他有信心、能够理解的风险。在高收益债券中,他总感觉自己会被欺骗。整个垃圾债券市场都让人感觉很糟糕——市场中交易量很小，这意味着在交易时价格能够保持稳定的可靠性不高，同时也意味着银行买卖的差价会更大，这最终会转化为银行的利润。格罗斯对托洛茨基的尊重缓解了那种不信任感，但当像肯尼迪和胡多夫这样的软弱小丑们负责时，他那刻薄的言论又频频爆发。因为格罗斯有很强的信念认为自己会被骗，所以他也会实施非常深入的尽职调查来确保自己不被骗；他坚持要求华尔街在这些产品的交易中给予比正常的老式投资级公司债券更多的折扣，这样他就可以用比所有人想卖出的价格更低的价格买入这些债券。

当然，每个人都想要便宜债券。但格罗斯要求在高收益债券上施加最大的压力，从华尔街那边挤出更多的基点。执行这个要求的工作落到了威廉姆斯头上：无论何时比尔·格罗斯想要买入高收益债券，威廉姆斯都必须出去搞到它们，这也意味着威廉姆斯必须一遍又一遍地骚扰银行，要求它们提供他自己都觉得不合理的折扣。这使他跟银行间的关系变得很糟。

这也是为什么他在 2012 年 3 月被解雇后就完蛋了，在哪儿都找不到新工作。他去了一些最差的公司债投资公司面试，但即使是那些最差的公司也不愿意雇用他。他知道为什么。他所面试的每个潜在雇主都会打电话给华尔街银行的销售们询问：嘿，你知道这家伙吗？你觉得他怎么样？他们对很多太平洋投资出来的人的看法都很差，但对杰森·威廉姆斯的看法尤其差。

在太平洋投资的保温墙外，如果华尔街的人不喜欢这家公司的一个交易员，这意味着他对新发行债券的配置不佳，意味着他没有"看到"一个刚刚登场的、报酬丰厚的优质债券，意味着他得不到好信息。一个太平洋投资的前员工说："你变成了一个不受欢迎的人，没人想雇用一个永远拿不到好配置的交易员。"

对太平洋投资的许多员工来说,这意味着他们的权力是来自作为公司代理人的身份,但他们积累不到任何商誉甚至信任。格罗斯认为人们是为了钱才在这家公司工作的,这可能有些过于乐观了:他们在某种程度上,也是被困在那儿了。如果他们从公司离开,他们拿不走任何东西。太平洋投资公司内部"建设性偏执"的闭环文化进一步强化了这一点:如果没有太平洋投资,你们什么都不是。交易员只是个很容易被替代的工具。

所以,威廉姆斯接下来的行动也不是完全出乎意料。

在 2013 年 3 月 5 日,加利福尼亚州奥兰治县高等法院的副书记员为杰森·威廉姆斯针对太平洋投资公司的投诉,以及它涉及的 25 个未具名的违反公共政策和劳动法而终止劳动协议的"行为",提起了诉讼。

这是一个突发事件。威廉姆斯整理了他在太平洋投资工作近 12 年里所收集的关于内幕交易、市场操纵以及违反信托责任等指控的细节证据。他指控太平洋投资操纵了它所发行的 ETF 的价格;指控公司一个高级经理命令他"任意地"提高一个债券的评级,这样公司的一只受评级限制的基金就可以买入这只债券;指控公司的高管层"以损害基金持有人利益的方式",将一些交易平淡的证券从公司的对冲基金内部转移到了太平洋投资管理的其他基金中;指控公司的一个经理在电视节目中夸赞美国银行的债券,然而公司"同时激进地卖出"美国银行的债券;还指控一个经理——这个经理的名字在指控文件中是匿名的,但有人怀疑是格罗斯——曾经将一个由太平洋投资客户持有的证券,在其上涨 10% 之后,转移到了他自己的基金里。

威廉姆斯在指控中说,他曾经拒绝执行一些他所目击的过分行为,但最终还是被强迫执行了。他说,他的经理削减了他的奖金;

同时，他也曾"受到言语攻击"[2]。这个指控，至少在很多对太平洋投资略知一二的金融界人士看来，是可信的。

威廉姆斯声称，2011年12月，他把这些行为向美国财政部问题资产救助计划特别监察长办公室（Special Inspector General for the Troubled Asset Relief Program，简称SIGTARP）的三名官员进行了汇报。然后他就等着，但从未等到回复。

他之后将自己向SIGTARP官员汇报的事情告诉了太平洋投资的人力资源部门，也告诉了太平洋投资的法律顾问，说他已经与联邦政府官员交流过了。根据他提交的指控内容，在那之后不到三周，他忽然因"业绩原因"被公司解雇了，虽然他的工作业绩是令人满意的。他在指控中称，这些针对威廉姆斯的行为是"卑劣的、不公的、带有欺骗性的、故意的、过分的以及不可宽恕的"。公司想要通过惩罚他以警戒其他员工。

当这场诉讼被公之于众，太平洋投资交易大厅中的所有人都感到战栗不安。这非常恐怖。威廉姆斯指控的是一个资产管理公司能够犯下的最重的罪行。

太平洋投资并没有对指控的细节进行回复，公司的一位发言人只是说"依据公司的规定，我们不对法律相关事务进行评价"[3]。但是，他加了一句，只要有员工抱怨或表达担忧，太平洋投资都会进行"适当的审查"。

信用债市场被点燃了。市场上谣言四起，说威廉姆斯还有一大堆没有公布的指控和证据。

其中的一些指控让人感到熟悉且毫不意外，比如公司在夸赞某些证券的同时也在抛售这些证券。太平洋投资几十年来一直被人这样指控，尤其是它每次上电视发表观点的时候。多年来，很多监管者和政府官员也曾想到过这一点。财政部的一名前官员回忆，格罗斯在某一天中午 12 点 55 分出现在了 CNBC 的电视节目上，谈论他为什么认为美国通货膨胀保值债券（也被熟知为 TIPS）没有任何价值。然后，在下午 1 点，太平洋投资就在一只 TIPS 的拍卖中下了大注。

在这名官员看来，格罗斯想要通过操纵市场使太平洋投资获利。他给一些同僚打了电话：有谁能做点什么吗？通过在电视访谈中发表观点而尝试影响一场拍卖是被允许的吗？但他记得，财政部的律师们并不想要跟进这件事，他也没再推动。太平洋投资就这样抢购了刚刚被比尔·格罗斯打压了价格的债券。

太平洋投资的经理们清楚，如果在电视访谈中的讲话能足够巧妙并控制在某个范围内，它就是合法的。格罗斯仅仅是分享观点——或者，至少这是可以在法庭上进行争论的事情。操纵市场和内幕交易很难被证明，因此他们会从中感到一丝宽慰——在那时，纽约南区的检察官们正在对史蒂夫·科恩（Steve Cohen）的 SAC 资本公司的内幕交易案定罪，他们经历了一段十分艰苦的日子。

然而，关于操纵总回报 ETF 的指控则令人担忧；关于内部份额转让的指控，也就是在 1940 年法案第 17a-7 条中被豁免的行为，也同样令人焦虑。这种豁免是一个法律漏洞。太平洋投资的操作是自由的，并且它对 17a-7 条款的了解比任何其他的基金公司都多。即使是公司内部的低级员工们也知道这一条款，但他们通常假设这个行为已经被澄清了，也就是太平洋投资的操作是被批准的，是合法的。这条法规是一个非黑即白的法律豁免条款，并且太平洋投资不会由于愤怒或焦虑就弃用一个有用的、可以实现利润的工具。

即使在金融危机以前，公司利用 17a-7 条款进行操作的频率就有所上升。那是一个战略决策，根据公司一名前员工的回忆：就在埃里安刚回来不久，华尔街银行记录的每个季度的交易利润"激怒

第十章 一场骗局

了格罗斯"。

格罗斯召集了所有参与交易的员工,在公司的大会议室开了一个特别会议。格罗斯最喜欢的衍生品专家朱长虹(ZHU Changhong)主持了这次会议。根据这名前员工回忆,格罗斯对参加会议的人们说:"这是不可接受的。华尔街赚了太多的钱了。这也意味着你们这帮家伙没有做好自己的工作。你们需要挤出更多的基点。"

交易员们面面相觑,心里想着:我们不是已经那样做了吗?

格罗斯长期以来就对华尔街银行收取佣金感到不悦,他仅仅是卖出一只基金中的债券,给另一只想买入的基金。当他可以将这些债券从自己的右手倒到左手时,这些佣金就显得非常昂贵。在这名员工看来,格罗斯似乎意识到了他们没有很好地利用17a-7条款。太平洋投资是一个巨型的债券仓库,这些债券被贴上不同的标签在不同的货架上进行储存("收入基金""总回报基金""全球多重资产基金"),以表示不同的投资风格。但它们的交易策略是有重叠的,所以它们之间进行交易是被允许的。既然是被允许的,那么太平洋投资就会将其用到极致。

这也是为什么杰森·威廉姆斯对公司交叉交易的指控如此让人不安。这种不安源于太平洋投资在金融危机时少有的几次真正的恐慌,就是在朱长虹负责运营太平洋投资绝对收益策略(PARS)对冲基金的时候。

威廉姆斯的指控称:"大约在2008年末2009年初,公司高管层命令对那些流动性差的、被人为过高估值的债券进行内部转移,从太平洋投资PARS对冲基金转移到公司的其他基金中去,这对接收这些债券的基金的持有人是不利的。"在威廉姆斯指出的时间点上,新客户的钱已经开始涌入总回报基金了。所以,如果需要的话,总回报基金可以很轻易地从另一只正在亏钱的基金中买入流动性差的债券。在2008年的几个月里,一个PARS对冲基金亏损了26%,另一个类似的基金亏损了42%。

更为严重的是,威廉姆斯的指控是针对朱长虹的,而朱长虹此前已经被卷入一起针对太平洋投资的很麻烦的集体诉讼之中了。

格罗斯很喜欢朱长虹。他聪明、高效并且极度专注于市场,这正是格罗斯喜欢的特征。很少有人会觉得朱长虹很友好:他对执行交易的交易员以及后台员工们的态度非常冷淡,并且,很像格罗斯的一点是,他并不讲究细节。格罗斯有时会对公司的人说,他和朱长虹两个人就可以运行整个公司,公司挣的每一美元,都是靠他们两个人。朱长虹为人很凶悍,这在他与克里斯·迪亚纳斯的频繁争吵中显露无遗。但朱长虹对高深数学的掌握,以及格罗斯对他的欣赏,使他的地位永远是不可撼动的。

在2005年春天,朱长虹发现自己陷入了市场混乱的泥沼中。美联储减少了美国新国债的市场供应,营造出一个国债极度稀缺的局面。这种稀缺性也对国债期货合约产生了连锁效应,这些期货合约承诺,合约持有人在未来的某一时点可以用事先达成一致的价格购买国债,从而在国债价格上涨时获利。期货的数量开始超过这些国债的供应量了。

这就为到期合约的结算交易制造了难题:交易员只能选择交割真实国债,或是滚动到一个新期货合约中。正常情况下,交易员会选择滚动到一个新的期货合约中,事实上只有3%的国债期货会走到实物交割那一步。想要滚动合约,交易员就要卖出持有的合约,使这笔交易像《糖果传奇》游戏中的糖果一样蒸发掉,然后买入一个更新了到期日的新合约。

但实物交割永远都是一个选项,就像太平洋投资在1983年的那个著名的吉利美CDR交易一样。所有国债期货的价格都随真实国债的价格波动而波动。组织这些交易的交易所决定了哪些国债是可以被用来交割的,然后市场会根据池子里面最便宜的债券来为那些合约估值。

但到2005年3月底,朱长虹已经在6月到期的国债期货合约上积累了过大的多头头寸,他看多美国国债。太平洋投资又一次听到了CDR交易的回声,它持有的6月到期的期货合约价值达到了140亿美元,这些持仓已经超越了最便宜可交割国债的全部供应量。

期货合约是双向的:在任何时候如果有人持有一个期货合约的多头头寸,那必定有人在另一端"做空"这个资产,持有合约的空头头寸(这种空头头寸的持有者一般是银行,它可以把自己的头寸卖给其他人,比如对冲基金,或者它也可以自己持有这笔交易)。太平洋投资通过不停地买入,构建了一个非常大的赌注,这就需要一个与之相对应的、做空美国国债的赌注。

但最便宜可交割国债的稀缺已经把交易员们吓坏了:国债的稀缺意味着人们会疯狂奔向最便宜可交割的票据,推高它们的价格,并使做空它们的人感到害怕。到那年春天,太平洋投资已经开始对可以交割的2012年2月到期的10年期国债的稀缺性定价了。交易员们发现,人们将不得不滚动到9月到期的期货合约中,所以那些合约的价格上升了。

随着9月到期的期货合约价格暴涨,而几乎找不到能够为6月到期的合约交割的国债,两种交割的选择全都被打乱了。

然后太平洋投资手持一堆最便宜可交割的国债出场了。除了在期货合约上积聚了巨大的头寸,太平洋投资还买入了它能够买入的所有于2012年2月到期的10年期国债。太平洋投资旗下的所有基金几乎持有了2012年2月到期的全部国债的一半,总价值可能有133亿美元之多,占可交割国债供应量的75%。太平洋投资强行限制了本已受限的国债供应量。

美国国债市场正在变成一片荒漠,挤满了紧张、慌乱并且口干舌燥的交易员们。到 5 月下旬,每天有数十亿美元的交易开始失灵。总共有价值 2 000 亿美元的期货合约需要那些在 2012 年 2 月到期的 10 年期国债进行交割,但没人能找到它们(因为太平洋投资一家就持有了这些本就稀缺的国债供应的一半)。交易员们不清楚是谁在做这件事,但无论是谁做了这件事,他们都没有像平常那样将 2012 年 2 月到期的国债出借。空头们变得越来越绝望,在混乱中,合约价格暴涨。

就在市场恐慌之际,比尔·鲍尔斯选择了休年假。每年他都会坐飞机到南塔克特岛(Nantucket),奔赴东海岸,从加州的高强度生活中短暂抽身。

在鲍尔斯的记忆中:当时一名财政部的官员站在海滩上,朝大海望去。那个官员碰巧也在鲍尔斯去的那个地方附近度假,多年以来,由于他们拥有共同的兴趣(市场),所以他们建立了一种无拘束的友谊。

鲍尔斯在海滩上走向他。他们站在一起,看着他们的孩子在旁边玩耍。

那名官员开始说道:"所以,关于太平洋投资正在把 2012 年 2 月到期的国债市场逼到死角这件事,我需要知道些什么呢?"

鲍尔斯没有转头,也没有流露出惊讶。他继续凝视着海洋,然后一动不动地站着,就像一只动物在祈祷捕食者不要发现它。鲍尔斯的眼睛一直盯着海平面。

他笑着想,水很深。他成功地躲过了那名官员的询问——在某种程度上,任何包含实际信息的对话都会成为被披露的内容,然后那名官员也没有再提这件事。(这名财政部官员记得他的确跟鲍尔斯在南塔克特岛的海滩上交谈过，但他记得关于这个特定事件的交谈是跟太平洋投资的其他高管进行的。）

随着期货合约 6 月 22 日的到期日越来越近，合约的数量并没有如期下降：在 6 月 21 日，仍有 152 000 手合约处于开放状态，超过 142 000 手合约的持有人选择实物交割，这几乎是之前记录的两倍。

这些持有人大部分是太平洋投资：它要求使用没人能够找得到的债券进行实物交割，而不是和平地滚动合约。人们找不到这些债券，主要是因为太平洋投资自己持有着它们。很多交易员们把太平洋投资这一步棋看作金融市场的懦夫博弈：太平洋投资已经铁了心拒绝客气行事。

最后所有这些价值 140 亿美元的 6 月到期的期货合约都使用 2012 年 2 月到期的 10 年期国债完成了实物交割，但成本非常高昂。

朱长虹并非独自一人操作了这次交易，但他指挥了这场战争。对于他和格罗斯这样的人来说，只要有人在一次交易中做得比他们好，就相当于从他们那偷走了东西。他们的工作就是确保这种情况不会发生。当时跟他一起共事过的人们对他这种心态印象深刻：他做事激进且粗鲁，但公司雇他不是让他来交朋友的，而是让他交易的；他的工作并不涉及监管问题或是名誉问题，那是合规和法务部门的工作。朱长虹的工作就是拿到他能够拿到的每一个基点，这也意味着他不会让对冲基金从他这边偷走任何东西。如果法律没有规定胁迫对冲基金是非法的，那么这就不是非法的。如果这能够为客户赚钱的话，太平洋投资不就应该这么做吗？而不是为伤害竞争对手和华尔街银行而感到抱歉。

根据那些愤愤不平的空头们的计算，太平洋投资在这一次交易中就获利超 10 亿美元。

市场在金融危机前远比现在宽松，所以政府部门反对这种交易的风险不高。一个了解整个交易过程的人回忆说,他当时对以商品期货交易委员会为首的监管部门对国债期货合约交割过程和市场运行机制的糟糕理解感到震惊。这个市场的守护者们大多对此一无所知。

芝加哥交易所介入了。2005年6月29日,它对期货合约到期前10天一个交易员能够买入和卖出特定债券的数量进行了限制。交易员们最多只能买卖5万手与10年期国债挂钩的期货合约(5万手大约比太平洋投资持有的6月到期合约数量的1/3少一些)。

芝加哥交易所并没有披露它为什么一定要进行这次行动,只表明了它"致力维护这些合约的完整性"[4]。芝加哥交易所的董事长兼首席执行官在2005年8月写道:"我们建立仓位上限的目的就是要减少潜在的市场操纵、市场堵塞,以及价格扭曲的威胁。"[5]

这个交易规则的改变使9月到期的期货合约价格暴跌。

持空单的投资者们极度愤怒,就好像它们之前被抢了钱一样。在8月,一些投资者发起了集体诉讼:他们说太平洋投资推高了2005年6月的期货合约价格,在这些合约中建立了一个100亿美元的头寸,同时也在最便宜可交割的国债上建立了数十亿美元的头寸,这样当合约到期日临近时,空头们不得不用国债票据进行交割,他们因此被迫支付被人为抬高的价格。太平洋投资垄断了空头们与其交割期货合约所需要的底层资产的供应。

格罗斯当时解释说,这只是一个在经济上合理的决定:太平洋投资持有所有这些6月到期的期货合约,并仔细观察了9月到期合约价格的不断上涨。这样将6月的合约滚动到9月的合约就会变得非常昂贵——他在接受彭博电视的采访时说,那才是整个过程中最根本的问题。[6]而且每个人都只是假定他们要被迫进行实物交割。太平洋投资在这个过程中也是受害者。

2005年6月到期的10年期国债期货合约的受害买家发起了集体诉讼，称空头们因为被迫支付由太平洋投资操纵的高价格，一共损失了超过6亿美元。这就是一种垄断行为，违反了《商品交易法》（Commodity Exchange Act）。

太平洋投资否认了这个不当行为。公司的发言人丹·塔曼（Dan Tarman）说："这些原告声称自己是投资者，但却选择了投机性的'空头'仓位，并尝试着从一个最终结果对他们不利的赌博中获利。"[7] 他补充道："联邦监管部门和芝加哥交易所没有发现太平洋投资有任何操纵市场的行为。"

格罗斯说这些原告就是一群对太平洋投资怀恨在心的人，因为看到太平洋投资已经发展得如此壮大和成功。他说："太平洋投资没有任何挤压市场的行为。当你的公司规模发展到这么大的时候，你就会成为集体诉讼针对的对象……就像一头大象一样，你必须自己看好要往哪走，因为你知道外面有人喜欢瞎指挥。"

晨星公司的一位董事总经理证实了格罗斯的观点："每个人都在观望太平洋投资的动作……即使是关于比尔·格罗斯将要做什么事情的谣言，都会让人们大幅改变他们在市场中的投资策略。在一个好想法非常珍贵的行业中，如果你是市场中最显眼的玩家，那么你执行自己想法的能力就会大为受限。"

当然，这种主导地位也可以帮助它把市场逼入死角。

太平洋投资争论说，很多这些自称是受害者的人都持有对冲风险的多头头寸，而且他们在这些多头头寸中的获利比他们在空头头寸中的损失更多。当你在一对交易中获利的时候，你怎么能够因为其中一笔单独的交易赔钱就发起诉讼呢？太平洋投资尝试驳回这个诉讼，并一路上诉到了最高法院。但在2010年2月，法院驳回了它的要求，说这个诉讼可以进行。

在 2010 年底，太平洋投资与这一群愤愤不平的空头们达成了和解，同意支付 9 200 万美元和解费，但拒绝承认任何过错。此外，它还向一群律师支付了大约 2 000 万美元的律师费。

太平洋投资坚称，它是为客户的最大利益行事的，它说："所有这些交易都是经过合理设计的，使它们在执行时能够保证客户的最大利益。通过把最便宜可交割的债券借回给市场，太平洋投资消除了市场中的所有顾虑；并且所有交付方都是用最便宜可交割的票据这么做的。因此，各方对太平洋投资是否有资格这样行事来保护客户存在巨大分歧。"[8]

如果太平洋投资需要认罪的话，只可能是因为它将客户的利益放得太高了。

对于这次交易是对太平洋投资超凡的交易技术的强大证明，抑或是运用它的规模和影响力来胁迫其他市场参与者的霸凌行为，在交易两端的观察者们会持有不同看法——这取决于他们是太平洋投资的交易员和客户，还是交易对手。

格罗斯说："我们用很多钱和解了这个诉讼。但我要再次说一下，我不觉得我们做错了任何事。因为我们规模太大了，如果你不喜欢这个价格或者最终的定价，那么你总可以惹事。"

他说："我能看到事物的两面。SEC 就是要进行监管，要驯服'狂野西部'。我们在某种程度上就是'狂野西部'，因为我们是创新者，我们规模巨大，我们有西部'最快的枪'。"

* * *

这个"最快的枪"的名声正是杰森·威廉姆斯在 2013 年提出的诉讼如此令人不安的原因。这场诉讼让人重新想起了 2005 年的那场集体诉讼，并且似乎验证了当时人们对于太平洋投资及其使用的伎俩的种种怀疑。华尔街也关注了这场诉讼，信用债市场中的每个人

第十章　一场骗局

都阅读了诉讼中的指控。威廉姆斯发现他已经找不到任何新工作了,所以他在赌,如果能跟太平洋投资达成和解,那么他接下来一辈子就衣食无忧了。

三天后,威廉姆斯提交了撤回诉讼的申请;他的律师们和太平洋投资进行了谈判。金融媒体对此事仅仅进行了很仓促的跟进。

经过一场旷日持久的私下谈判,威廉姆斯得到了一笔没有披露数额的钱,与太平洋投资达成了和解。在支付了律师费之后,他所获得的钱足以让他在蒙大拿州的特洛伊买下一间酒吧,酒吧位置就在牛湖(Bull Lake)附近。他把这间小型客栈酒吧和烧烤屋修缮了一下,并且对菜单进行了改进,提供售价5.5美元的迷你热狗和埃德爷爷的爱尔兰烤干酪辣味玉米片。那个地方位于内陆,是露营的绝佳场所,每年夏天都会举办"大天空约会"(Big Sky Rendezvous)的现场音乐会。之后太平洋投资的人们就没有再听到任何关于威廉姆斯的消息了。

太平洋投资躲开了那场毁灭性的指控,并以某种方式成功稳定了局势。媒体还没来得及消化这个诉讼,它就消失了。威廉姆斯没有接受任何采访,他的律师也没有。太平洋投资的行为——不断挤压法规定义的外延,在公司内部不同基金间交换债券——毫无停滞地进行着。

但监管者们正在变得越来越聪明,并且越来越严格,狂野的西部渐渐失去了它的狂野。更多正式法规的出台意味着灰色区域越来越少了;法规中的漏洞也会被补上,这意味着可操控的空间也越来越小。

第十一章
缩减恐慌①

比尔·格罗斯凝视着金色框架镜子中的自己。镜中的他穿着一件银行家衬衫(白色领子、蓝色条纹),一条黄色爱马仕领带像往常一样松散地挂在他的脖子上,他将头歪向一边,看着自己。

这是格罗斯在2013年4月发表的《投资展望》中的一段描述。他为这期《投资展望》取名为"镜中人",并用迈克尔·杰克逊(Michael Jackson)的歌词描述自己与自己的对峙:"我要从镜中之人做起,我要求他改变他所走的路……"

格罗斯再次陷入了沉思。他此时马上就要69岁了,仍是债券之峰的王者,仍在南加州执掌着他用40多年创建的神奇帝国。总回报基金中从来没有过这么多的资金:其中共同基金的份额达到了2 930亿美元,另外有2 000亿美元左右的份额在"独立管理账户"中,后者是由大客户投资组成的投资池,其投资策略与公众投资的共同基金一致。

---

① "缩减恐慌"为专业术语,常用于描述2013年美联储宣布缩减量化宽松政策(Tapering)时引发的全球金融市场波动和恐慌情绪。——译者注

但那种成就感总会伴随着疑惧，无论何时在他有所喘息的时刻都紧紧跟随，威胁着要压垮他。他通过总结经验，发现在给客户发送的报告中进行自省的效果很好，且可以吸引人们的注意力。于是，他开始建设性地运用这种不安：与其他人分享那个一直折磨着他的问题。

他在某一期《投资展望》的开头写道："我是一个伟大的投资家吗？不，还不是。"[1]

他继续写道："照镜子时，人们只会从中看到六七分的真实。大鼻子和短下巴会被明亮的双眼或者近乎完美的牙齿所遮盖。而当征求他人意见时，人们大多会对好看的人大加赞美，而非保持沉默或低声批评。"

他写道："所以，对于投资，或者任何受公众关注的职业来说，博客作家或者野心很大的竞争对手可能会提出许多批评，但赞美的玫瑰是在一个人的心里占据主要地位的。除了希望之外，这是我们每天赖以存活的东西。我们看着镜子中的男人或女人，看着那些与实际情况并不一致的镜像，就像看一个人在马戏团里娱乐大众一样。"他在文章中并没有提及另一半从镜子中折射回来的东西：那种带有侵蚀性的不安感。他需要维持形象。

格罗斯写道："你在这一行干的时间越长，就会越多地暴露你的弱点。"他回忆起彼得·林奇（Peter Lynch），就是那个著名的、曾经在运营富达基金公司（Fidelity）的麦哲伦共同基金（Magellan mutual fund）时取得了卓越业绩的股票投资家。彼得·林奇在1990年离职前的13年间取得了超过2 500%的总回报。格罗斯写道："林奇在某种程度上是聪明的，他知道在好的时候离开。"

这与他在2002年的看法有所变化，当时，他在接受《财富》杂志采访时说，林奇的离职是"胆小鬼的跑路"[2]。那时，格罗斯说他永远不会离开:"我的愿望不是赚钱。我的钱已经足够我干任何我想要干的事情了。我的愿望是赢——一直赢下去。"

到2013年,11年过去了,格罗斯远比当时更有钱,他在思索:自己已经赢了吗?即使过了40年"非常成功"的岁月后,他仍不能肯定地说自己赢了。任何成功都有一部分来自运气和时机。有时候这种区别甚至难以分辨,比如当一个投资者正好赶上了对的周期,在完全正确的时刻把大把的钱投到股票或债券上。如果这个投资者能够证明他无论市场好坏都能取得投资收益,那他一定是有能力的,而不只是幸运,对吧?

他写道:"然后很快就会得到确认或者举行加冕礼。首先成为一个市场行家,之后成为奇才,最后成为一个国王。噢,要成为一个国王……但我必须承认一件事,目前没有一个在世的债券之王、股票之王或投资人能够真正获得国王的王冠。我们中的所有人,即使是沃伦·巴菲特、乔治·索罗斯(George Soros)、丹·法斯(Dan Fuss),当然,还有我,都曾经在我们最优越的时期咬紧牙关,那是一个投资者能够经历的最具吸引力的阶段。"

格罗斯知道,承担风险就能够赚到钱。从20世纪70年代初开始,美元从与黄金的固定汇率中脱钩,之后开启了信贷繁荣周期,如果能够巧妙地承担风险,增加杠杆,并避免掉入水坑,就可以赚钱——这意味着投资于"伟大"。

他自己也经历过这些。他在2008年11月写道,"我们"都是"牛市中的胆小鬼"[3],只有在市场下跌时才敢买入。"此后,信贷持续作为资本主义发动机上重要的润滑剂,随着金融创新与我们的动物精神相结合,这台发动机的活塞得以不断加速,创造出越来越多的利润、越来越多的工作、越来越多的一切。"

但他并没有过多地考虑产出更多东西的成本。当时,在金融危机最严峻的时候，更紧急的事是找到一个谦虚的方式来表达他已经预料到这种局面了，也就是说他和太平洋投资已经看到了这个系统中的风险。现在，他听上去离谦虚更近一点了。

格罗斯说："可能，是时代造就了人，而不是人造就了时代。"4

如果那个幸运时代终结了呢？下一阶段是否会对风险规避者而非太平洋投资这样的风险承担者更加有利？气候变化或者人口老龄化是否会逆转近几十年的信用扩张？世界是否会因为食物、水或者石油稀缺陷入战争？

"如果未来要求一名投资者——一名看上去很伟大的投资者——改变方向，或是至少要学会一点新招数，"他写道，"那将是对伟大的考验，考验他是否具有适应新时代的能力。"

但是，他写道，将要在接下来这个时代成为伟大投资者的人们，包括他自己，可能在新时代开启前就已经死了。理性来看，他知道自己将不得不在未来某个时点退下来，所以，明智的做法是，在那天到来前找到一个能够将事情继续下去的"接班人"。这也是对公司好。客户们总是会问公司要"接班计划"。

格罗斯也明白这一点，但执行起来则是另外一回事。他从2013年左右开始，就时不时地向太平洋投资的高管层表达，或许可以把他的职责分派出去，尤其是他不喜欢的管理工作，然后他就可以把精力集中在市场上。不过，这件事情也急不得，他们可以以后再考虑具体如何操作。

尽管格罗斯已经有所思考，但他没有想到的是，沙子已经开始移动了。2013年4月的《投资展望》是在一个温和的信贷市场环境中发表的：高风险债券的收益率已经跌至历史新低，而乐观的投资者们对承担风险所要求的回报也达到了最低。随着他们"达到收益率"，认为接下来不会有更坏的事情发生，在"火中取栗"的逐利行

第十一章 缩减恐慌

为驱动下,不断深入风险光谱的最底层,信用评级最差的公司债券跑赢了评级更高的公司债券。杠杆贷款价格指数已上涨到2007年7月以来的最高点。

太平洋投资在2013年5月初召开了一年一度为期3天的论坛,论坛得出的结论是,就像埃里安在公司的官方概述中所提到的那样,虽然美国经济正在恢复,但远没有"达到能够逃脱危机的速度"[5]。美国将会"维持一个慢悠悠的增长速度",平均增速将不会超过2%,并且有很多担忧和焦虑的声音称它可能降得更低。

这种焦虑比预想的来得更快且更凶猛。到5月底,市场已经陷入混乱,似乎长达30年的债券牛市终于结束了。

这一次,混乱只由一个催化剂导致:美联储。

它始于美联储前主席本·伯南克开始预测美联储未来资产购买项目的路径,是美联储摆脱金融危机措施的残留部分。多年来的超低利率已经通过鼓励冒险行为刺激了经济,美联储超常规的刺激措施如其所愿已经打消了市场的疑虑。伯南克在发布关于经济稳定的好消息时说道,随着经济逐渐复苏,资产购买项目将变得不那么必要。

然而,这个演讲使市场陷入了恐慌。股市的情绪现在看上去是取决于这种支持项目的可靠性,以及美联储对其的承诺,而似乎没有人会记得一个不通过挤出利润、缓冲潜在损失来讨好市场参与者的经济。所以,市场开始执着于分析美联储所说的每个字,试图寻找关于这个支持项目将要被取消的暗示,一旦发现什么迹象,就会开始恐慌。无奈的是,陷入困境的美联储面临着一个选择:削减支持,冒着让国家重新陷入衰退的风险;或者继续支持,准备为新的资产价格泡沫承担骂名。而且市场上还有一种恐慌,担心美联储已经在应对上次危机时用光了所有的政策工具,这将使其没有任何工具来对抗未来肯定要发生的问题。美联储中的一些人想要更快速地实现"正常化"。

2013年5月22日,在美联储的一次国会检查中,伯南克试图温和地传递出经济已经足够健康、可以"停药"的信息。如果经济发展势头保持强劲,美联储可能会在今年(2013年)晚些时候开始减缓购买债券的速度,之后——可能是未来的某一天,可能是明年(2014年)——完全停止购买债券。这取决于(经济)数据!

市场并没有仔细听他所用的那些限定语和修饰语,也没有仔细听他那仔细琢磨过的语言框架和条件从句。神经过敏的交易员们只听到美联储的那些支持措施将要取消。这使他们很快想起了之前那些恐慌的周末、紧急会议,以及拿着(离职用的)纸箱走过时代广场、经济自由落体式下降的日子。即使到现在,欧洲经济仍感觉自己处于崩溃边缘。交易员们听到的信息就是:好日子到头了;美联储可能要"缩减"它的支持,慢慢缩减并最终彻底结束量化宽松支持;甚至可能在某一天,开始加息。

他们陷入了恐慌。

随之而来的激烈的债券抛售就是大家熟知的"缩减恐慌"。10年期国债收益率从2013年5月1日的1.61%跳到了7月8日的2.75%。这是一个令人难以置信的上涨幅度。

之后,利率就开始上升了。债券市场30年的牛市结束了。这也意味着太平洋投资总回报基金的投资策略将走到尽头。在2013年5月22日之后,没有人能够快速地逃离他们在2009年蜂拥而入的资产类别。投资者们开始将他们的钱从债券基金中撤回,而且这个势头暂时不会停止。

在几个星期前,格罗斯将总回报基金持有的国债数量提升到了基金规模的39%,正好在美国国债遭受重创之前。并且,在那一年

第十一章 缩减恐慌

的上半年,他也对美国通货膨胀指数化债券进行了下注,这是他个人最喜欢的债券之一。太平洋投资对通货膨胀保值债券(TIPS)的热情一直帮助维持着这个市场的运行,但他们从来不是真正的赢家。在2013年初,格罗斯认为他们这次可以真正成为赢家:他下注全球央行印钞将会导致高物价,因此大量买入TIPS。

缩减恐慌提升了债券收益率,但并没有提升通货膨胀预期。像TIPS这样对冲通货膨胀风险的债券,出现了亏损。在2013年5月和6月,总回报基金下跌了4.7%,其中超过一半的下跌(约2.6%)发生在6月。那是总回报基金自2008年以来最差的月度收益了。每个债券基金都遭受了损失,但这一次,太平洋投资的业绩尤其差。

那个月,总回报基金的投资者们赎回了96亿美元——史上最大额的赎回。

格罗斯在2013年7月7日发了一条推特,想要阻止这一大规模的赎回潮。他写道:"在40年的业绩历史中,一两个月的业绩数字只是很小的一个点而已。太平洋投资走在一条长期发展的道路上。"[6]

但缩减恐慌还没有结束。如大众所说,格罗斯正在经受困扰。所以,他会定期发出交易冻结的命令:公司投资委员会让员工限制"非必要"[7]的交易活动。格罗斯进一步提出:不许碰国债。在所有人的关注之下,格罗斯不能冒险让某个太平洋投资交易员偏离方向。

所以,整个夏天的工作都断断续续,交易员们有时会突然停下手头的工作,然后等待。超乎寻常的焦虑弥漫在交易大厅中,那习以为常的安静也增加了紧张的气氛。格罗斯"砰"的一声关掉了办公桌的抽屉,然后那几声细碎、罕见的笑声也瞬间消失了。

据一名公司前合伙人回忆,期权部门的交易员对这种紧张氛围的感受最深:因为期权是要按时建仓的,他们必须不断维持仓位而为应对市场变化做准备。交易员们必须注意对冲风险,四处修剪,以保持仓位恒定。当交易被冻结后，一些交易员陷入了迷茫：他们能对冲风险吗？利率在变化，市场在变化，时间在流走，他们焦虑地观察着市场，因为他们的头寸可能面临失控的风险。

随着资金流出和业绩下滑，太平洋投资旗下基金间的资产流动发生了逆转。多年来，总回报基金一直是公司旗下其他基金资产的净买入方，它利用17a-7条款中对同一公司管理的不同基金间资产流动的豁免权进行资产买入。在2013年3月之前的5年间，总回报基金从公司旗下的其他基金那儿一共购买了约376亿美元的资产，卖出了约140亿美元。在美联储紧缩操作时，这个流向改变了：2013年，总回报基金向其兄弟基金卖出了约120亿美元的债券，但只买入了不到50亿美元。

在这一切的背后，是一个潜在的更大的问题：格罗斯的很多结构性阿尔法交易，也就是那些帮他跑赢市场的秘密，是建立在一个利率不断下降的世界中。利率也曾有过短期波动，有过调整，但在30多年的时间里，大多都是下降的。如果利率真的停止逐渐走低，那么长期公司债券的价格是否总是被低估，以比其他人想象的更低的风险提供额外的收益，就变得不明确了。买入短期债券是否比持有现金的收益率更高也变得不明确了。另外，格罗斯能否精准预测到交易区间并且在那个区间附近卖出期权也变得不明确了。成就这家公司的结构性交易忽然变得有点令人怀疑了。

同样，格罗斯也开始看到，这家公司与他刚建立时的样子渐行渐远了。他总是想让太平洋投资成长。他总是鼓励它，鞭策它：要么成长，要么消亡。但公司已经成长到这么大规模了，有时，太平洋投资的交易似乎已经超越了他的理解范畴，超越了那些他熟悉节奏的市场。要面对这些，他要做的就不仅仅是看着镜子中的自己了。

2013年4月，公司召集了一组人听取商业地产团队提出的交易，这个交易针对的是一个由英国商业地产抵押贷款支持的证券池，它们被分成了不同价格和风险的组合。这个交易中没有特别极端或者不可预期的东西。这个团队已经跟摩根大通和喜达屋集团（Starwood）合作了几个月。这也并非一个真正的交易推介——这是一种简单的由实物建筑抵押的房地产贷款，这意味着，如果贷款出现问题，贷款的拥有者可能会获得约8 000米（5 000英里）之外的某一幢大楼。像总回报基金这样的共同基金是不被允许投资这种类型的贷款的。所以，今天的会议更像是一个信息交流会。并且，如果真有兴趣的话，他们可以想些方法组织类似的活动，让更多的基金可以参与进来。

格罗斯对此当然很感兴趣。他不停地在细节层面向那个团队施压，质疑其估值。这并不罕见：格罗斯总是在会议中向每个人施压，在测试交易的同时，也测试着演讲人的勇气。没有人会在会议中帮助其他人；你只能100%靠自己，单枪匹马。小到演讲材料的页码，也可以构成失误。那些一直在骄傲中长大的男子汉也会被骂到流泪。

所以，这些事情总会有些刺痛感。但今天不一样了。

格罗斯不停施压。但他们并没有得出问题的答案，因为他们还没有做成这笔交易。交易仍在谈判中。这不是通过电话或电子邮件进行的债券交易，不是交易商给出一个价格，你们经过争吵最终达成一致，交易就成功了。这次的交易是一场拍卖，太平洋投资及其合作伙伴摩根大通、喜达屋集团都参与了竞拍，并将提交他们"最好、最终"的报价。在最终胜利者出现前，没人知道拍卖的最终价格。怎么能提前知道价格呢？这也并非格罗斯第一次面对拍卖。为什么这次拍卖会使他如此困惑呢？

任何解释对格罗斯来说都不够有力。他是二级市场之王、流动国债之王、利率掉期之王，在这些领域，东西都可以瞬间被定价。

最终，包括伊瓦辛在内的其他人也插话，试图减弱格罗斯对团队不断升级的挑衅。他们想尝试表达，他们不是只为你进行讲演，你这样对待他们不公平。

这使格罗斯的注意力转移到了他们身上，到了伊瓦辛身上。

格罗斯问："所以你们在买入你们不知道价值的东西？"在问的同时，他变得十分焦躁，身体在座位上向前倾斜。伊瓦辛是在跟摩根大通一起欺骗他吗？伊瓦辛是想通过剥削他来保证自己继续持有投资组合中利润最高的部分，从而使他处于不利地位吗？很快，这些疑问就变成了一个二元结论：要么伊瓦辛不知道自己在做什么，要么就是他在占格罗斯便宜。

但这个结论完全讲不通。伊瓦辛尝试着把事情说清楚："比尔，你不能买实物建筑。"

事情从那以后开始持续恶化。格罗斯对伊瓦辛进行了人身攻击，而非仅仅攻击他的投资风格，说他是一个卑鄙小人。

那些参加会议的人被吓坏了。不是因为格罗斯表现得像个疯子，因为他们见惯了，而是因为这次是一个新的境地，非常不合时宜且使人迷惑：首先，太平洋投资的确有很多卑鄙的人，但伊瓦辛并不是他们中的一员。其次，伊瓦辛根本不可能损害格罗斯的利益。格罗斯怎么会认为伊瓦辛想要通过这个没有信用评级、全是房地产贷款甚至总回报基金都不能购买的产品来剥削他呢？格罗斯漏掉了一些东西，对一些东西理解有误，然后得出了毫无根据的结论，并且暴怒。

伊瓦辛正在为公司带来最惊人的回报和新客户的资金，这意味着他给公司带来了管理费。他的太平洋投资收入共同基金业绩突出，并且在不断成长；这种有锁定期的私募股权投资结构正在大量获取利润。每个人都知道，如果没有伊瓦辛，公司的利润不可能在过去三年里有如此大的增长——这也直接能转化为他们的奖金。伊瓦辛

第十一章 缩减恐慌

使他们持有的 M 级别期权能够转化为钱。其中一个参会者回忆起自己当时的想法,如果没有丹·伊瓦辛,没人能拿到奖金。

他们看着伊瓦辛,看着这个带动公司实现新增长和走向未来的引擎,被格罗斯这个已经老去的国王不停贬损,他那一头像拖把一样的头发在他愤怒摇头的时候不停颤动。这一直困扰着他们。他们对这种虚伪的、公报私仇的权力滥用感到厌恶,这对格罗斯来说也是不寻常的,而且它没有任何成效。

太平洋投资退出了这笔房地产贷款的交易。这让摩根大通和喜达屋的高管们感到惊讶,他们不得不寻找其他人来购买那些本属于太平洋投资的东西。这样做并没有违反任何合同,但这种处理方式很糟糕,很容易失去潜在的合作伙伴。

伊瓦辛看上去非常尴尬。他向摩根大通的合作伙伴们道了歉。

* * *

这件事并没有困扰格罗斯很久。他回到了办公桌旁,然后又沉浸于研究市场了,目光聚集在(彭博终端)黄色的数字和闪动着的红色新闻标题上。他仍有很多工作要做。在这个已经没有那么多狂野的狂野西部,在某种程度上,发生争吵仍是有可能的。在公司刚起步的阶段,基于员工们的聪明才智、他们的高强度工作、他们的侵略性,这种争吵发生的概率是非常高的。现在他们仍具有这些特质,但这个竞技场已经变得越来越拥挤了,现在,他们最大的优势就是规模。把公司列入系统性重要金融机构清单的威胁仍在那儿,但已没有之前那么大了,大型资管机构的游说似乎正在奏效。

自 5 月以来,美联储在缩减购债方面的立场稍微缓和了点,因为它害怕行动过快会让市场感到不安。所以,政策变化似乎按下了暂停键——这意味着比尔·格罗斯,以及整个债券市场,仍有时间。

公司债市场无法完全相信这种预兆,并且陷入了对于"缩减"

的恐慌和对于新发行债券的争夺，后者是因为公司急于锁定现代美国资产市场上从未见到过的低利率。就在苹果公司发行了一只创纪录的170亿美元的债券的几个月后，这个纪录就要被打破了：那年春天，威瑞森公司（Verizon）需要为一场大并购融资，所以它接洽了一组银行，准备发行近500亿美元的债券。

因为这笔交易的数额太大，这些债券需要有一个特别有吸引力的收益率才能够吸引投资者，同时，"新债发行窗口"可能正在关闭——如果这个30年的债券牛市终止的话，利率将会上升，从而终结公司靠发行低价新债券融资的黄金时代。威瑞森雇用的银行家们知道，他们必须最先召集最关键的买家，以确保为这桩交易找到一个"锚"，从而吸引其他的投资者。他们找到了太平洋投资和贝莱德，询问它们是否有兴趣买入。它们的确有兴趣。

威瑞森给出的债券定价非常有吸引力，这是一桩疯狂的交易。威瑞森最终为了融资490亿美元同意支付大约1 000亿美元的利息。随着混乱逐渐平静，太平洋投资在这桩交易中拿到了大约80亿美元的额度，贝莱德拿到了大约50亿美元的额度。

这些债券的价格在发行后马上上涨，使这两家公司赚取了巨大的利润。

由于美联储仍旧按兵不动，格罗斯有更多时间完全相信它的话。他在信用违约掉期上进行了一场大赌，对企业信贷未来的健康情况进行下注，卖出了信用违约掉期指数（CDX），也就是一篮子企业债券发行方的合约。格罗斯获得了期权费，作为交换，他将承担指数包含的125家公司中任意一家或几家可能债务违约的风险。如果这种风险没有发生，也就是如果没有公司债务违约，他所下的赌注就能够赚钱。

到了那年晚秋，格罗斯下的赌注已经达到了差不多300亿美元。

此外，他还对新兴市场国家的 CDX 进行了 25 亿美元的下注。格罗斯在赌，美联储将把刺激政策延续到明年。

这场赌博的规模很大，但它的结构并不罕见。太平洋投资之前也在 CDX 的交易上建过仓，例如它在 2011 年卖出过 110 亿美元的 CDX，在 2012 年买入过 120 亿美元的 CDX。太平洋投资在这类交易中的盈利记录很好。这些指数可以作为针对更广泛信贷领域下注的比较呆板的金融工具，因为其中并不包括复杂的利率预测，而是要对有流动性的标准化合约有精确的了解。

这桩巨型交易获得了盈利，为格罗斯注入了一针急需的强心剂。但它并不能完全挽回格罗斯在那年早些时候因对国债的错误判断而造成的损失。那个错误判断使格罗斯在他自己的市场中陷入了困境，那个市场见证了他的成长，见证了他的技术和影响力。据他自己承认，他正在一个不友好的市场中面对第一次真正考验勇气的测试——到目前为止，他正在搞砸这一切。

他这次对国债的误判比 2011 年时更严重：他亏钱了。每个人都亏了钱，但格罗斯亏得更多。总回报基金的表现比它 64% 的同行们都差。2013 年，该基金亏损了 1.9%，而可比基金只亏了 0.9%，巴克莱资本综合债券指数亏了 2%。

格罗斯从 1999 年以来就没亏过一分钱，这次是他在 1994 年以来亏损最多的一次。

这一次，客户们不会再等他重回正轨了。他们选择格罗斯、选择太平洋投资、选择债券基金，是为了资产的安全，是把他们的钱交给那个曾经有预见性地躲过了大金融危机的人打理。但现在，在第一个陷入麻烦的信号出现时，他的投资策略土崩瓦解了。安全成了幻想。

在 2013 年 5 月，太平洋投资总回报基金的客户们开始赎回他们的投资了，然后他们在接下来几年里每个月都在赎回。到了 10 月，太平洋投资总回报基金失去了"世界最大共同基金"的头衔，这是它持有了 5 年的荣誉。到了年底，基金的客户们已经赎回了超过 410 亿美元的投资。

* * *

市场上的失策会使太平洋投资交易大厅中的交易员们成为受伤的动物，格罗斯本人也是这样。他对自己跟对其他人一样严苛，虽然他的自我鞭挞更多是在内心深处，而不是当众羞辱。

格罗斯并不是唯一一个对此感到羞愧的人。按照太平洋投资内部的说法，公司的全球多元资产基金也很糟糕。太平洋投资尝试过改变这个基金对标的业绩基准，从两个指数的平衡状态调整为超过浮动利率基准 LIBOR 的 5%，但它这个操作并没有逃脱关注。晨星公司的一个分析师说，这个操作有点像是"趁着中场休息时移动了球门柱"[8]。

每个人都有过不好的业绩。但对格罗斯来说，这个基金是埃里安的问题，因为他没有坚持自己的管理理念。格罗斯说："业绩太差了，并且这是穆罕默德唯一真正管理的基金。那是他的孩子。"

这只基金并不只是埃里安的；他是联席基金经理，索米尔·帕瑞克（Saumil Parikh）是另外三个联席基金经理之一。而且帕瑞克是这只基金的首席经理，他将承担更多的责任。[①] 帕瑞克负责主持设定

[①] 埃里安的律师说："在 2013 年初，这只基金的首席基金经理就从埃里安博士变成了索米尔·帕瑞克先生。这是格罗斯先生做的决定，当时他一再忽视埃里安博士和其他人所表达的担忧。基于这个决定，帕瑞克先生要为这只基金在 2013 年所做的大部分决策负责。格罗斯先生也决定了帕瑞克先生将担任其他基金的首席基金经理（PM-1），包括无限制债券基金。那一年所有这些基金的业绩都非常糟糕。到了年底，帕瑞克先生从全球物资资产基金（GMAF）的管理者职位上卸任，同时也从其他一些基金的职位上卸任。彭博社在 2013 年 11 月发表的一篇文章正确地指出，埃里安博士直到 2013 年底在 GMAF 的地位才有所提升，是在帕瑞克先生从首席基金经理职位上卸任之后。"

公司投资议程的周期论坛（Cyclical Forums），该论坛非常重要且正式，每年会召开三次。帕瑞克总是会将胡子修剪得很精致，穿着精美的西装主持会议。他刺激了一些人的嫉妒情绪：他如此年轻，上升速度如此之快，在刚 30 多岁的时候就成了公司的合伙人。但麦卡利很喜欢他，格罗斯也很喜欢他。

2013 年春天，帕瑞克在投资委员会的每日例会上作了关于全球物资资产基金（GMAF）的报告。情况很糟糕，这只基金的业绩不好。据格罗斯回忆，埃里安打断了报告，说了一些类似"该死，索米尔，你要处理好它，你要处理好它"的话。

埃里安对帕瑞克的谴责在格罗斯看来是无理取闹，甚至是不公平的。埃里安至少要承担这个基金业绩表现不佳的一部分责任。格罗斯最终介入，打断了埃里安的谴责。

这并不是预期内的情况。

据格罗斯回忆，埃里安大声吼叫："格罗斯！你太偏袒索米尔了！"

格罗斯回应说："我没有偏袒任何人！"但他对此感到很惊讶；埃里安很少会丧失冷静，尤其是在公开场合，在公司投资委员会上。这是格罗斯此前没有经历过的事情，也是他之前没有注意到的分歧，并且他不知道怎样弥合这个分歧。即使在某些方面，这家公司的未来取决于他们之间伙伴关系的稳定程度，但照顾这段关系从来不是格罗斯的工作；这永远是另一方的职责。

格罗斯当时并没有意识到，但后来他怀疑这次争吵伤到了埃里安，让埃里安感到被背叛了，因为格罗斯并没有给他足够的支持。

GMAF 持续下跌。那年 11 月，埃里安最终站了出来，将帕瑞克从这只基金的管理层中踢了出去，然后自己承担了更多责任。当时，GMAF 在 2013 年已经亏损了 8%，业绩比 99% 的同行都差。

无论埃里安想把罪过归咎于谁，他必须知道规则；他也受伤了。归功于他在公司内部的职级，在一段时间内，这种追责是可以逃避掉的。在他的职级上，问责制度有一点被稀释了，责任至少可以暂时性地被忽视——这可以给他足够长的时间修复基金业绩，无论是通过技巧，还是碰运气遇到市场好转。

但埃里安或者格罗斯在个人层面没有受到太大打击。埃里安那一年可以拿到大约 2.3 亿美元的奖金[①]，格罗斯则可以拿到接近 3 亿美元。

* * *

格罗斯成为 10 亿美元级别的富翁已经很多年了，他的个人财富达到了近 20 亿美元，每年光利息就可以达到 1.5 亿美元，但他那些富人的习惯已经停止发展了。他有一架私人飞机，喜欢打高尔夫球。这很正常。他喜欢买昂贵的房子，但在某种程度上也是追求投资回报的一种方式。他和苏经常一起嘲笑那些充满泡沫的艺术品市场：苏喜欢临摹名画，她会用一个高射投影仪放大画的轮廓，使自己临摹得更逼真。她会说："为什么要花 2 000 万美元？我只花 75 美元就能画好那幅画。"[9] 他们把她临摹的毕加索的画挂在了卧室的壁炉上方。比尔·格罗斯喜欢邮票。他喜欢在星期五晚上和苏以及她的家人们一起吃塔可、喝啤酒。

在 2013 年底，这种观点开始转变。格罗斯在那年 10 月陷入了困境，这让他感受到了新的、急切的对钱的需求。

股东积极主义开始到处冒泡，令人厌烦和憎恶：股票投资者们正在向企业施压，要求企业发行债券并将筹集的钱返还给他们。这种资金使用方式完全没有生产性，尤其是有些激进投资者运营的对

[①] 埃里安通过律师说这个奖金数字是不准确的，但他并没有提供正确的数字。这些数字之前在很多地方都被公布了。

冲基金只对成熟投资者开放。这样，那些对冲基金就可以胁迫企业，并将利润分配给那些已经很富有的人们。这种事情是不可接受的。

10月下旬的一天，臭名昭著且好战的激进投资者卡尔·伊坎（Carl Icahn）正在大肆要求苹果公司进行股票回购，这将会提升他所持有的股票价格。格罗斯对此暴跳如雷。10月24日，格罗斯发了一条推特，写道："伊坎应该放开苹果，花更多的时间效仿比尔·盖茨。如果伊坎真那么聪明，应该用聪明才智去帮助他人，而不是只考虑自己。"[10]

伊坎上钩了。他在10月28日发了推特，写道："致太平洋投资公司的比尔·格罗斯——如果你真想做好事，为什么不像比尔·盖茨、我，以及很多其他人一样加入'捐赠誓言'活动？"伊坎和盖茨都对捐赠誓言组织做了承诺，承诺在他们生命结束时将超过一半的财富捐赠出去。

两天后，格罗斯参加了CNBC的电视节目。他说，他和苏将在他们去世后捐出所有财富。格罗斯说："苏和我一直在做这件正确的事。"[11]他们已经在一个家族基金会中投入了3亿美元，但迄今为止，他们一直对其他微薄的捐助保持沉默。在2005年，他们向霍格长老会纪念医院（Hoag Memorial Hospital Presbyterian）捐赠了2 000万美元，根据医院对媒体的披露，这可能是有史以来奥兰治县的单一医院收到的数额最大的捐赠。另外，他们还向加州大学尔湾分校捐赠了1 000万美元用于干细胞研究。在2012年，他们又向西达斯-西奈医疗中心（Cedars-Sinai Medical Center）捐赠了2 000万美元并建立了以苏和比尔·格罗斯命名的手术和外科手术中心。在那之前，他们刚刚向一家在得克萨斯州的非营利性组织"慈善船"（Mercy Ships）捐赠了2 000万美元。这个组织帮助沿海国家运营浮动医院，并向当地病人提供医疗援助。这些捐助仅在当地得到了一些关注。

* * *

在 2012 年，格罗斯夫妇确立了一个匿名捐款的传统，他们会给那些他们认为有需要的人送出 10 000 美元或者 15 000 美元的支票。他们看了一期《60 分钟》(60 Minutes)节目，其中介绍了在航天飞机计划被叫停之后，失业的工人们如何艰难地生活。他们为之感动并开始了行动。

没有人知道他们做了什么事。格罗斯曾经思考过怎样更好地实施捐款——怎样确保捐出的钱能够到最合适的人手中？怎样确保捐款的匿名性？他想到了小时候和最好的朋友杰瑞曾经看过的一个电视节目——《百万富翁》(The Millionaire)。这是一个虚构的电视剧，里面一个叫蒂普顿（Tipton）的慈善家随机给了一个人 100 万美元。这个电视剧描述了这笔财富是如何改变了受赠者的人生，既有好的方面也有坏的方面。格罗斯和杰瑞当时并不认识任何百万富翁，所以他们看了电视节目后会问对方，如果你有了 100 万美元你会做些什么？

一天，格罗斯突然给杰瑞发了一封电子邮件，邮件标题是："提议"。他们能创建自己的蒂普顿信托吗？

杰瑞看着格罗斯变成了亿万富翁，作为一个退休教师，他根本不在乎格罗斯的财富，格罗斯也知道，他什么都不想要。杰瑞对格罗斯是没有威胁的。

多年来，杰瑞听说格罗斯不断收到电话和电子邮件，都是希望格罗斯资助他们实现愿景。这让人疲惫不堪。杰瑞说："即使他换了电话号码也没用，那些人总会找到他的号码，然后打电话向他要钱，但他并不想为这些事费心。"

但是想进行匿名捐款——"对于他这样有钱和有名气的人，这是一件不可能做到的事情，"杰瑞说，"但他不想走在好莱坞街道上随便将支票分发出去。"格罗斯需要人帮他找出来谁应该得到这些钱，帮他审核人们提交的资历介绍。杰瑞曾经在服务水平落后的社区工作，对这种事情有更多经验，并且，他比格罗斯有更多时间投入这件事中。

杰瑞同意提供帮助，帮忙找到需要救助的人，对他们的资历进行审核，并将他们的人生故事收集在一起交给格罗斯审查。格罗斯计算出了他能够免税捐出的额度——10 000—15 000美元。

杰瑞说："格罗斯想设置的唯一一项规定是——这笔出乎受捐助人或者受捐家庭意料的资金流入，必须有变革性的意义。这不仅仅是一次捐款，它必须有更高层面的意义，能够做一些事情帮助受捐助人从崩溃的人生中走出来。所以，从那种层面上来说，这个捐款并不是暂时性的，它应该是变革性的。"

这项捐款缓解了格罗斯由于过度富有所产生的一些奇怪的感觉。多年来，他一直感到不舒服，他在2002年的一期《投资展望》中以巴尔扎克的名言作为开头："每一笔巨额财富的背后都有深重的罪恶。"令他感到困扰的是，很多资本家都是罪犯——例如安然公司和它在华尔街的伙伴们"参与了对美国公众的暗中欺诈"[12]。格罗斯知道，他和那些满身铜臭的人一样，都非常幸运，这种幸运是建立在其他人的代价之上的。他能够，或者应该，做什么呢？他当然不可能停止积累财富。在某种意义上，钱能够自我繁殖，获取股票红利和利息，不断增长。

但现在，关于不平等的问题突然变得紧迫了。占领华尔街运动并没有真正触及太平洋投资，但在2013年10月，格罗斯在一场本应快乐的返校活动中有了一段不愉快的经历。

2013年10月初，加州大学洛杉矶分校商学院组织了一场该院最成功的两名校友间的对话：格罗斯和债券界另一巨头拉里·芬克（Larry Fink）。这场对话由CNBC的布莱恩·沙利文（Brian Sullivan）主持，在洛杉矶比弗利希尔顿酒店举行。对话最终转变为对市场的讨论——格罗斯和芬克怎样看待金融市场恢复？他们认为机会在哪？

太平洋投资和贝莱德当时正在一个尚未复苏的领域苦苦挣扎。加州里士满市的很多居民的房贷仍比他们的房屋价值高，他们的房子相比购买的时候减值了。这个城市提议要极端使用"土地征用权"，也就是政府征收私有房产的权力。通常，政府会在需要建造高速公路或者公园时使用这个权力，并且它必须以市场价格对征收的财产给予补偿。里士满市政府提议要使用这个权力征收房贷，也就是从债券持有人和银行手里购买超过600个房屋的贷款。这些房贷价值比房屋价值高，因此以公允市场价值购买这些房贷意味着这些贷款将会减值。房屋持有人的欠款更少，而放贷者和债券投资者的回款也会更少。自然地，包括太平洋投资和贝莱德在内的债券投资者已经通过起诉该市政府来阻止这项计划。

他们有理由相信自己会获胜：美国抵押房贷市场建立在政府和投资者之间一个稳定但非传统的协议之上。美国的抵押房贷不是自由市场中的产品；它是由政府监管运行的一个小沙盒，政府承诺在任何房贷投资者亏损时，它都会提供担保。这种担保就是为什么只有美国的购房者可以用一个30年的固定利率借款，并且可以随时重新贷款。政府做出了这项承诺，所以人们可以得到便宜的房贷，所以他们可以购买房屋并积累财富。这个担保此前一直是隐性的，直到太平洋投资在金融危机期间对政府施压，才迫使政府将其公布于众。太平洋投资怀疑，政府不会为了加州里士满市少数房屋价值低于房贷价值的购房者食言。

这些问题房贷没有得到任何政府机构的支持，但美国政府的承

第十一章 缩减恐慌

诺仍覆盖它们:债券投资者认为,如果里士满市政府执行它那个极端的方案,会吓到贷款发放机构。如果它们发放的贷款价值在未来某一时间可能大幅减少的话,它们将不那么愿意借款给其他潜在的购房者。他们说,里士满市政府的计划将打击抵押贷款支持证券市场的信心,并且"引申开来,将打击美国房产市场和美国经济的信心"(根据他们的起诉文件,这项计划也具有歧视性、违宪性等其他问题)。

在比弗利希尔顿酒店,格罗斯正在宣扬在一个收益率被人为压低的世界中投资实物资产的好处,然后他忽然被打断了。两个抗议者从听众中站了起来,对他们怒吼,并质问格罗斯和芬克为什么拒绝与购房者谈判。

芬克摇了摇头。听众们纷纷表示不满。

沙利文举起一只手想控制场面,他说:"谢谢你的评论,先生。大家,这没关系,他有他的道理。"[13]

听众中有人大吼:"把这些乞丐扔出去!"

一个抗议者在听众的嘘声中大吼:"你们为什么起诉里士满市政府?为什么不跟他们谈判?"这时候保安已经朝他们走过来了。抗议者边跟保安扭打边说:"谈判!不要诉讼!清算你们的日子要来了!别推我!"

听众们大笑。

格罗斯看着沙利文想要寻求他的意见:"我应该回答这个问题吗?"

沙利文在抗议者们被架出去之后说:"我实际上想继续讨论一下他们的观点。人们对于华尔街的愤怒已经很明显了,并且这种愤怒在很多情况下是正当的。人们感到自己被欺骗了……我担心成百上千万美国人会对金融系统失去信心,他们有权利对很多事情表达愤怒——我们应该怎样解决那个问题呢？我们应该怎样让人们信任这个系统？我们应该那样做吗？"

芬克列举了在金融危机后出现的就业不足、工资压缩等问题，但没有提出建议，然后就开始布道式地说，针对里士满市政府的诉讼实际上是为贝莱德的客户（包括退休人员、领取养老金的人员）进行的正义的反击，这也是他作为受托人的责任。

格罗斯面对着听众们对芬克的辩解发出的笑声说："说的好。"自从基金管理成为一个行业以来，它就会用弱势群体的福祉对针对该行业的抨击进行回应。格罗斯接着不平等的话题说："工资变低了，公司利润却增加了。华尔街银行和公司得到的东西，就是大众失去的东西。但最终，大众才是顾客。"

大众、普通人、小型投资者——他们是那些购买产品，为那些发行债券并向太平洋投资支付利息的公司提供收入的人。他们的购买力占美国经济的70%。但是，随着金融危机退去，不知为什么，他们似乎越来越承受了这种不平衡的"经济复苏"的冲击。

这场加州大学洛杉矶分校的对谈回到了更标准的金融话题上。几个星期之后，另一场抗议席卷而来。

* * *

10月30日，太平洋投资的员工们端着咖啡走回办公室，在大楼外面遇到了一小撮人对关于里士满市政府的诉讼进行抗议。这些人穿着黄色T恤衫，显示他们是加州社区权力联盟（Californians for Community Empowerment）的成员，他们想扰乱太平洋投资的工作秩序，逼迫公司派高管与他们交谈。一个叫佩吉·米尔斯（Peggy Mears）的激进分子，在加州大学洛杉矶分校的对谈活动中打断格罗斯讲话的两个人之一，宣读了一封写给格罗斯和埃里安的信，并要求太平洋投资与里士满市政府进行谈判。他们反复呼喊，散发传单，

第十一章 缩减恐慌

并举起了写有"太平洋投资停止阻止房产市场恢复,贝莱德和太平洋投资去没有丧失抵押品赎回权的社区投资"[14]的黄色牌子。

最终,太平洋投资派出公关部门负责人丹·塔曼来倾听抗议者的诉求。在抗议者代表解释太平洋投资为什么应该允许里士满市政府购买房贷的时候,塔曼就把手背到身后,站在那里。不远处,在公司外面整齐的围栏旁,穿着西装、扎着领带、戴着墨镜的私人保安们在一边看着,没有任何动作。

* * *

第二天,格罗斯把他 11 月《投资展望》的主题定为"资本与劳动",他写道:"对'资本'征税的税率比对'劳动'征税税率低的时代应该结束了。"[15]他建议他的那些属于"1% 特权"阶层的同伴们支持更高的税率。

他写道:"自从我职业生涯开始以来,我就通过资本的杠杆获取了巨大收益,同时,要感谢里根总统和小布什总统降低政府税收的政策,这使我缴纳所得税的比例越来越低。我现在觉得我的思维正在转向工人所面临的窘境上。

格罗斯承认,太平洋投资的发展是建立在普通人养老储蓄、买房、维持生计的基础上的。从那种层面上看,芬克的言论是对的:他们在为寡妇和消防员们工作。这也使太平洋投资那种高度专注并且坚持从华尔街银行那边磨出更多基点的方式更具正当性。

但那真经得住审视吗?如果他们真为客户(就是那些选择了太平洋投资的退休人员,以及芬克所说的寡妇和孤儿们)做了这么好的事情,那么为什么这些基金经理会变得如此富有呢?这是对的吗?

格罗斯开始觉得他必须做更多的事情。无论他自己的良心如何,在与伊坎的争吵后,在经历了那些抗议后,他必须想一想他能留下什么遗产。仅仅成为富人并不足以被人们记住。

在更重大的时刻,他也看到自己曾经帮助建立的系统不知为什么正在崩溃。这个他喜欢的游戏——把钱变成更多的钱,那些在闪光的电脑屏幕上整齐排列的小数字,以及随着他不断探索,也在不断扩张的债券市场——最后变成了与美国公众对赌,与全世界对赌。

那年12月,《慈善纪事报》(Chronicle of Philanthropy)发表了一篇与格罗斯夫妇关于他们派发15 000美元支票的"非传统"捐赠的访谈。格罗斯告诉他们:"我们对于自己做的事情非常满意。唯一的问题是,我们做的这些已经足够了吗?"[14]

第十二章
战绩最佳的"良驹"①

时间已经很晚了。穆罕默德·埃里安让他十岁大的女儿去刷牙,但她没有听。他又说了一遍。她还是不听。埃里安叹了一口气。

在不久之前,女儿还会马上做出反应,埃里安提醒她做事只需提醒一次;她会从埃里安的声音和语气中听出来他很严肃。

她说了句"等一会儿"¹,然后就跑回了房间,再次出来时手里拿着一页纸,上面有她整理出的父亲因为忙于工作所忘记的她的22个重要活动,比如她第一天上学、她的第一场足球比赛、一次家长会,以及一次万圣节游行。

埃里安后来说:"这是在给我敲警钟。"

他的第一反应是反驳,因为他对自己错过这些活动有着很好的借口:出差、参加重要的会议、接紧急电话、突如其来的工作等。但他没有那样做:这不是回应她的正确方式。他可以用标志性的套话进行回答,但他突然意识到,女儿可能是对的:"我在工作和生活

---

① 原书本章名为"Secretariat",指著名的赛马"秘书处",格罗斯曾以此自比。——编者注

间的平衡已经被打乱了,并且这种不平衡正在伤害我和我女儿的关系。我甚至没有足够的时间来陪她。"

埃里安后来说这种领悟让他感到非常难受。他自己的父亲在 1981 年 12 月 12 日死于心脏病突发,当时他 23 岁。父亲的死改变了埃里安的人生轨迹:埃里安当时拿到了剑桥大学的优秀学生奖学金和一等荣誉,正在牛津大学攻读博士学位。他走上了在学术界从事一份舒适的、能启发思考的职业道路。

但父亲去世后,母亲和当时 7 岁的妹妹需要他来支持。所以,埃里安必须找到一个比读书和教书更能赚钱的职业。钱成了一个目标,成了一个能够支撑他家庭生活的必需品。

他说:"在那之前,生活是可以预测的。但在那之后,我停止了(对生活的)规划。"[2]

这件事怎么会让他如此措手不及呢?他在太平洋投资内部投入了大量的时间和资源,为了让公司变得更加多元化,他胸怀一个帮助公司适应不同生命周期和经验的特别使命带头行动,使公司摆脱那种同质的、满是穿着蓝色西装的白人男性的环境。当然,这条路还很漫长:公司里所有的女性合伙人用两只手就能数出来。但不知道为什么,在 2013 年,公司合伙人中女性和有色人种员工的比例都有所下降,分别降到了低于 11% 和 20%。就这些数据来看,太平洋投资在推动多元化方面正在退步。但至少他已经表明了要推进这个多元化行动的态度,这种表面化的改善难道不是进展的第一步吗?(埃里安的律师说:"埃里安博士在这个方面所做的真诚努力全公司都知道。")

不管怎么说,他已经尝试着(为女儿)树立榜样:尽管他坚持要在办公室与员工面对面交流,尽管他甚至在东海岸太阳升起前就已经坐在办公桌前了(这跟比尔·格罗斯每天在办公室待的 10 小时重合度不高,那 10 小时的工作时长是公司的强制要求),尽管无论什么时候他都要回电子邮件,但他确实曾因为女儿的活动而拒绝某些截止时间。所以,他怎么还是错过了这么多活动呢?

他必须做出改变。

与此同时,另一个情况也在变得难以维持。格罗斯和埃里安长期鼓吹他们之间的工作关系,但他们在个性和管理风格上确有不同,在2013年夏天,他们的关系进一步恶化了,变得越来越紧张。

对于埃里安来说,他总是收到(格罗斯)持续的、零零碎碎的信息和不合理要求。格罗斯总是能制造出荒谬的、不必要的混乱,例如在电视节目中说些偏离主题的东西,为了很小的违规行为而折磨员工等。他说,格罗斯会承诺参加一个需要出差的客户活动,然后在最后一分钟退出,只留下他一个人来应对。埃里安每天凌晨3点半起床,会比所有人早到办公室,然后比所有人都晚走。为什么总是有做不完的工作呢?

所有这些事情都没有引起格罗斯的注意。他只是看到埃里安"虚伪地"坚持与员工在办公室面谈;他那些轻快的关于经济的故弄玄虚之说,字字句句就像流水从你手指间穿过;他对"多元化"的推崇让格罗斯隐约感到冒犯——格罗斯一向为自己的平等待人而感到自豪,并且他总觉得自己已经尽力挖掘女性员工并且帮助她们升职了。客户们总在问为什么太平洋投资公司里没有更多的女性高管,因为公司里本来就没有那么多女性员工可以提拔。

在埃里安身上,格罗斯看到他对公司内部平等的推进正在减弱,看到GMAF的业绩很差,看到一个更享受工作成果而不是努力工作的人——埃里安经常飞出去见客户[①],参加电视节目,被人们称

[①] 埃里安的律师说:尽管埃里安博士可以用私人飞机和豪华汽车,但是他并没有用。事实上,他当时作为太平洋投资的首席执行官和联席首席投资官,经常拒绝使用他可以用的耐特杰私人飞机公司(Netjets)的预算,而只是乘坐商业航班出差。

作"专家",但他并没有好的投资业绩,也没有做完那些能够让公司维持增长的必要工作。埃里安在世界各地到处飞的缺席,他那些模糊的措辞,掩盖了他没有能力做出决定性判断——对于格罗斯来说,所有这些都在变得越来越难以容忍。然后,在那个时候,他们还为帕瑞克的事情发生了口角。

此时格罗斯和埃里安已经在公司的发展方向、交易和投资策略、员工雇佣以及应该推动什么新产品方面产生了意见分歧。并且所有这些意见的分歧都是在客户们正在将投资赎回的背景下发生的,客户每个月赎回的金额越来越大。此前格罗斯和埃里安在公开场合总是表现得非常和睦,即使他们在私下里有意见不一的时候,但现在这种意见不一正在向公开场合外溢,外溢到了他们的员工面前。

即使这种紧张关系正在升级,即使 GMAF 的业绩令人失望,即使公司的股票基金在跛脚前行,埃里安仍在为扩张太平洋投资的产品清单而努力,并且致力于发展到能够超越公司经典的传统债券产品——格罗斯喜欢把这些传统产品称作"债券和汉堡"。现在太平洋投资已经有了由伊瓦辛管理的那些东西,那些房地产和私募基金一类的东西,它们带来了丰厚的管理费收入。这对公司是好事,但这与利率和债券领域的距离也越来越远了,那个领域是格罗斯统治的,他可以在那儿解析数字信息,或是通过阅读关于经济的碎片信息来预测未来的利率走势。这些新东西让格罗斯感到不安。他说:"这在我看来好像有很多风险。穆罕默德和我开始在投资委员会内部和外部产生分歧——我一直说,我们正在进入一个令我感到不舒服的风险领域。我对伊瓦辛正在卖的这些产品完全不了解。我很高兴它们在赚钱,但我不知道它们里面有什么,而且他甚至都不参加投资委员会会议。"

格罗斯回忆道:"穆罕默德会说,'但它们确实看上去有用,因

第十二章 战绩最佳的"良驹"

为我们在增长并且在赚更多的钱'。"

过了一阵子,格罗斯认为公司可能应该成立两个投资委员会了:一个针对常规的产品,另一个针对那些额外的、可能风险过大的产品。这应该是问题的一个解决方式,至少,是一个解决问题的想法。

他把这个想法建议给了埃里安:"你负责一个委员会,因为那是能让你感到舒适的领域,我负责传统的委员会。"埃里安拒绝了这个主意,因为这即使在表面上看也毫无意义:由两个投资委员会负责运营一个公司?将投资策略和风险分成两部分?当投资组合的某些部分意外地过度增长,或者当不相关的风险因素忽然产生关联的时候,你怎么看?这听上去跟审慎风险管理的原则背道而驰。

格罗斯说:"埃里安完全不觉得那是一个好主意。它可能确实不是个好主意,但我当时在尝试控制公司进入一个我完全不了解的领域。在某种程度上,这可能是一个典型的时代转变。不是说它们没有风险,可能是像我之前谈论的 80 年代或者 90 年代的一些冲击一样,虽然他们没有考虑到,但你知道,我能够看到!这是事情运作的方式。但我当时有点看不清楚。"

事情在 2013 年 6 月的一天达到了紧急关头,就在格罗斯让人记忆深刻地向伊瓦辛猛烈开火之后不久。十几个同事参加了公司惯常的投委会会议,但这次会议的话题转到了格罗斯的行为上:他正在不按规则行事,并且正在对公司构成威胁。

这些批评在某种程度上是无可争辩的。格罗斯的行为经常需要某些人——通常是埃里安——四处活动帮他摆平。就像格罗斯的推特写的一样,他喜欢与他的观众们交流。

格罗斯回忆说:"我会在推特上发一些东西,然后埃里安会跑过来跟我说,他总是在帮我修理东西,修理我搞砸的那些东西。"格罗斯有时会针对某些特定公司发推特。

据格罗斯回忆，埃里安"很担心那家公司（指一家格罗斯曾经在推特中评论过的科技公司）是一个潜在客户，我不知道，我只是在做一件平常的事情，只是过于抛头露面了"。对格罗斯来说，与公众交流也是他工作的一部分。过度分享想法已经成为他的标志，看看这些想法创造了什么。

埃里安的律师说，埃里安必须跟格罗斯就他的推特进行协商，因为客户们向太平洋投资公司负责与客户交流的同事们表达了一些顾虑并传到了埃里安这里，客户们对格罗斯被很多事情分心的信号感到非常焦虑。对埃里安来说，格罗斯那些无穷尽的非受迫性失误——更不用说他对总回报基金业绩的解释，以及他对国债的判断——已经变得越来越耗时了。一个中立的观察者可以想象，如果不是经常要给这个公司年迈的创始人收拾烂摊子，他（埃里安）将能够成就些什么。他可以有时间与公司的销售团队进行头脑风暴，讨论到哪儿去寻找新的潜在客户，或者向前推进他经常谈论的在"多元化和包容性"方面的努力。

在 2013 年 6 月的投委会会议后，格罗斯受够了那些对他行为的抵制，他们认为他经常引发"混乱"，格罗斯情绪失控了。他厉声厉色地对埃里安说："我有长达 41 年出色的投资记录。你有什么？"[3] 这句话只可能是影射 GMAF，即公司的"全球宏观"基金，它的排位已经落后于所有同行了；或是影射埃里安只管理公司资产的 1%。

埃里安反击说："我收拾你的烂摊子已经收拾累了！"

房间里的所有人都惊呆了。很显然，埃里安已经无法让格罗斯冷静下来了，或者他已经失去了那样做的意愿。

格罗斯通常能从糟糕的争吵中迅速恢复——交易员们说他最好的一个性格特征就是，如果一个问题得到了解决，他会在第二天像什么都没发生一样走进办公室。但埃里安不是这样。格罗斯对他的

第十二章 战绩最佳的"良驹"

挖苦和持续施压已经越积越多了,他无法把这些东西清零。他开始忘记他为什么要这么做了。

会议结束了。随后,既然他们之间的矛盾已经公开化了,埃里安告诉格罗斯说,他需要改变跟员工们交流的方式,他需要降低他的侵略性,变得不那么好斗,并且要信任员工有时是可以做出投资决定的。埃里安说这些员工都是有才华的成年人,我们雇用他们是有原因的。

格罗斯点了点头。他总是觉得那种残酷的坦诚和争斗是这份工作的特质,但他也清楚,自己很难相处,一直是这样。直到现在,他也从不认为自己的性格是个问题——在他自己的思维里,这是一项资产。但太平洋投资的灵活性、敏捷性以及迅速反应能力是值得骄傲的。格罗斯同意将不再表现出那么强的侵略性,或者起码他会尝试这样做。

但格罗斯似乎无法收敛他的行为。可能是因为他在那年 4 月又一次准确预言了债券牛市已经终结,或是因为他不得不在左脸上贴一个创可贴来出席电视节目,或是因为那年 6 月是他在 2008 年 9 月以来业绩最差的一个月。这促使他在 7 月的《投资展望》中写下:债券投资者们不应该"跳船",而是应该"喝一杯鸡尾酒,让乐队停止演奏哀乐,因为他们的资产在太平洋投资的掌舵下不会有问题"。

他也不能控制他暴躁易怒的性格。在投委会会议上,当埃里安陈述股票投资策略时——事实上,当陈述任何跟债券没有关系的东西时——格罗斯就会发呆,看上去一脸厌倦。有时候他会直接离开,走出会议室用手机查看市场的情况,这也会直接导致散会。

这让公司的投委会感到非常压抑,在 11 月,投委会决定成立一个工作组,专门与格罗斯和埃里安开会讨论他们之间不断浮现出来的问题。即使那样格罗斯也不能被控制。一天,在一群交易员面前,他抱怨了所有的审查、官僚主义的监督。他说:"我可以自己管理这两万亿美元的资产。⁴我是战绩最佳的'良驹'。你们为什么不对我下注,而对其他人下注呢?⁵"

这不是格罗斯第一次说这样的话了,这种态度就预示着他不能很好地与埃里安和解。

他们在风格和能力上的分歧一直让格罗斯感到烦恼:埃里安像国际货币基金组织一样追求共识,他总是说了很多却什么东西都没说出来,他作为太平洋投资的联席首席投资官却只管理公司很小数额的资产。这些都让他很烦躁。

他继续表达着这种烦躁的情绪。即使面对面的沟通被阻隔,他们每天还会通过电子邮件交流。格罗斯在11月17日发了一封电子邮件给埃里安,写道:"平庸正在等待穆罕默德——你的模式最终将使你变得平庸。"

埃里安回复道:"哦,现在你真的已经把我逼得无法顾及体面了。你可能觉得这种侮辱和恐吓是你与同事交流的方式,但我不这么认为,并且我不接受这种方式。"

埃里安开始表达他想要辞职的想法。格罗斯意识到,在公司的客户正在赎回投资且公司的基金业绩不佳的时候,失去一名首席执行官将会带来很坏的影响。他知道他需要留住埃里安,否则洪水的闸门就要打开了。

格罗斯给了他更多的权力,他想要的都给了。埃里安没有让步,反而是格罗斯让步了,让渡了一部分权力(当然,格罗斯不会完全退出公司,那样会使埃里安既担任首席执行官又担任首席投资官,让公司落入独裁统治)。太平洋投资的一位高管记得格罗斯曾对埃里安说:"你不能辞职,我们需要你。"

但格罗斯所提供的这一切都不是那么真诚——在很大程度上是

第十二章 战绩最佳的"良驹"

因为他总是蓄意破坏，掉转方向，并否认他曾经作出过任何承诺；突然之间，他说公司没有接班人计划，他在想退位的时候才会退位。他对于领导和控制的肌肉记忆太强了。

据格罗斯回忆，在2013年11月一个很清爽的日子，埃里安主持了当天的投委会会议，他跟格罗斯不停争论公司的风险。格罗斯看到了一个提出观点的机会。

格罗斯记得他当时说："穆罕默德，我们必须走在公司前面，至少我要提醒他们我所看到的在投委会内部的风险。"格罗斯看出来埃里安并不喜欢这个要求，但他们很负责地组织了一次公司执行委员会会议来讨论他们两个的不同想法。

格罗斯为了陈述他的想法专门准备了一页纸的讲稿。他知道埃里安会把这个建议视为对他的猛烈抨击，也是对埃里安在公司的使命和工作的猛烈抨击。因此他必须一丝不苟，让自己的说辞无懈可击。

那天，埃里安坐在格罗斯对面，然后会议开始了。

格罗斯开始了他的演讲，在演讲的十分钟内，他用轻声单一的语调列举了他认为公司构建的多元化投资组合中存在的风险——在"私募股权""房地产"控股以及他们现在所拥有的实物建筑上的风险——并且，他在演讲收尾时指出公司的投委会运行得不好，有太多投资风险，投委会必须被分拆成两个。

房间里很安静。埃里安在开始自己的演讲前先感谢了格罗斯的评论，然后开始驳斥这些评论：私募股权基金是盈利的，伊瓦辛和其他人正在按照计划运营；将投委会分拆成两个的想法简直不可理喻——这样做只能在客户中造成混乱，这是一个不好的主意。

根据格罗斯回忆，埃里安最后总结说："所以，我会在今晚辞职。"

出席会议的人们一下子瘫坐在了椅子上。

其中一个人问:"是从投资委员会中辞任吗?"

"不,我是要从这家公司辞职。"

投委会的成员们全都震惊了。在接下来的一个小时里,成员们轮番走到埃里安身边,然后问他:"穆罕默德,为什么这么做?"

格罗斯记得埃里安的回答是:"因为格罗斯并没有遵守他之前说的事情。"他指的可能是他们之前的一些约定。

格罗斯记得他当时说:"你说之前的事情指的是什么?你什么意思?"格罗斯说埃里安根本回答不上来。埃里安通过他的律师说:"埃里安说了,这指的是格罗斯先生不断地改变主意并且违背承诺。"

两小时后,人们安抚着埃里安逐渐冷静了下来,他们说:"我们明天再谈这件事,先不要冲动,不要现在辞职,因为那样的话我们就必须通知安联集团,然后他们必须将这个消息公之于众。请不要那样做。"埃里安最后同意了这个建议。

他们能够找出应对方案,只是需要抚平埃里安的情绪,需要重新安排一些事情,需要将一些职责转移给其他人,然后需要让格罗斯变得不那么差劲。这都是可以实现的。

如果格罗斯真想退一步,想要让渡一些权力,那么现实情况会让这种让渡变成对他的另一项挑战。一枚"炸弹"已经在价值280亿美元的太平洋投资无限制债券基金中爆炸了,很明显需要有人处理这件事。大家默认的答案是格罗斯。这个基金不可能妥善地被转交给其他人。

无限制债券基金本应该是销售最好的共同基金,并且当时也是公司最重要的共同基金产品之一,它有着更好的配置来对抗利率下行。客户们正在从运用总回报投资策略的基金中赎回投资(例如格罗斯管理的那只),然后将钱投资到无限制基金中。这种基金也因

"可以投到任何地方"而被熟知，因为它们不跟业绩基准挂钩，也不会受到例如是否为长期债券，信用评级是什么，或者发行债券的公司注册地在哪里的限制。无限制基金能购买价格上涨的东西，并避免购买价格下跌的东西。

格罗斯应该喜欢那种自由，那种可以把总回报的投资框架进行拓展的自由，因为在债市下行期，总回报的投资框架不再总能获得回报了。另外，能够管理一个客户们喜欢而非讨厌的基金本身就有很多乐趣。根据晨星公司的数据，这只无限制债券基金在2013年1月到10月间就吸引了102亿美元的投资，是这一类基金中吸引投资金额最大的。与此同时，客户们已经从总回报基金中赎回了超过300亿美元的投资。

但是，尽管无限制基金吸收了大量客户投资，它的业绩却很糟糕。整个一年，它都是"臭气熏天"的。它在之前几年的业绩也并不光鲜：在过去5年内，这只基金的平均回报率是5.2%，落后于83%的同类型基金；它在2013年1月到12月的回报率是2.1%，落后于75%的同类基金。这种糟糕的业绩表现并没有受到广泛关注的原因有：第一，无限制基金只是在最近才受到追捧；第二，自2008年以来，这只基金的经理是克里斯·迪亚纳斯。

迪亚纳斯当时59岁，是格罗斯的一位老朋友。格罗斯、迪亚纳斯和霍威·雷科夫以及他们的妻子们经常一起吃晚餐，他们经常在雷科夫想要去吃非常好的餐馆，以及格罗斯对于餐馆好坏完全不关心之间纠结。他们喜欢讨论关于房子的改装、他们在债券交易上的共同爱好，以及未来的市场走势。他们相处得十分开心。

他们也在一起共同度过了很大部分的职业生涯——见证了太平洋投资长达几十年的成长，并且共同致富。他们还一起创造了很多令人惊叹的交易，例如1983年吉利美的那场惊心动魄的交易。他们也做了一些没那么好的交易，像那次迪亚纳斯对所罗门兄弟银行一个即将因怀孕而离职的女销售进行了一场恶作剧，这引起了监管者的关注，并使他卷入了所罗门兄弟银行在20世纪90年代初期操纵国债拍卖的丑闻，这个丑闻也直接导致了所罗门兄弟银行的破产。格罗斯和迪亚纳斯不得不亲自前往华盛顿，向监管者解释这个恶作剧——解释他们并没有参与所罗门兄弟银行的不当行为，只是跟那位名叫贾妮思（Janice）的女士开了个玩笑。监管者们没有找到他们参与犯罪的证据，所以格罗斯和迪亚纳斯毫发无损地回到了纽波特海滩。

格罗斯很重视迪亚纳斯的交易能力和视野，也同样重视他们之间的友谊。无限制基金是整个基金行业中的热门产品，然而太平洋投资的这个产品表现糟糕。所以，在2013年12月初，格罗斯接管了无限制基金——部分是出于公司的需要，但也有一部分是出于嫉妒或者贪婪，出于想要管理最酷的产品的欲望。无论格罗斯的动机是什么，这在迪亚纳斯看来是可悲的，是羞辱性的，格罗斯有些过于卑鄙了。

太平洋投资宣布迪亚纳斯将会进行公休——这是他在20世纪90年代被那次国债操纵丑闻搞得筋疲力尽后的第二次公休。格罗斯在太平洋投资发布的《策略聚焦》（*Strategy Spotlight*）中说，无限制债券基金的"投资哲学、投资流程或方式"[6]不会改变。但他在12月接管这只基金后，对整只基金进行了全面改造。

迪亚纳斯在这只基金中建立了对长期国债和有机构担保的抵押贷款债券的持仓，但格罗斯把这些持仓全部卖掉了；迪亚纳斯对美元兑人民币汇率进行了押注，而格罗斯放弃了这些押注。太平洋投资的无限制债券基金抛出了它买入的全部信用违约掉期产品，包括30亿美元的写在单个公司债券发行方上的信用违约掉期，以及44

第十二章 战绩最佳的"良驹"

亿美元的写在美元指数上的信用违约掉期,并且卖出了写在公司和主权债券上的信用违约掉期——这是对之前投资策略的180度大转弯,从下注信贷市场会发生问题变成了下注这个市场不会发生问题。

2014年初,公司管理执行委员会成员集合在一起开了一次会。会议关注的最重要的一件事情是:格罗斯和埃里安之间的关系破裂现在已经变得非常紧急了。太平洋投资的管理层询问他们两个是否接受一个调停人的介入。格罗斯说他会跟他们选出的调停人会面。

于是公司开始物色能够担任两位领导的调停人的人员,经过多个环节的筛选,最后才选出了一个调停人,然后他们向格罗斯和埃里安发送了会议邀请。

就在这时候,格罗斯说:"不,我不想要调停人,我从来没说过需要调停人。"但当时很多人都在场,并且亲耳听到了他接受调停人。

很多公司高层都觉得这种情况现在发生得太频繁了:格罗斯会承诺一些事情,然后转头就否认自己承诺过,或是至少默许过,而且很多人都目睹了。

这让埃里安陷入困境。这让人感到疲倦,经常是大家在一个行动上达成了一致——而且这通常是格罗斯说他想要做的事,然后却发现格罗斯根本不想听这件事的进展,或者否认他曾经要求过做这件事。

他们是看着他撒谎吗?说谎的人知道自己说的是错误的,知道什么是正确的。而对于格罗斯而言,这并不清楚。

是因为健忘吗?或者是出于格罗斯自然的偏重逆向思维的习惯?可能他太习惯于认为对方是错的。他的本性就是,无论什么时候,对于任何人主张的任何事情(关于交易事宜、公司内部事宜,无论什么事情),他的第一反应就是反驳,即使这最开始是他自己的主张。这种个性特征使他成为一名伟大的投资家，但这也让他成为一位让人无法忍受的领导或同事。

或者可能他选择策略性遗忘：可能是他改了主意但并不想承认，所以他否认了之前的情况。如果他从来都没有改变主意，他就从来都不会错。

几十年来，他的记忆看上去都是有选择性的——帕特·费希尔回忆她在雇用了新员工后遭到了沉默对待，而她不得不提醒格罗斯这是他自己签发的雇佣许可，并努力使他回忆起这件事。

无论他是不是故意遗忘，这都是一个具有操控性的高压攻势：他不停变换规则，这样一来他的同事和下属们就永远无法确定自己的方向。这帮助他实现了对公司的完全控制——至少在他的权力仍然有效的时期是这样的。

2014年初，埃里安决定不干了，这次是真的。他通知了太平洋投资的管理执行委员会说他将离职。就这样了，他不会再被哄骗了。

2014年1月21日，太平洋投资的56个合伙人召开了一个计划已久的会议。很多人不知道开这个会的原因，不知道他们将面临什么情况。结果他们很惊讶地发现，这次会议是要选举埃里安的接班人。

埃里安说他会在公司待到3月中旬。1—3月这段时间对于寻找一个全新的首席执行官来说不算长，尤其是对一个掌管着2万亿美元资产的资产管理公司来说。但埃里安是认真的，而且安联集团是一家上市公司，他们必须公开披露他们要做的事情，于是这件需要在几个月内解决的事情变成了要在几天内解决。

太平洋投资授权了一个委员会去寻找合适的替代者，委员会与公司内部的几个候选人进行了接洽，同时也考虑了几个外部候选人，包括与高盛的总裁和首席运营官加里·科恩（Gary Cohn）进行了非

第十二章 战绩最佳的"良驹"

正式交流。

没人想做这份工作。没人能像比尔·汤普森那样对格罗斯唯命是听——也许他们能够说服汤普森重新回到公司？作为公司的董事长，或者担任其他什么职位？并且没有人会傻到自找麻烦，而且太平洋投资最大的麻烦——比如如何进行事实上的权力转移，以及在那之后如何把格罗斯请出公司——都还没有到来。

只有公司的首席运营官道格·霍奇（Doug Hodge）跃跃欲试。正如公司的一个前员工所描述的，霍奇好像是坐在了整个班级的前面，他那红润的脸颊闪闪发光，手在空中挥舞，等待着被点到名字。

霍奇曾帮助发展太平洋投资的国际业务，并且自2009年以来，他一直担任首席运营官。但他只是个管理人员。他在几十年前曾在所罗门兄弟银行交易过债券，但在太平洋投资，他只是做一些商务端的工作。他对投资的认识跟一个经济系本科二年级的学生差不多；但他的公众形象很光鲜，并且他毕生都在债券市场及相关领域工作。只是在压力过大的情况下，他说话就会毫无要点。

不管怎么说，这都是个有争议的问题，因为首席执行官候选人的最终名单里基本只有道格·霍奇。合伙人们进行了投票。在他们把事情搞清楚前，霍奇可以暂时帮助公司渡过难关。

他们同时决定将这个岗位的职责分成两块，一块给霍奇，另外一块给杰·雅各布斯（Jay Jacobs），后者是公司能说会道的人力资源总监，他从1998年起就在公司工作。在格罗斯看来，霍奇是"外部先生"——他可以负责维护公司的形象；而雅各布斯是"内部先生"。

格罗斯认为霍奇和雅各布斯是"自己人"，是他在公司里扶持上来的人。这应该有助于避免出现他之前与埃里安产生的矛盾。格罗斯认为，他们知道是自己帮助他们爬到了现在的位置，他们会忠于自己。

另外,当时霍奇时间比较充裕:他正从协调家庭成员犯罪的忙碌期中抽身。从2008年开始的10年间,他曾和大学招生咨询师里克·辛格(Rick Singer)合作,通过伪造运动员身份以及向教练行贿的方式把他的4个孩子送进了南加州大学(University of Southern California)和乔治城大学(Georgetown University)。他本可以正常向这些学校捐款,比如说买一幢楼,但那样做至少要花费500万美元(这对他而言并非不可承受——他刚刚在2013年得到了4 500万美元的奖金)。2018年,霍奇尝试把他的第五个孩子送进大学——他在电话录音中说:"我们不需要用暗号交流,我们都知道这事情是怎么做的。"[7]但辛格的骗局在霍奇的第五个孩子拿到录取通知书之前就被揭发了。(后来,霍奇说他是一个"易受欺骗的人"[8],他相信自己的那些钱是投到了"缺乏资金的运动项目"中,但他的确知道辛格给他孩子的运动员记录造了假。他写道:"作为一个珍视诚信的人,我失败了。")

与此同时,在公开场合,霍奇刚刚谈论过要重拾大众对金融市场的信任,他说:"不管是公司还是个人,我们都需要树立值得信赖的价值观……我们中的任何一个人都不能忍受任何故意违反规则的行为。"[9]在一些场合,他也哀叹过:"在整个金融服务领域,关于判断错误的新闻源源不断。"[10]他还警告说:"不良文化能转变成一个虚幻的假象,使不道德或者非法的行为被大家接受。"在宣扬这些观点的同时,他却在向里克·辛格汇钱,总金额加起来有85万美元,这些钱用于购买辛格所说的在大学入学申请中"夸大事实"[11]的服务。"但是,"辛格告诉他说,"这是所有孩子都在做的事情。"

当霍奇和杰·雅各布斯一起承担了领导职位后,太平洋投资开始解决埃里安留下的另一半高管职位的问题。由于埃里安之前被认为是格罗斯的继承人,公司现在需要再为格罗斯确立一个可行的

第十二章 战绩最佳的"良驹"

"接班方案"。最终结果是建立一个由积极进取的基金经理们组成的"副首席投资官"(DCIO)的组织架构,副首席投资官们会向格罗斯汇报,并在某一天取代他,这些人是:安德鲁·鲍尔斯(Andrew Balls),他是公司欧洲投资组合管理部门主管,还曾是《金融时报》记者;马克·塞德纳,他是埃里安的门徒,并曾和埃里安一起在哈佛管理公司工作;以及丹·伊瓦辛。这个"副首席投资官"的头衔让他们中的一些人感到烦恼,但这不是问题。

之后,莫名其妙地,塞德纳退出了。

他也在这儿待够了。他并没有接受这条可以晋升到高位的道路,而是接受了波士顿基金管理公司 GMO 的固定收益部门主管的职位,这家公司是太平洋投资的竞争对手,但它并不以债券投资著名。

好的,没问题。那只有鲍尔斯和伊瓦辛可以继续升职了。

1 月 21 日,公告被发出了。埃里安将要离开公司。埃里安在一封发给公司内部人员的电子邮件中写道:"从太平洋投资辞职不是一个很容易做出的决定。"他将继续担任安联集团咨询顾问的职位,[①]但除此之外,他的未来将要发生什么仍旧是一个"未决的问题"[12]。

他想花更多时间陪伴他的家人,也就是他的女儿。他此后会跟媒体讲一讲女儿列出的人生重要活动清单——他的"22 宗罪"。他说,那是他离开公司的原因。可能他也想写一本书。当然,他绝不是因为工作很痛苦或是难以维持而离职的。自 2013 年 5 月以来,自从有了那份清单,他就知道他需要离开了。辞职只是实施这个决定的方式。

这与他从哈佛管理公司离职的一幕非常相似,当时他也发电子

[①] 埃里安的律师说:"是安联集团让埃里安博士留在集团内部担任首席经济顾问的,这不是埃里安博士的主意。埃里安博士从没有提出过这种要求或建议,在他离开太平洋投资 7 年后,仍担任这个职务。"

邮件跟公司员工们说，他离开是出于家庭原因，主要是想在女儿的成长阶段给予她更好的陪伴和家的氛围。现在，多年以后，他再一次将离职的原因归于他的家庭和他当时 10 岁的女儿。

一天后，《金融时报》发表了一篇完全不同的报道。报道中引用一个不愿透露姓名的消息人士的话，说埃里安的离职是由于他和格罗斯之间"时常关系紧张"[13]。这名消息人士还说，这两人经常在投资策略上发生"争论"。另一位不愿透露姓名的行业咨询师说，埃里安的"无处不在"被怀疑是导致他们关系紧张的另一个原因。文章称，"有一部分高管在几个月前就知道埃里安会离开"，文章称赞了丹·伊瓦辛的投资能力，并且指出安德鲁·鲍尔斯确实"在很大程度上确立了自己的地位"。

太平洋投资的业务代表和客户关系维护团队开始极度忙碌地控制这种说辞。在埃里安发布声明几天后，他们给超过 3 500 个客户打了电话——不停地打，直到电话那头有个真人接听为止。只是语音留言是不够的。

格罗斯和埃里安特别注意在公司外部互相吹捧对方。埃里安评价格罗斯说："他真的有杰出的才能，也非常尽责。"[14] 格罗斯会评价埃里安是一个"伟大的领导、业务开创者和思想领袖"。

在一次与《华尔街日报》的访谈中，格罗斯再次强调埃里安的离职"跟他们之间的不和没有任何关系"[15]，但他承认自己可能确实有点难以相处。他说："有时候人们会说格罗斯太喜欢挑战别人了，我会说如果你觉得我现在挑战性很强的话，你应该看看 20 年前的我。"

格罗斯告诉彭博社，他们将在未来几周内提拔更多的副首席投资官。他说："我打算安排一些已经在顺位里的接班人。"[16]

客户们看上去并没有受到特别多的扰乱，可能是因为公司所

第十二章 战绩最佳的"良驹"

做的公关工作，或是因为，公司产品的回报率又开始上升了。总回报基金在 1 月的表现与业绩基准基本一致，或者说非常接近：它取得了 1.35% 的收益，巴克莱资本综合债券指数取得了 1.48% 的收益。这是一个很好的开始！无限制债券基金的业绩在格罗斯改变基金的投资组合后也有了好转。他提高了基金投资组合对利率的敏感度，使它较标准测度高了一倍。如果 1 月利率下降，该基金就会获益。确实，10 年期国债的收益率下降了，从 2013 年底的 3% 下降到 2014 年 1 月底的 2.64%。这帮助太平洋投资的无限制基金在那个月获得了 0.58% 的收益，年化收益率将达到 7.1%——这是非常好的表现。毕竟格罗斯还没有沦落到技不如前的地步。

但公司管理层的转换驶入了不平的轨道。那篇《金融时报》的文章并没有在外部引起混乱，但在 5 天后，那篇文章的作者又发表了一篇文章。不知通过什么方式，他获知了埃里安作息时间表的细节——埃里安的闹钟会在凌晨 2 点 45 分响起，他通常会在凌晨 4 点 15 分之前进到办公室里，然后会在晚上 7 点左右回家，9 点前睡觉。这让人难以承受的工作时长显示出埃里安的尽心尽责，这份工作的高要求，以及为什么埃里安觉得需要"踩下刹车"了。这篇文章描述得相当具体。在太平洋投资内部，这两篇文章引发了猜想：是谁把信息泄露给记者的？格罗斯又读了一遍文章，然后火冒三丈。第一篇文章的最后一行——"鲍尔斯在很大程度上确立了自己的地位"——萦绕在他的脑海里。他起了一点疑心。

与此同时，尼尔·卡什卡利的接班人维吉尼·梅松纳夫（Virginie Maisonneuve）大踏步走进了格罗斯的办公室并提出了她的诉求：如果格罗斯想要人们认为太平洋投资对待股票投资很认真的话，那么自己就应该得到一个副首席投资官的职位。她说的有道理。

在埃里安发出声明的一星期后，太平洋投资提名了另外四个副首席投资官：梅松纳夫，负责公司债券业务的马克·基泽尔（Mark Kiesel），在芝加哥大学获得物理博士学位并负责"实际收益"（也就是抗通胀）团队的米希尔·沃拉（Mihir Worah），以及高盛前员工、在 1998 年和伊瓦辛一起加入公司、现在负责"全球投资组合管理"的斯科特·马瑟（Scott Mather）。

在这场公司剧变中，格罗斯意识到他需要站出来了。一些之前埃里安的职责又重新回到了他身上——那些他讨厌的，但振作起来也能够处理的事情。公司招聘埃里安的目的就是给格罗斯一条退出公司的出路，但现在，他又成了公司唯一的首席执行官和公众形象代表。格罗斯必须再次让客户们相信他们的投资是安全的。

他通过太平洋投资的官方账号发了一条推特："太平洋投资火力全开。电量已达 110%。我已经准备好了再干 40 年！"[17]

太平洋投资的公关团队开了个会，然后发现他们只能积极行事，除此之外什么都做不了。格罗斯和新任的副首席投资官们将会代表公司对外的形象，继续告诉全世界：太平洋投资依旧稳健。到目前为止，他们正在努力这样做。

格罗斯为了把这件事情说清楚，出席了 CNBC 的电视节目。主持人在节目开场白中说非常惊讶于埃里安的决定。格罗斯说："这也让我们很惊讶。我们只知道，他并没有找新的工作，并且他曾说过，即使找新工作，也不会在金融行业……所以，我猜华尔街和伦敦金融城可以喘口气了。"[18]

他加了一句："我们对他不继续留在太平洋投资、作为我的接班人感到很失望，但事情就是这样。"格罗斯的话有些跑题了，有些碎碎念，但问题不大。

2 月 5 日，格罗斯发表了他每月一期的《投资展望》，在其中他再次尝试消除大众的疑虑。他写道:"请相信我,我们现在有一个比之前更好的团队。我/我们接受了未来所有资产管理者都会面对的挑战,并将其看作一种近乎神圣的责任。"[19] 如果读者不很警觉,在文中寻找细微的隐喻和一些小细节,那么他们就会完全会错意。

但在公司内部,没人感到疑虑被消除。格罗斯从来没有担任过也没想过担任首席执行官是有原因的:他并不是一个冷漠的官僚主义者。公司里的每个人,从管理层到交易助理,都知道这一点,他们早就知道:格罗斯是一个交易员,一个传奇交易员,但他不是经理人。很多人也知道或听说了,是格罗斯亲自挑选了霍奇和雅各布斯,因为他们是风中"顺从的芦苇",可以听命于格罗斯——这也使整个公司感到领袖缺失。

埃里安对于在公司留任到3月的承诺有些流于表面:他每天凌晨4点出现在办公室的时间表已变得不那么牢靠了。办公楼的设施管理团队拆除了埃里安的办公桌,并在他实际的离职日之前就移走了。据埃里安的律师说,是格罗斯命令他们这样做的,并且是"突然的、一夜之间的、不曾预料到的",而当时埃里安仍在管理客户的账户。之后,律师说,埃里安"被告知要在办公室上班,然后被告知格罗斯先生想要把他的办公室搬到另一幢楼里,最后被告知他只要在家上班就可以了"。

埃里安的律师说:"所有这些安排都是以公开的方式进行的,这损害了埃里安博士的职业声望。"

太平洋投资把《金融时报》那篇文章的影响降到了最低,但它无法再维持埃里安平静离职的形象。这个变动没有按照常规做法提前宣布,让人感到有些奇怪。

《华尔街日报》的老牌记者格雷格·祖克曼（Greg Zuckerman）嗅到了这股奇怪的气息。他在过去十多年里对格罗斯进行过无数次采访，并且访问过太平洋投资位于纽波特海滩的办公室。他拿起了电话，开始拨号。

第十三章
内部的对决

那篇报道是毫不留情的。

2月25日,星期二,《华尔街日报》头版刊登了一篇文章,标题就是"世界上最大的债券基金——太平洋投资的高层内斗"[1]。文章写道,埃里安已经离开了太平洋投资,主要就是因为比尔·格罗斯。埃里安是因为与格罗斯之间的摩擦无法缓和,以及格罗斯的易怒和无理要求而被迫辞职。不幸的是,这篇报道的署名记者是非常可信的资深记者。克里斯汀·格林德在休育儿假时接触了她的线人,她跟格雷格·祖克曼共同抓住了这个故事。

《华尔街日报》的记者提到了格罗斯的冷漠让人生厌,他跟员工打交道非常不自在,脾气很差,竭力避免跟人眼神交流,还要求大家在交易大厅内不许说话。记者还提到,谁说话他就斥骂谁,就算是在讨论投资的事情也不行。员工做演示幻灯片时没有规范标记页码也要挨骂,并且之后要在他们的年终奖评级中标记"沟通失误"。

这篇报道还详细地描述了几次无可置辩、编都编不出来的激烈对峙。比如,格罗斯那次说自己业绩最佳的爆发,让埃里安说出了

"我给你收拾烂摊子已经收拾累了"这种话;格罗斯2013年在公司内部下达了严格的交易禁令,使员工们无法进行交易;格罗斯投资时不喜欢听取不同意见,而这种僵化的做法可能会影响业绩。《华尔街日报》举了某个高级投资经理的例子,那个人认为格罗斯基金中的债券很贵。据说,格罗斯对此的回答是:"行,那多给我买点。"他这么说纯粹就是为了恶心别人。

还有个更诡异的故事,发生在千禧年刚过的几年里。有一次,约翰·布林约尔松坐在交易大厅里,没有站起来迎接来访的客户。格罗斯对此感到很不满意,警告布林约尔松说,他会看到这样做的"后果"的。布林约尔松知道,这是个考验。他当时可以争辩,但在格罗斯脑子里已经有了一个正确的答案。格罗斯建议他给太平洋投资基金会写一张一万美元的支票,布林约尔松照做了。不到一年,他就成了合伙人。"我知道,如果我不能胜任,他不会考验我,"布林约尔松对《华尔街日报》说,"他总是给顶级人才很好的激励。"(这件事发生后,一位同事拍了拍布林约尔松的背,安慰他说自己以前在高盛那会儿也经历过同样的事情。如果有人骂人,他就要往交易主管桌子上的一个罐子里放20美元。罐子一旦装满,里面的钱就用作交易大厅的午餐补助基金。布林约尔松说:"这让我感觉好多了,因为这个数字只有20美元,这显示出太平洋投资的规模比高盛大。")

《华尔街日报》还采访到了比尔·鲍尔斯。鲍尔斯曾长年担任太平洋投资的合伙人,他在4年前离开了公司。鲍尔斯说:"格罗斯经常又厌倦又警惕那些与他走得最近、担任要职、权力大、收入高的人。四五年的蜜月期一过,这拨人的光环就会变成一顶带刺的皇冠,(以至于)与格罗斯打交道时越来越有火药味,谈话时间越来越短而且不愉快。"

鲍尔斯的这番话让所有太平洋投资的内部人士都回忆起那些从格罗斯身边离开的人——包括鲍尔斯本人、埃里安,以及许多得宠过但突然发现自己被淘汰了的人,他们往往都伴以新的心理伤痕。

这篇文章也在债券市场以外引起了震动。内讧、格罗斯在交易大厅的严格规定、带刺的皇冠……爆料远不止这些。华尔街银行知道纽波特海滩的情况有多紧张,那些听说过里面的恐怖故事或曾在那里面试然后被吓跑了的竞争对手也知道。但除此之外,没什么其他人知道。大多数人,即使是来自金融界的人士,都只看到格罗斯在电视上的亲民形象,还有他发表的那些总是很奇怪的《投资展望》。人们可能在这些文章中读到过他特别纠结自己的肚脐,害怕自动冲水马桶里的"摄像头",但他们完全不了解他欺凌别人的事,还有他脆弱的安全感。

格罗斯说过的一些话迅速在基金经理、"金融推特"上的作家、*Dealbreaker*网站的博主、CNBC和彭博社的主持人之间传开了,比如"我有40多年的卓越投资记录,你有什么"。

路透社的菲利克斯·萨尔蒙认为,格罗斯不得不退休了。他写道:"格罗斯不可能从这篇文章的打击中恢复过来,他自己也知道这一点。"[2] 埃里安的工作一直是"管理太平洋投资的风险,而他似乎根本没有能力管理其中最大的风险"。萨尔蒙补充道:"现在是比尔·格罗斯离开他创立的公司的时候了,他可以看着公司在更专业、不那么特立独行的管理下茁壮成长。"

当然,格罗斯现在没有考虑这个问题——就算他曾经考虑过,就算他曾想过离开,现在他也不会再想。这篇《华尔街日报》的文章把他吓坏了。他后来说,那是一个"巨大的打击"[3],是一次突袭。他慢慢地、仔细地读了这篇文章。埃里安的离开和背叛伤了他的心,而这篇文章是在往他伤口上撒盐。他又震惊又受伤。

他想知道："我一直以来就是这个样子吗？"他一直认为自己是这个不寻常的太平洋投资大家庭中的一员，懂得分享和领导，而不是胁迫或欺负人。这一点最让他不安。

他无法理解人们对他要求保持沉默还有避免眼神交流的反应那么大。为什么每个人都反对这样做？他性格内向就该道歉吗？他要求保持沉默是要认真工作，他得集中精力进行交易。他不会在办公室里跑来跑去拥抱每个人，说："嗨，莎莉！嗨，乔！你们还好吗？"他不是这样的人，从来都不是。

在那片讽刺的浪潮中，也有为他辩护的人：风险投资家马克·安德森（Marc Andreessen），一个他完全不认识的人，一个在公众眼里同样是亿万富翁的人。安德森发了好几条推特说："报道中描述的那些行为在我所见过的高度成功、运转良好的组织中都很典型。运转良好的商业组织不是迪士尼乐园，总会有压力、冲突、争论、反对、情绪、各种戏剧化场面。"[4]在他看来，这个报道所描述的也很像"苹果、甲骨文、英特尔、思科、谷歌、亚马逊和微软"。

格罗斯给自己写了一段很短的辩护词，然后发到了推特上："客户是第一位的，提供好的业绩和服务是我们的使命。一直都是。将来也是。"

但那天下午，他似乎不得不尝试着做点什么来止损。格罗斯凭着他40年来一直依仗的公众魅力，在他最喜欢的主播布莱恩·沙利文上节目时，连线拨入了CNBC的《路标》（*Street Signs*）节目。

沙利文很高兴地说："比尔，非常感谢你连线我们，我猜你打电话来是想对格雷格·祖克曼报道中提到的内容做出回应，或者是冲我们发泄一番。"[5]

格罗斯对沙利文说："从我的立场来看，所有那些关于我专制独裁的言论，以及穆罕默德和我之间的冲突，都被夸大了。"他听起来

第十三章 内部的对决

似乎很不安,很不开心。

沙利文问他这篇文章是否有任何错误。

"我不想和格雷格·祖克曼和他的文章争辩。"格罗斯说,他忘记了另一个作者的名字。

沙利文问他是不是真的不让别人说话、不允许眼神交流,尤其是在早晨。

格罗斯承认了。他不是一个习惯早起的人,他需要喝5杯咖啡才能醒来。但早上8点有公司的康加舞活动,他说:"这个活动是为了让员工知道,喊叫是可以的,可以全部释放出来。"员工们甚至可以选择自己喜欢的摇滚歌曲!太平洋投资很有趣,是一个大家庭。格罗斯说:"埃里安离开是因为他告诉我们,他无法执行自己的计划了。"

沙利文问格罗斯,他和埃里安是不是朋友。

格罗斯说:"他一直是我的好朋友。"他们的妻子还一起参加了慈善活动。

格罗斯在连线中的声音突然听不太清了。沙利文问发生了什么事。"我在跟我妻子打电话,"格罗斯说,"她身体出了点状况。"

确实,苏生病了。格罗斯从未公开谈及此事,但他的妻子刚在医院做完手术还在恢复中。格罗斯坐车到医院,一直守在她身边。另外,他们的儿子尼克遇到了生意上的麻烦,格罗斯在2013年资助的他的一个音乐合作项目出现了问题。格罗斯不太习惯这种程度的压力。

几天后,他直接向《华尔街日报》那篇文章的作者祖克曼和格林德解释了太平洋投资的文化。他说,交易大厅并不是一个温和、美丽的地方,但"这就像与家人打交道"[6],他说:"你并不总是用甜言蜜语和包容来提升家庭的效能。有的时候爱是柔软的,有的时候爱是坚硬的。"

他说，有时他会开一些玩笑，但人们不理解这些玩笑并误解为侮辱；或者不是不理解，而是出于酸葡萄心理，因为他是最终的决策者，而这总是会埋下怨恨的种子。这就是人的本性。

格罗斯告诉他们："通过别人的眼睛看清自己很难。"格罗斯说，随着最近的变化，他正在分享权力，降低他在投资委员会中的影响，逐步淡出。"这是一个巨大的变化。"

格罗斯希望这样能改变大家的看法，不再觉得埃里安走了就没有人能挑战他。他欢迎大家向他挑战——甚至鼓励他们这样做！

令人欣慰的是，安联集团没觉得有任何问题。太平洋投资德国母公司的首席执行官迈克尔·迪克曼（Michael Diekmann）告诉《华尔街日报》：这家保险公司对新的管理结构"非常满意"。迪克曼说，这就最终回答了"太平洋投资是比尔·格罗斯的独角戏还是不止于此"这个长期以来的问题。安联集团将继续作为缺席的母公司，在慕尼黑进行监督。

道格·霍奇告诉《华尔街日报》，似乎很少有客户关心这篇不留情面的批判文章，只有几个人在文章发表以后联系了太平洋投资。他说："目前，大家异常平静，公司雇我们来不是让我们在这儿相谈甚欢的，我们是来创造业绩的。"

但似乎金融界所有人都在谈论那篇文章，一连几天都是如此；他们对格罗斯的公众形象和文章中呈现的他在交易场所的行为之间的反差感到震惊。他看起来是那么平易近人，就像债券市场的沃伦·巴菲特。

与霍奇宣称的风平浪静相反，媒体上开始有传言说，客户其实已经开始担心了，那些掌管着数十亿美元的养老金管理顾问已经开始把太平洋投资列入观察名单。如果说以前选择太平洋投资就肯定不会让分配养老金的人被解雇,那么现在太平洋投资突然算作高风险选择了。

文章中还有一个具有煽动性的内容:文章说近年来格罗斯每年的收入都超过了2亿美元。这个数值比实际低了很多——2013年的数字更接近3亿美元,但公布一个较低的估值总是比公布太精确的估值更安全。不过,这个数字还是引起了轰动。

此前,关于太平洋投资薪酬过高的消息一直很少。《纽约时报》2012年的报道称埃里安在2011年的收入约为1亿美元,格罗斯大概有2亿美元。这些数字立即被媒体抓住了,特别是考虑到2011年的业绩十分"糟糕"。太平洋投资的发言人当时不愿证实这些数字,现在又出现了这样的报道,其他记者报道的格罗斯的收入也是这么高。现在看来已经不可否认了。

在金融业任何领域,即使是形势好的时候,2亿美元都会被认为是天文数字——这大约是高盛公司首席执行官一年收入的10倍,大约是格罗斯在贝莱德的竞争对手拉里·芬克收入的10倍。但格罗斯的辩护者们指出,格罗斯是在2012年拿的这笔钱,这一年的业绩还不错。2011年和2013年是总回报基金历史上业绩最糟糕的两年——在格罗斯40年的职业生涯中,这是他唯一失手的两年,因为他管理的资金是所有共同基金中最多的。这个消息只是爆出来的时机不好而已。这是他的公司,而他的公司做得很好。

这件事爆出来后不久,一位董事会成员在开会时提到了它。比尔·波普乔伊(Bill Popejoy)是太平洋投资基金的投资者雇用的五个独立监督人之一,他领导着公司董事会的治理委员会。虽然太平洋投资的两位高管——霍奇和布伦特·哈里斯(Brent Harris)是董事会成员,但波普乔伊说,董事会和其他人一样,是在报纸上看到的格罗斯和埃里安之间发生的事。75岁的波普乔伊已经当了23年的监督人,他告诉董事会,2亿美元的数字"太离谱了"⁷,他们应该介入了。他补充说:"如果公司支付给格罗斯的费用多得如此离谱,那么我们这些受托人授权拨给太平洋投资公司的管理费一定是过高了。"

3月,波普乔伊公开了这些想法。"我不知道那匹战绩优异的'良驹'是不是一年赚了2亿美元,"他接受《洛杉矶时报》采访时称,"用这些钱一年可以请2 000名教师了。"⁸"此外,格罗斯的业绩一直很'平庸',而且如果我了解到的内容是真的,他的管理风格听起来是'霸凌'且'令人担忧的',"他补充说,"他不能以这种方式对待人们,还指望事情能好起来。"

波普乔伊说,安联集团应该调查格罗斯的行为,并试图在工资和行为方面对他进行约束。他说:"我并不建议替换格罗斯,但他的工资需要接受审查,也许2 000万美元更合适。"⁹

5月,波普乔伊离开了董事会,因为太平洋投资突然制定了基金受托人的年龄限制,波普乔伊和另外一个人的年龄超过了这条线。波普乔伊后来说,这是对他跟外界分享他对格罗斯的看法,以及他顶撞太平洋投资的合伙人和董事会主席布伦特的报复。顶撞布伦特是因为波普乔伊觉得公司管理层缺少多元化,全是白人男性。布伦特想找他在财政部认识的一个朋友填补空出来的位子,而波普乔伊主张引进一名女性或者有色族裔。最后他在某种程度上实现了自己的目的:公司招了两名白人男性填补两个空位,其中一个就是布伦特的朋友,但他们同时也招了一名女性。

* * *

2月中旬,包括波动性交易员约什·蒂蒙斯(Josh Thimons)在内的一群埃里安的忠实支持者为埃里安即将离任组织了送别酒会。他们发出了邀请函,将日期定在3月10日,并筹划了起来。但很快

第十三章 内部的对决

就能明显感觉到这个简单的聚会变得太有政治色彩了。散发出去的邀请函只收到很少的几份回复：大家因为害怕报复而不想来。公司内部对即将离任的首席执行官的评价变差，现在支持他已经没有任何好处了；从政治上讲，停止忠于埃里安是更有利的。如果他们去参加他的送别会，就相当于在背上留下一个靶心。

那周五，格罗斯再次心急如焚地在高速公路上开了几个小时，往返于家和苏术后疗养的洛杉矶医院之间。他开着开着就变得越来越愤怒。读那篇文章的人都认为埃里安是一个多么好的人，但实际上，他并不是。他们不知道他多擅长操纵别人，他操纵了他们！他们需要知道真相，知道到底发生了什么。格罗斯需要把事情弄清楚。是时候把埃里安的坏主意公布于众了。

格罗斯把车停在一边，拿出手机。他想不出该给谁打电话，他不认识多少记者；他只记得祖克曼和格林德，但他还是清醒地知道，最好不要给他们打电话。讨好媒体那是埃里安的事！格罗斯的媒体关系主要是功利性的，而且是短暂的，是那种债券专家与当日的债券记者之间的关系。哦，路透社的珍妮弗·阿布兰（Jennifer Ablan）怎么样？她总是很友好地倾听，虽然她似乎也和埃里安相处得很好。她可能会提供一些埃里安在做什么的线索。

这是他唯一能想到的，格罗斯想着，拨通了电话。

阿布兰接了电话，格罗斯瞬间打开了话匣子。他解释说："穆罕默德正试图煽动媒体对抗我，我有证据。"他认为，基本上可以说是埃里安自己"写"了那篇文章。埃里安是想详细揭露他们之间失败的关系，把他的片面之词说出来，这明显是为了伤害自己。他说："我非常厌恶穆罕默德试图迫害我。"[10]

阿布兰打断了他的话，要求查看证据。在认识格罗斯这么多年后，她并不相信他所说的是埃里安策划了这篇文章。

"你是站在他那边的!"格罗斯说,"好极了,你也被他收买了,被他玩弄于股掌之间!"

这就证实了阿布兰也在和埃里安联系,埃里安可能一直在和所有的媒体联系。现在没有人会听格罗斯的意见了,他们都喜欢埃里安。格罗斯无法与之抗衡,他已经完蛋了。他的大脑一片空白。

格罗斯说:"我知道埃里安一直在跟你和《华尔街日报》联系。"他说他知道这些,是因为他一直在监视埃里安与谁通电话。

阿布兰原原本本地记下了格罗斯的话,然后发表了出来。

大家简直不敢相信她报道出来的故事。难道格罗斯以为他是在匿名爆料吗?不,他显然是在实名受访。他疯了吗?

太平洋投资的第一反应就是否认。"格罗斯先生没有发表过路透社所报道的言论,"一位发言人说,"他断然否认本公司曾经监听过埃里安先生的电话,并否认埃里安先生'策划'了之前的任何媒体文章……作为一家受监管的公司,太平洋投资被要求保留员工的通信记录,但只是为了确保其遵守公司的政策。"

格罗斯在挂断电话后立即意识到,给路透社打电话是个错误。他向太平洋投资的人解释说,他一直压力很大,因为妻子做了手术,他跑了很多次医院;他状态不太对。他对路透社的报道很不高兴,但有什么办法呢?

根据太平洋投资的官方说法,格罗斯向公司管理执行委员会承诺不在媒体上进一步评论埃里安。

霍奇和雅各布斯非常生气。在路透社的文章中,格罗斯看起来精神有些错乱,死抓着埃里安不放,对两人分道扬镳感到痛苦。他看起来像是一个离婚后被非理性愤怒吞噬的人,而不像是一个正在物色新高管的理性的经理人。

文章发表后,埃里安要求蒂蒙斯推迟他的送别宴会。埃里安解

第十三章 内部的对决

释说，当时情况很紧张，他不想让事情变得更加尴尬，尤其是对那些不得不继续留在太平洋投资的人来说。

晨星公司将太平洋投资整个公司的"管理等级"从"B"降到了"C"，并在解释中提到了公司管理层之间"争吵不休的互动"[11]，埃里安和塞德纳离职后的不确定性，以及格罗斯"时不时的暴躁行为"。晨星分析师在 3 月 10 日访问了太平洋投资，询问这些事件是否会损害公司业绩，因为如果是的话，他们需要警告投资者。

格罗斯确信，他的对手掌握了舆论主导权，而且太平洋投资内部的不和可能会影响真正重要的事情，影响公司跟客户的关系。他需要控制舆论，控制公司。他需要向员工们保证，他是他们的领袖，现在和将来都是；他们不需要害怕。他需要拉拢队伍，确保每个人都团结一致支持他。

在召开展望太平洋投资短期前景的季度周期论坛之前，格罗斯召开了一次全公司的会议，他花了 20 分钟谈论埃里安的离开。他想把他那一面的故事说出来，跟整个公司的交易员和分析师们分享，毕竟他们可能只听过一些片面之词，因为他们被排除在公司管理执行委员会和大多数投资委员会会议之外。

他对在场的人说，不要把他说的内容往外说。他不希望这些事泄露出去。

他谈到，他并不真正了解埃里安。"事实证明，埃里安并不是我们想象的那样。埃里安曾说过，他不是领导我们前进的合适人选，而在这一点上他说的是对的。他抛弃了我们，他是一匹披着羊皮的狼。"

对于那些在会场里的人来说，从格罗斯的话中可以很清楚地听出他已经深深受到了伤害，就好像他失去了儿子或者妻子一样；同样也可以听出他非常愤怒。他当时表现得非常感性，在那种场合中表现得很不恰当。

他继续往下说，说他——比尔·格罗斯，将像过去一样紧紧掌舵公司的发展。他说："我们将会比任何时候都更加强大。毕竟，我们是太平洋投资！"他的话飘荡在空气中，显得既令人紧张又酸味十足。这些话并没有落地：对于很多在场的人来说，他的演讲是不合时宜的，尤其是那一句"披着羊皮的狼"，说得太过分了。

尽管如此，当格罗斯演讲完后，整个房间西装革履的人全部起立为他喝彩。霍奇也站起来了，伊瓦辛也站起来了，他们站在房间最前面，站在格罗斯身边尴尬地鼓掌。他们知道真正发生了什么，他们在格罗斯与埃里安的那些争斗中都在场，但他们必须让公司的大部队形成一个统一战线。

约什·蒂蒙斯并没有起立，因为正如房间里的大家都知道的那样，格罗斯说的都是胡扯。蒂蒙斯并没有掩饰他对格罗斯的领导力的担忧。他的同事们都记得他如何评论格罗斯正在破坏公司，以及他如何大声质疑格罗斯已经年迈迟钝。蒂蒙斯热爱这家公司，而格罗斯的疯狂，或者是他做的其他事情，正在毁灭公司。蒂蒙斯因策划了为埃里安举办的那个"夭折"的欢送会，已经成为全民公敌了。所以，蒂蒙斯一直坐着没有起立。而这种行为在一个通过座位图和起立致敬来衡量权力的地方，意味着公开反叛。

在这次论坛中还显现出了公司的另一个分歧，是关于未来投资前景的：格罗斯在关于美国经济未来将会如何演变的观点上与他的副首席投资官们存在分歧。格罗斯认为所有事情都会变糟，会永远糟糕下去；但副首席投资官们并不这样认为。其中四位——维吉尼·梅松纳夫、马克·基泽尔、丹·伊瓦辛以及安德鲁·鲍尔斯，想要向格罗斯证明他过于悲观了，他已经陷入了这个阴暗的、认为后危机时代将成为"新常态"的视角中，却没有看到真正发生在这

第十三章 内部的对决

个国家中的前景光明的现实情况。

企业债券领域的"沙皇"马克·基泽尔重重地敲击着桌子,不停抖动他头上那一簇橘红色的头发,强调着他认为美国能源市场将会大踏步增长,并将推动就业和经济增长。私营部门正在恢复,就业正在好转,航空业也在好转!他说:"你现在要花更多的钱才能买到飞机中间的座位。"梅松纳夫说股市的增速会比格罗斯预料的5%更快。伊瓦辛说房价将会在未来两年中上涨3到5个百分点。最后,他们成功地推高了太平洋投资对于美国经济产出的预测。表面上看,这只是一场小小的胜利;但在公司内部,这让人感到意义重大。

如往常一样,格罗斯在媒体发布中对这些观点进行了加工处理。他后来在接受彭博新闻的采访时说:"公司之前的投资委员会是由债券市场的专家组成的,他们更倾向于半满不满地看待这个世界。在现在这个新的人员结构下,公司的投资委员会在乐观和悲观之间有了更好的平衡。"[12]

* * *

格罗斯在观察,他默默看着公司里发生的奇怪之事越来越多,以及有利于埃里安的媒体文章不断出现。公司内部发生的事情不断被《华尔街日报》、彭博新闻,以及其他媒体所报道,并且在这些报道中一字不差地引用了公司内部的对话,有时候这些对话刚刚发生就被报道出来了。媒体是怎么得到这些信息的?是谁泄露了这些信息?

肯定是公司内部的某个人在蓄意搞破坏,是某个被太平洋投资雇用并且拿着高昂薪水的人将对公司有害的信息泄露给了媒体,公开破坏公司的形象。太平洋投资公司里有"鼹鼠"①,可能有好几个

---

① "鼹鼠"一词在这里指"奸细"。——译者注

"鼹鼠",这个公司的高墙内部已经不再安全,有人正在积极尝试破坏公司。谁会那样做呢?这种想法令格罗斯感到恶心,感到恐惧。

这种猜疑在他脑中不断蔓延,并开始占据他的思维。这个"鼹鼠"可能是任何人,包括他最信任的下属、与他相处时间最长的伙伴。他找不到能够挖出这个(些)背叛者的方法。而一直以来,他们都在骗取公司优厚的奖金。这种想法正在侵蚀他,他必须弄清真相。他没有错。公司里的确有人向媒体透露信息,这样的人有很多,他本人也是其中之一。

太平洋投资内部的一个员工当时说:"有一群人在猎捕比尔,因为比尔掌管着 7 000 亿美元的资产。在很多人看来,当他退休后,这些资产将会被分给别人掌管,而他们就可以从中分到一杯羹。"并且这次的赌注特别大:证监会已经在太平洋投资调查了好几个月了,询问这家公司如何为债券定价,如何调整债券的市场价格,以及了解公司的第三方定价系统。太平洋投资曾因从未收到证监会发出的"韦尔斯通知"而感到自豪,这个通知是证监会在马上采取行动前发出的警告。但这次,公司里的每个人都很紧张,害怕他们过去的运气已经用完了。

为了找出这个(些)信息泄露者,太平洋投资的总法律顾问大卫·弗拉塔姆(David Flattum)仔细搜索了公司的电子邮件和电话记录。格罗斯将其中的一些电子邮件打印了出来,将它们放到一个三环活页夹中,并在上面添加了他手写的笔记,与他在法律文件或者打印出的文件上所做的关于谁可能是"鼹鼠"的潦草笔记夹在了一起。无论走到办公室的哪个角落,他都会带着这个活页夹,就好像带着一个安全毯一样。

格罗斯和弗拉塔姆整理出了一份潜在背叛者的名单,然后把这些人叫到会议室中当面对质。他们拉来了一个副首席投资官米希

第十三章 内部的对决

尔·沃拉帮助他们做这件事。人们看似随机地被突然拉到一边。格罗斯负责"审讯"他的员工，这些员工上到投资委员会成员和董事总经理，下到低级别基金经理、分析师和交易员都有。格罗斯在进行审讯时，他的活页夹一直摊在面前。

他们在调查中发现了一个在彭博终端上的线上聊天室，在这个聊天室中，公司的一些低级别员工会用代号名字谈论公司里的每个人，这也使弗拉塔姆他们花了很多时间和精力来破解这些代号名字。他们称格罗斯为"爸爸"（Papa），称埃里安为"法老"（Pharaoh），称约什·蒂蒙斯为"JT"或者"贾斯汀·汀布莱克"（Justin Timberlake）①，称苏迪·马里亚帕（Sudi Mariappa）为"西装和领带"（Suit & Tie），称马克·塞德纳为"MSFT"（微软公司的股票代码，也常常被充满感情地称作"柔软先生"）。

在一场审讯中，这个线上聊天室的一个参与者回忆说，塞德纳曾经说过公司里的"鼹鼠"可能是一个能够从消息泄露中获利最多的人……可能是蒂蒙斯？对于格罗斯来说，这仅仅是个间接证据，但毫无疑问这确实是个证据。

并且，格罗斯也确信霍奇和雅各布斯并没有拥护他。有一天，他在交易大厅边上的一个会议室中质问了他们。格罗斯不停地以他那低沉的声音嘶吼着指责他们，霍奇坐在那儿双手抱着头，等待着这场指责的结束。格罗斯很确定他们已经理解他的意思了。在那之后不久，一个记者就打电话到公司询问了当时所发生的事情。对于格罗斯来说，这就是证据：霍奇和雅各布斯不就是信息泄露者吗？如果不是他们的话，而当时也没有其他人在场，那肯定是太平洋投资的电子邮件系统被黑客攻击了。因此，格罗斯要求对全公司的电

---

① 美国著名流行音乐男歌星。——译者注

子邮件进行审查。（格罗斯说他没有这样做。）

在为公司的电子邮件系统被黑客攻击恐慌了几天后，格罗斯在一次公司管理执行委员会会议中谴责了这一事件。参加会议的其他人很温和地提醒他说，那次会面是在靠近交易大厅的一个玻璃房中进行的，有超过60个人能看到里面发生了什么。

但格罗斯不接受这种解释，这种解释在他看来是不对的，因为他们是私下会面的，是私密的。

执行委员会成员们对格罗斯进行了一番劝导："不，我们都看到了你在那个玻璃房中，我们以为你是故意那样做的，故意作秀让大家看到。"听到这番话后格罗斯停顿了下来，合上了他的大活页夹。哦是的，他告诉执行委员会，事实上，他是故意那样做的，因为他想在众目睽睽之下对霍奇和雅各布斯大吼大叫，来吓唬其他人。他想用霍奇和雅各布斯作为案例来向公司其他人传递一条信息：不要泄露信息。（格罗斯争辩说这件事没有发生过。）

格罗斯的怀疑并没有因此停止，他仍会从侧面观察每个人。但他的注意力逐渐聚焦到了两个人身上：安德鲁·鲍尔斯——那个《金融时报》的前记者，以及约什·蒂蒙斯。

蒂蒙斯已经知道格罗斯盯上他了，他并不会坐以待毙，或是安静地离开。蒂蒙斯在公司内部提出了针对格罗斯发布过性别歧视、年龄歧视和种族歧视言论的投诉——他在投诉中称格罗斯曾经称一个女性董事总经理为"金发美人"，然后称另一个员工为"埃及老头"。同时，蒂蒙斯在投诉中也称，格罗斯曾超前交易他的投资组合经理团队发现的好交易。

太平洋投资对此尽责地展开了内部调查，调查最终认定格罗斯无罪。但蒂蒙斯的投诉为他自己建立起了一层保护膜：如果太平洋投资现在针对蒂蒙斯采取行动的话，他就会成为一个公司报复内部

第十三章 内部的对决

举报人的案例。因此,他不能被解雇。

格罗斯的另一个目标则更好对付一点,因为他对鲍尔斯的怀疑背后有很扎实的逻辑:埃里安在 2006 年帮助公司招募了鲍尔斯。彭博社曾经为那个牛津大学的毕业生(埃里安)撰写过一篇吹捧他的文章,说他掌管的最大的两只基金的业绩击败了 90% 的竞争对手。在那篇文章中,鲍尔斯称赞了埃里安,并吹嘘了他自己团队的投资业绩。在其他时候,这可能不会引起格罗斯的注意,但现在,格罗斯格外警觉。

而且,在埃里安离开公司后,《金融时报》就发表了那篇文章,那篇文章即使在埃里安自己看来也是过于吹捧了。鲍尔斯则曾经在《金融时报》工作过。故事的逻辑很清楚了:鲍尔斯仍在跟报社的朋友们保持联络。

大卫·弗拉塔姆检查了鲍尔斯的通话记录,然后发现他确实跟《金融时报》的某个人通过电话。这是违反公司政策的行为,他被抓到了。

鲍尔斯不得不招供。霍奇和雅各布斯强迫他做了一个书面声明,承认他曾经跟记者联系过,并要求他在声明上签上日期和他的名字。鲍尔斯服从地写了一个声明,说他在 1 月 22 日那天跟公司当时的首席执行官埃里安确认过这件事。根据太平洋投资的媒体政策,如果首席执行官同意,那么员工接受采访是没问题的。所以,鲍尔斯的行为是在公司政策允许范围之内的。根据鲍尔斯的供述,埃里安曾说他对《金融时报》正在撰写的一篇重要报道有所顾虑,因为这篇报道的作者将要写埃里安离开太平洋投资是"因为安联集团的客户对太平洋投资的业绩感到不满"。

鲍尔斯写道:"我声明我曾经收到过来自几个记者的电子邮件,但我没有回复这些邮件,然后我打电话给了我在《金融时报》工作的一个朋友，并询问了他所写文章的背景情况，了解了他的措辞并指出其中不对的地方。跟我交谈的这个记者说这篇文章马上就要发表了，然后将我推荐给了《金融时报》的另一个记者，我又给那个记者打了电话。在电话里我跟那个记者描述了埃里安先生辞职的背景情况，之后我跟埃里安先生进行了交谈，把电话的细节内容告诉了他。埃里安先生当时是太平洋投资的首席执行官。"

除了《金融时报》的记者，鲍尔斯提到他还在2月中旬和一个《华尔街日报》的记者交谈过。但同样地，他是在埃里安的要求下进行的那次交谈，而埃里安当时仍是公司的首席执行官。

鲍尔斯为他的行为道了歉并提交了辞呈。太平洋投资的管理层觉得鲍尔斯并没有实际的违规行为，但埃里安离职确实给公司造成了不好的影响。埃里安的离职给公司带来了太多的混乱和太多损害公司形象的媒体文章，而鲍尔斯是公司新委任的副首席投资官，他掌管的基金业绩不错。公司必须保持稳定，并且……如果他们现在就解雇鲍尔斯，在这种情况下，他会不会对公司发起诉讼？或者至少他会告诉媒体这幢大楼里真正发生的事情。他们现在不能这么做。因此，公司管理层同意将鲍尔斯的离职日期推迟到年底，到时候鲍尔斯必须走人。

他们跟鲍尔斯沟通了这件事情，让他了解这个情况。鲍尔斯同意保持现状，并希望能够得到一个公正的年终奖评级。

但格罗斯最早发现的那个"鼹鼠"——埃里安要怎样处理呢？他仍在收到公司发给他的钱，但他不应该再从他正在极力诋毁的公司那儿得到回报了。埃里安最近也开始发推特了，侵入了格罗斯最喜欢的社交媒体平台，格罗斯能想象到埃里安准备在这个平台上如

第十三章 内部的对决

何抹黑他。①

格罗斯要求公司的管理执行委员会解雇埃里安,或是至少拒绝向埃里安全额支付5 000万美元的2014年第一季度的奖金。一些同事回忆说,格罗斯想在媒体上以匿名的方式抹黑埃里安,或者引诱他对太平洋投资发起诉讼,因为格罗斯相信这样就可以降低埃里安找到新工作的概率。同时他们记得,格罗斯要求他们在媒体记者面前多说自己的好话。格罗斯不是一个会把争议搁置的人,他想要反击。

公司的管理执行委员会拒绝了格罗斯的要求。他们觉得格罗斯的要求令人不安:到目前为止他所做的事情已经超越了职业操作的边界。如果公司的客户们听到了这些事情,他们会怎么说?格罗斯并没有把这些事情处理好。在这一点上,公司迫切需要准备一个真的接班人计划了,可能在短期内就要实施,比如一年内,或者更早,以防事情无法安定下来。

霍奇警告格罗斯说,在某一时点,格罗斯要为他自己的行为负责。

格罗斯记得霍奇把他拉到一边跟他说:"你知道的,我可以炒了你。"

---

① 埃里安的律师说:"埃里安博士从来没有通过社交媒体或是其他媒体对格罗斯先生表达任何可以被认为是指责的言论。"

第十四章
窃取公司利益

比尔·格罗斯想到了一个办法：安排媒体参观。

他并不知道自己是否已经形象全无，或许他只是装作不知道。又或许，他明白一个人的形象并非永恒不变的：40 年来，他一直靠着"坚持"二字使自己立于不败之地。就像打牌的人常说的那样，只要不被"毁灭"，一直待在游戏里，就可能成为最终的赢家。所以，他打算坚持下去，要坚持给那些人看。

因此，2014 年 3 月底，太平洋投资安排了《彭博商业周刊》的茜拉·科尔哈特卡（Sheelah Kolhatkar）参观他们位于纽波特海滩的办公室。科尔哈特卡准备写一篇关于这家公司新管理架构的封面报道，具体来说，是关于离开了埃里安的格罗斯的报道。在这篇报道中，太平洋投资将向全世界展示一个全新的、正面的形象。

科尔哈特卡坐在太平洋投资洒满阳光的办公室中，格罗斯坐在他的转椅上，向她讲述着自己每天凌晨 4 点半起床后的日程，一步一步，娓娓道来：首先要煮咖啡，然后喂猫，扫一眼他书房里的彭博终端，最后用不把苏吵醒的方式跟她吻别。他一般早上会吃两个炒鸡蛋，再拿一盒加了蓝莓的香脆麦米片到他的黑色奔驰车上，一边吃着脆米片一边沿着太平洋海岸公路前行，他用膝盖控制着方向盘，绕行拉古纳的悬崖，再驶过科罗纳德尔马（Corona del Mar）和纽波特的沿街商业区。他每天都要到星巴克买"黑眼睛"，就是双倍浓缩的咖啡，由店员随机决定咖啡的口味。[1] 早上5点半左右，格罗斯会在他那太平洋投资交易大厅中的办公桌前坐定。在他办公桌后的窗台上总是会放着一个巨大的红色活页夹，里面塞满了由他负责的每一个投资组合的资料文件。之后，在早上9点他会到办公室附近的万豪酒店的健身房中骑一小时的动感单车——前些年他会在这个时间段在那儿练瑜伽。

科尔哈特卡一边听格罗斯讲述他的故事，一边做着笔记。然后她也在交易大厅里面走了一圈，走过了格罗斯U型办公桌上的7台显示器，走过了一旁宽阔敞亮的空间，那里曾经放着埃里安的办公桌。

当格罗斯谈到他和埃里安之间的关系时，公司的其他高管和前高管们也加入了讨论。比尔·汤普森在谈到格罗斯时说："确实，他要求很严格，但这正是他成为伟大交易员的原因。埃里安的任务是把公司的业务拓展到债券市场之外。"格罗斯承认，他和埃里安两人曾有一些摩擦："可以这么说，我们之间的关系并没有像奶昔那样丝滑，在公司业务怎么发展这个问题上，这杯奶昔中经常会混有一些大块的冰激凌。穆罕默德之前在国际货币基金组织工作，所以他喜欢召开各种大型会议，会议桌上的人越多越好；而我却总是认为开会的人越少越好，因为有太多人参与会妨碍达成共识。"

科尔哈特卡也旁听了一次投资委员会的会议，与会者们针对"是否有可能知道利率多久之后会上行"的话题进行了一番激烈的辩论。格罗斯坚信这种辩论在几个月前是不可能发生的。格罗斯在会后告诉科尔哈特卡："每个人都愿意加入辩论——我的感觉就是，这样真的非常好。"之后，格罗斯一边吃着火鸡三明治，一边说："这种新管理结构的挑战在于，在没有人充当'老板'的情况下，能够确保投资风险和收益得到充分的调整。但最终是我对整个决策的结果负责。"

格罗斯告诉科尔哈特卡，现在潜藏着的一个最大的问题是：这是否能转化为令客户满意的投资业绩？他说："我确信他们（客户们）也希望我们活得快乐，但他们最关心的终究是他们自己的快乐。我认为这一直是我们服务客户的关键所在——'你们的快乐永远排位第一，其次才是我们自己的快乐。事实证明，对我个人来说也是这样的，我妻子快乐，我才有快乐的家庭'。"

当然，太平洋投资内部的快乐不会自动转化为好的投资业绩，事实甚至与此相反。格罗斯说："让每个人都笑着走出会议室并不一定是有成效的。牡蛎里有一些沙子才能产生珍珠，或许应该有些冲突才行。就像一艘船上的船长，他会希望有一个能击沉其他海军舰艇的团队，而不是一个快乐的但最后都上了救生艇的团队。这就是危险所在——人生不是处处都有爱、亲吻以及芝士蛋糕。"

科尔哈特卡回到纽约后开始写她的文章，并联系了太平洋投资进行事实核对，但他们一直拖着没有回复。在此期间，格罗斯的魅力攻势仍在继续。4月10日，他在彭博电视台露面。他一直坚持这样做，即便似乎完全没有人支持他，或者说正是因为他感觉完全没有人支持他才选择这么做。主持人崔西·里根（Trish Regan）抛出的第一个问题，就是关于埃里安离职后出现的谣言。格罗斯支支吾吾，尴尬地笑了笑。里根接着问道："你认为媒体是如何看待你的？"

格罗斯说："过去这两个月的新闻标题都显得有些荒唐，比如

'突发新闻！''格罗斯隔一段时间就会生气！'。"[2] 他的头发随着他每一次的激动发言而晃动。

"穆罕默德离开，是因为你时常会生气发怒吗？"里根试着从《华尔街日报》那篇报道的角度发出提问。格罗斯回答："答案是否定的。从我的角度和公司的角度来看，如果穆罕默德能够站出来说话，澄清事实，表明他对帮助建立公司感到非常自豪，那将是很有帮助的……但他没有。他没有站出来说话，我们不能理解，而且坦率来说，我们极度失望。"

里根察觉到这里面有些问题，继续问道："你觉得他为什么不站出来说话？这是否涉及你们公司内部正在处理的一些问题？"

格罗斯回答说："不，我不这么认为，我们不明白他为什么不站出来说点什么。"里根点了点头。"穆罕默德只是说他不是带领公司前进的那个人，他不停地重复这一说辞，并没有给出更多解释，"格罗斯举起双手，比画出一个无形的盒子，仿佛里面放着埃里安闭口不谈的理由，"他并没有说他已经对工作失去了兴趣，显然他对市场仍然感兴趣。他仍在安联集团担任'首席经济顾问'，并在给各家媒体撰写金融专栏文章。"

格罗斯放下了比画盒子的手，耸了耸肩，语速开始变快了："他只是说他不是'那个人'，这就很令人迷惑了。正如我所提到的，另一个谜团就是，他也没有开口澄清任何事。"格罗斯皱起了脸，孩子气地扮了个困惑的表情，说道："我只想说，快点吧，穆罕默德，快点告诉我们为什么。在过去的两个月里，各种新闻头条对这件事的报道真是太夸张了，然而这并不能真实地代表我们公司过去、现在以及未来的管理架构。"

"比尔，这让你感觉如何？"里根追问道，"你知道他是一个曾与你并肩工作过的人，而且真的是一个值得信赖的伙伴，是你的联席首席投资官,然后他突然离开了,而且还是什么都不说就走了。"

格罗斯咽了一下口水,继续说道:"我没有我自认为的那么了解他。说实话,我们雇用他的目的是让他接我的班,所以你说这件事让我生气吗?是的,这让我非常生气。但它让我的期望幻灭了吗?那倒没有。因为,就像我说的,我们规划了一个未来,现在他走了,也许这个未来会更好。"他一只眼睛眨了眨。"这个未来可能比我们过去所设想的那个更好。"这时,他的两只眼睛都在快速眨动,随着他不停念叨着公司的新管理架构,眼睛眨动的速度越来越快。他说:"我们将会变成一个完全不同的公司,一个包容的,在理想的状态下会允许大家讨论,甚至允许存在分歧的公司。"

太平洋投资的员工们在交易大厅里观看了这场采访的现场直播,大家惊讶得下巴都快掉下来了。格罗斯明明知道埃里安是因为什么离开公司的。他在采访中说出那些"穆罕默德,快点告诉我们为什么"之类的话是希望达到什么目的呢?埃里安不是签了一个保密协议吗?格罗斯是不是在明知埃里安不能发声的情况下,故意给他设陷阱?这已经不只是像父母在家里吵架那样简单了。现在,事情已经变成一方在挑衅另一方,在电视直播中直接宣泄情绪的问题了。

当直播间的灯光关闭,格罗斯拿掉了话筒。他本不应该说任何关于埃里安的事情,而他还是这么做了,这一次有录音,有采访速记。他无法再否认事情发生过。

当格罗斯走出直播片场时,杰·雅各布斯已经在召集公司高层的紧急会议了。格罗斯没有被邀请,甚至没人告诉他这事儿。在会议中,大家回顾了格罗斯在彭博电视访谈节目中的表现,一致认为必须得做点什么了,不能再这样继续下去。最后,他们一致决定不再准许格罗斯上电视,或是任何媒体,他要被暂时停职。

雅各布斯负责通知格罗斯这个决定。当时格罗斯正忙着劝说保罗·麦卡利在"退休"4年后重回太平洋投资上班。把麦卡利请回来可以让格罗斯和公司找回自信心和稳定感，就像是回到以前的那种感觉。人人都喜欢麦卡利，麦卡利放在办公桌上的兔子雕塑还在那里，静静地等着他回来。他们把它搬到了新办公楼。麦卡利的回归可能会是一种释放善意的冲击，但前提是，格罗斯能成功劝说他重新加入这个曾被他称为"圣城"的地方。

雅各布斯是个慢条斯理的人，据格罗斯后来回忆，他花了很长时间才进入正题，但最后还是告诉了格罗斯：他被暂停在媒体上露面，这是公司管理执行委员会的决定。

格罗斯怒不可遏："我甚至不被允许参与对我的处置？！我也是管理执行委员会的一员！"格罗斯说着，他那本就尖细的声音变得直发颤："最起码我得是会议决定的见证人，不管你们是不是有会议的录音……你们不能对委员会中的任何一名成员这样做，更不用说是对我这样做了。我至少应该旁听！"

雅各布斯平静地提醒格罗斯已经有一份会议记录发给他了。"你明知你不应该谈论埃里安的事。所以，很明显，"格罗斯回忆雅各布斯当时说，"格罗斯，你已经失控了，我们得控制你。"

格罗斯喊道："咱俩算是完了！"在这一瞬间，他可能还提了一句辞职。太平洋投资的管理层无论如何也不能冒让他离职的风险，尤其是在当下公司里正在发生动荡的时候，那样会毁掉公司的。这是他的王牌。

他们不明白的是，事实上，这家公司是需要格罗斯出现在电视里的。客户们每个月仍在从太平洋投资旗下的共同基金中赎回投资。现在，这些资金已经不是出于宏观的美联储缩减购买资产的原因而逃离债券市场；这些资金退出是由于太平洋投资自身的问题，而其他公司的债券基金都有钱在不断流入。

第十四章　窃取公司利益

第二天,《华尔街日报》发表了采访埃里安为何离开太平洋投资的报道。埃里安说:"我和格罗斯总是有不同的风格,这使得我们在服务客户和领导公司方面能很好地互补,在平稳或是艰难的市场环境中都能够带领公司前进,直到去年都还是这样。在很长一段时间里,这种做法行之有效。"[3]

埃里安在采访中说的每句话似乎都是为了激怒格罗斯而讲。格罗斯觉得,埃里安欺骗了所有人,是为了让大家喜欢上他。总有一天,他们会看到他的真面目的。

太平洋投资的高管、分析师和交易员们都在尽力一切如常地工作,即使他们表现得越来越绝望,即使他们一直在担心接下来会有什么可怕的事情发生。但在这一片混乱中,有一个值得称道的变化:格罗斯允许其他人表达意见了,甚至在投资委员会会议上也是如此。这相对于他和埃里安两个人共同执掌公司的时期是一个很大的进步。之前的会议是在一个长方形的会议桌前,格罗斯和埃里安这对双子星轮流主持会议;现在他们坐在一张圆桌上,像骑士一样,就像麦卡利一直说的那样——这个地方是圣城!每7次投资委员会会议中只有一次是格罗斯主持,其他的由他的6个副首席投资官轮流主持。每当这时候,他就坐在后面,有点不自在,不过也许他可以真正放松他的掌控了。

在这场灾难性的电视专访过了4天后,科尔哈特卡的《彭博商业周刊》重磅封面报道发表了。这篇文章并不理想。内容尚算公平,但问题出在封面上:格罗斯坐在那里,挑着眉毛,抬头看向远方,并举起手掌。在标题下有一排巨大的字写着:我真的是这样的一个混蛋吗?这种设计故意营造了一种苏斯博士[①]的漫画效果。

[①] 苏斯博士是美国著名作家和卡通画家。——译者注

科尔哈特卡在文章中引用了格罗斯的话，说他"用苏斯博士笔下人物唱歌的声音说话"[4]，并经常以第三人称的视角描述他自己："在过去的两个月里，我们的格罗斯一直不快乐。但是，一个不快乐的船长仍必须控制船只躲避礁石。"

那之后情况也没有好转。格罗斯对她说："这就像一次濒临死亡的经历，每当我读报纸时，我就对自己说：'至少我的妻子爱我。'"关于埃里安的话题，格罗斯说："我尽我所能地乞求了，我对他说：'不要离开。你在做什么？不要！'最后，我只能无可奈何地说：'好吧，那就这样吧。'"关于格罗斯办公桌旁的空位，科尔哈特卡写道："你能感觉到，他们不遗余力地绕过它，就像避开人行道上一个谋杀案受害者尸体的粉笔轮廓。"

原本令人期待的积极视角的描写并没有在文章中出现，但说到底，这也没有人可以去怪罪。总之，这是一次轻微的损失控制。太平洋投资需要将焦点重新转回到投资上，公司的投资业绩终于好转了，即使客户们仍在持续赎回。

新任副首席投资官斯科特·马瑟在 4 月接受彭博社采访时说，太平洋投资正在摆脱"新常态"的思维框架，认为经济将"回到一个新的目的地"[5]。

一周后，格罗斯又在同一节目中提道："马瑟在宣布'新常态'已经消亡这方面有点过头了。[6]事实上，太平洋投资仍然在那个'常态'的轨道上。"

在那年的春季和夏季，像格罗斯这样的悲观主义者与公司内部的乐观主义者之间的鸿沟越来越大，而那些押注美国经济将会保持增长的乐观主义者们的投资业绩要优于格罗斯。格罗斯的这些副手们看起来也因他们的新职位逐渐大胆了起来，也可能是由于他们的投资业绩表现比格罗斯的好。基泽尔和鲍尔斯增持了更长期限的债券，这种配置的时机是对的。他们——再加上伊瓦辛——的投资业绩正在碾压总回报基金。

他们的胆子可以更大一点，因为他们突然有了更有力的武器：他们可以选择离开这家公司。先前太平洋投资的老员工们离职后，要么像杰森·威廉姆斯那样被华尔街拉黑了，要么像其他许多人一样，事业逐渐走下坡路，但塞德纳为他们证明了离职后也可能过得不那么悲惨：当他在1月离职时，他是名气最大的离职者，然后他得到了一份新的、真正的工作。

在太平洋投资内部，一个奇怪的、新的权力动态正在形成。在公司多年扩张、出现很多新产品和电视上的新面孔以后，格罗斯开始更像是众多基金经理中的一个，而且是很普通的一个。总回报基金正在成为公司的一个拖累，因为它的资金不断涌出。格罗斯的权力现在似乎主要衍生于其他的基金经理，而不像往常那样了。推动公司盈利的是伊瓦辛，而不是总回报基金。年轻一代正在快速崛起。

格罗斯似乎在以他自己的方式努力止损。5月，他给公司管理执行委员会发了一封电子邮件，要求他们每个人都反思一下自埃里安辞职以来发生的事情：反思他们为什么在埃里安与公司作对的情况下，仍没有解雇他，并支付给他工资；反思为什么埃里安能够立即，并且很容易地在安联集团获得一个高级职位；反思为什么当初没有开除安德鲁·鲍尔斯（他被格罗斯称为"X先生"）；最后是反思他们为什么禁止格罗斯接触媒体。这些选择是正确的吗？他们当时是这么想的吗？现在还这么想吗？

收到格罗斯电子邮件的人们在商议后，觉得每个人单独回复邮件反击他的观点可能会适得其反。他们应该把所有话都说出来，一起讨论。

所以，他们选择了以"回复全部邮件接收者"的方式回复邮件。

在每封邮件中，他们感叹了埃里安的背叛所带来的心碎，感叹他怎样在已经离职的情况下仍破坏着公司。他们普遍认为，他们所做的那些选择的确不是最优的，但当时别无选择：他们不得不咬牙给埃里安支付工资，不然就要面临一场又难看又具有破坏性的诉讼；让埃里安留在安联集团是一个错误，但这很可能在某种程度上有助于控制他在公开场合的言论，而且无论如何，他们也不清楚能否阻止这一决定；他们不得不禁止格罗斯接触媒体，这样做是为了给他一个冷静期，但确实，他们也许也应该邀请格罗斯参加会议。但他们的决定本身是正确的。管理执行委员会必须能够执行政策，否则公司的管理就是一个笑话。

伊瓦辛的电子邮件回复得格外小心谨慎。他提到格罗斯是公司创始人，理应掌控自己的命运，但大家希望他集中精力。霍奇和雅各布斯不是敌人；敌人是外部的，是双线资本（Double Line）和贝莱德它们。公司士气正在受到影响，人们已经开始传格罗斯的闲话了。

格罗斯为解决这个问题提出了一个办法，一个和以前一样的处方：搞一场公关活动。这次要搞得更加起劲，以扭转人们认为他是一个专制领导者的印象。

在那年5月的"长期展望论坛"结束后，格罗斯阅读了太平洋投资著名经济顾问里奇·克拉里达的总结性意见。格罗斯要撰写论坛讨论的结论，为太平洋投资未来三到五年的发展制定框架。在文本中，他看到了一个完美的词："新中性"。这个词很容易被记住，也很容易复制，是"新常态"的翻版。

格罗斯说："这就是我要的。"他用笔在上面画了一个圈——"新中性"。

公司通信团队对这个新词进行了推广，金融媒体也把它写了出来：太平洋投资的统一战线，债券领域的思想领袖们，现在看到了一个新的中性趋势，不管这到底指什么意思。

这个"新中性"理解起来要比"新常态"更复杂一些，但它大致指的是相同的东西：央行关注的"中性利率"，即那一条利率的黄金线，在那条线上美联储就不会采取行动。

太平洋投资指出，市场对这一条利率线的估计太高了，因此它错过了一次平稳反弹的机会。反弹幅度虽不会那么大，但市场会平稳地前进。也就是进入一个新的常态，但更平稳。太平洋投资专注于期限更短的债券，因为市场高估了美联储加息的速度。公司购买了高收益债券、风险更高的证券，但它在这些投资中并没有期望获得高收益，而是注重于稳定性和低波动。

格罗斯说："我们现在有了一个论断，我们将坚持'新中性'的武器，这是我们的新武器。相信我，到2014年底，太平洋投资的业绩表现将处于行业顶端，而不是靠近中间的位置。"[7]

那年夏天，经济表现十分强劲，虽达不到火热，但也处于一种不温不火的状态。这让美联储按兵不动，仍然保持刺激性的政策，并没有加息的动向。因此，格罗斯加倍投入了他最喜欢的策略之一：卖出波动性，押注于市场波动比其他人担心的要小。

整个夏天，太平洋投资尽可能无声无息地搞了一次跨资产类别卖出波动性的操作：横跨股票、政府债券、公司债券、货币等资产，在任何公司能够干净利落进行持仓重组的资产上进行这种操作。这背后的逻辑是，太平洋投资下注资产价格的波动将会趋于平稳。

为了强调自己的观点，格罗斯在股票市场进行了一笔大交易，交易的名义价值超过了100亿美元。他卖出了6万手与标准普尔指数绑定的期权合约，押注股市在一段特定期限内上下波动幅度小于2%。这个期权合约的价格区间是1 840点到1 920点，合约到期日为 6 月 20 日，这种交易策略在期权领域被称为"宽跨式策略"（strangle）。之后，他又卖出了另外的 1 万手期权合约，合约价格区间为 1 840 点到 1 940 点。此外，他在利率和信用衍生品指数上也做了类似的下注，押注它们会在一个很窄的区间内波动。

市场平静但又紧张。资产价格很高，并且美联储热切地想转变（货币政策）方向。市场的交易惨淡，这常意味着会发生有缺口的、波动很大的交易。格罗斯正在刀刃上进行豪赌。

关于太平洋投资进行大宗交易的传言在市场上炸开了锅。那个夏天本是很安静、很无聊的，所以太平洋投资的豪赌成了所有人都在谈论的话题。所有资产类别的投资者都在谈论这个问题。客户们在完全不相关的会议上询问交易员关于"标普扼杀者"的情况，银行之间也在讨论这件事，分析师们也在笔记中间接提到了它。

太平洋投资大量的股票交易是通过一家银行执行的，这样做是为了保持低调，但这并不能阻止大家关于这件事的议论。这不仅是因为这年夏天的市场低迷，也不是因为是太平洋投资在做这件事，而是因为它的交易涉及的规模如此之大，如此集中在少数几个行权价格上。

据一些人估计，卖出这些期权合约为太平洋投资创造了 1 亿美元的净收入，但如果标普指数不配合，也就是指数波动超过了这些合约的价格区间，那么这些合约创造的收入将会被很快抹去。

从太平洋投资那里买入这些合约的交易商们也必须对冲他们自己的风险，这意味着实际上他们也要卖出跟太平洋投资一样的合约。每一天，这些交易商们必须调整他们的持仓，以便将它们的持仓风险调整至中性。通过这些基本的维护操作，交易商们自己作为护轨，为市场增加压力，将市场保持在太平洋投资划定的范围内，从而使这种交易可以自我实现。因此，除非发生一些外部灾难——太平洋投资打赌这不会发生，否则这种交易结构就会成功地自我实现。

随着这笔巨额交易的发生和顺利进展，媒体终于开始关注太平洋投资的投资思想导向，而非格罗斯的个性或者"有毒的"企业文化。事情开始步入正轨。

还有一件事强化了这种步入正轨的势头：5月下旬，太平洋投资迁入了一座全新的办公大楼。在旧办公楼明显已无法适应公司业务需求的时候，他们就考虑过搬家。有人提出迁去雷诺（Reno）①，因为那里有税金减免，公司也认真考虑过在附近的尔湾（Irvine）建一个壮观的办公园区，但格罗斯无法想象自己的生活规律被打乱，每天早上开车突然要绕新的弯路。他喜欢从拉古纳的悬崖上开车到时尚岛商场，在星巴克或科罗纳德尔马的玫瑰烘焙咖啡馆停下来点个甜甜圈和咖啡，然后在太阳升起之前匆匆赶到公司。格罗斯的一票是决定性的。所以在2011年，太平洋投资招募了一个叫尔湾公司（the Irvine Company）的开发商，为其在纽波特中心路650号建造一栋新的、20层楼高的宏伟建筑，这个地址就在离旧办公楼不到1.5千米（1英里）的地方。

新大楼看起来更加富丽堂皇、闪闪发光，有光滑的罗马式古典主义风格的外墙，这与旧楼的窗户之间爬满了凹凸不平的白色外骨架形成鲜明对比。新楼闪亮的窗玻璃优化了对阳光的利用，提高了能源效率；超高的柱列守护着向内收缩的入口。这座建筑充满了自信的、霸道的气质，尽管它外面种着两排平静摇曳着的棕榈树。

这幢约35 000平方米（380 000平方英尺）的新办公楼里有一个多层礼堂，可以容纳公司大部分的人。它还有一个专业的广播室，据说成本在6 000万美元以上。太平洋投资是这个大楼唯一的用户。

---

① 美国内华达州一城市。——译者注

《奥兰治县商业杂志》说这是纽波特海滩30年来最突出的新办公楼。

这个新办公楼也使公司的活动得以发生结构性改变：交易现在分散在三个楼层中进行。投资组合助理（负责照看投资组合）在第19层，而投资组合经理（级别较高）在第20层。这种物理的分隔让很多人感觉到这些角色之间的鸿沟越拉越大，形成了一个向上流动性很差的公司等级制度。这种等级制度在托洛茨基和公司20世纪90年代的那群人中还不存在，但在金融危机之后，随着新资金和新员工的涌入，这种等级制度变得像着装一样正规，而这些正规的着装规范，在充满人字拖的南加州形成了一个黑色皮鞋的岛屿。

在新办公楼里，乘电梯比走楼梯更方便——但这也意味着格罗斯更难躲避他人了。他说："你有可能遇到每个人。"

太平洋投资公司里有些人开始放出狂言称这幢楼为"堡垒"，但这一举动遭到了媒体的嘲笑。有传言说，一家公司一旦决定搬到一个更大、更豪华的地方，就会出现"诅咒"：公司的发展已经结束了。但公司内部的员工并不这样觉得，新办公室给人的感觉就像到了一个新的季节：充满着削尖的铅笔和全新的笔记本。同时，还有一剂强心针让人们在这个5月底的感觉更好：保罗·麦卡利回来了。

太平洋投资对此大做文章。麦卡利！每个人都喜欢他！他的回归带来了一个闪亮的品牌光环，因为他多年来一直是正确的，同时也是清醒的、亲切的、有吸引力的。他也善于与媒体打交道，这会对公司更有帮助。一直以来他充当着制衡格罗斯的角色，为此广受大家欢迎：他是一个友好的存在、一个冷静的平衡器。他的回归表明太平洋投资还是原来那个自己，而且在大的经济思维上仍居于领导地位。

麦卡利告诉媒体记者说："对我来说，太平洋投资是永远的圣城。"[8]他说，他和格罗斯以及太平洋投资的想法是完全一致的："我和公司在'新中性'的观点上没有任何分歧，相反我们的观点完全一致。打个比方就是，我们去同样的教堂，坐同样的座椅，唱同样的赞美诗。"[9]

这种对格罗斯的崇拜是公司故意安排的。霍奇在宣布聘用的声明中刻意体现了这一点："比尔·格罗斯是我们这个时代最有才华和最成功的投资者之一。"[10] 他也将成功招募麦卡利归功于"比尔的个人领导力"。在 6 月初，霍奇组织了一次有数百名员工参加的公司内部大会。在会议上，他专门花时间赞扬了格罗斯经久不衰的能力和对投资的热爱。霍奇讲话时，格罗斯站在他身边，赞许地看着他。霍奇说："43 年前，他带着美好的愿景和心中的一团火创建了太平洋投资。我们今天正在实现这个愿景。谢谢你。"[11]

房间里发出热烈的掌声，之后人们起立鼓掌。霍奇和格罗斯热情地握手，在场的交易员和分析师们在一旁看着，他们握手之后热情得几乎拥抱在了一起，场面令人尴尬。

霍奇这次的献殷勤如果不是格罗斯授意的话，那也是出于一个明智的政治考量。格罗斯对于公司的业务端越来越恼火，那是霍奇负责管理的领域。霍奇并没有发挥作用：资金持续外流。公司的投资业绩还不错——格罗斯已经做好了他的工作。那么，业务端的人在做什么呢？

在 6 月初与太平洋投资合伙人们的一次私下会议中，格罗斯表达了这些感受。霍奇当时正在展示业务计划，格罗斯对他大加指责：他们打算如何解决这个问题？他具体准备做些什么来限制格罗斯所管理的基金的资金外流？霍奇回答："好吧，我们有一个委员会。"他指的是他们有一个专门的工作小组，研究如何扭转销售形势，抓住不安的客户。他们正在为此努力。

委员会？无论什么时代，这对格罗斯来说都是绝对错误的答案。

格罗斯回击道:"如果有一个委员会,那么让霍奇担任首席执行官的意义何在?霍奇应该知道业务计划,他应该知道他们在做什么。"

如果说在外人看来太平洋投资形势是好的,甚至公司内部的一些员工也保持着一些希望的话,但公司核心层的紧张关系却在恶化。他们正竭力控制。

格罗斯对泄密者的追捕仍在继续。审讯和指控不断升级,而格罗斯并没有显示出任何想稳定下来的迹象。他开始说,除了"X先生"(已经明确知道是安德鲁·鲍尔斯)之外,他还在追捕一位"Y先生",一个泄密者、破坏者。他显然认为Y先生就是约什·蒂蒙斯。虽然其他名字也闪现过,包括副首席投资官斯科特·马瑟,但格罗斯对鲍尔斯和蒂蒙斯的身份非常确定,但是他在这方面的行动受到了限制。

有时"魔咒"会被打破:6月,他回复了一封给伊瓦辛的电子邮件,邮件中说,他,格罗斯,不应该成为安德鲁·鲍尔斯问题的决定者;他不会在这里待太长的时间了,所以这件事带来的长远影响他体验不到。公司的副首席投资官们要决定他们自己是否能够原谅和忘却这件事。

而且,公司应该清楚,派格罗斯在2014年6月的晨星公司投资会议中发表主旨演讲是不可取的,毕竟他曾被禁止在媒体上露面。也许他在广大听众面前发表公开演讲也应该受到类似的审查。不知何故,这一点被漏掉了。

2014年6月19日,位于芝加哥的大型宴会厅里挤满了人,挤满了客户和潜在客户,这是对投资感兴趣的人们最集中的地方。鉴于太平洋投资最近的动荡,每个人都在全神贯注地关注着格罗斯讲了什么,哪怕只是为了看个热闹。格罗斯走上舞台时灯光很刺眼,所以他戴上了一副无框墨镜。头顶的扬声器播放了一首没歌词版本的"Smooth"单曲 [卡洛斯·桑塔纳（Carlos Santana）和罗伯特·托马斯（Rob Thomas）的翻唱版]，每个发言人和专题小组成员的出场方式都是一样的，但大家只记得格罗斯的出场。

当他在台上就位时，他从被遮挡的眼角瞥见了投射在一个巨型屏幕上的自己的照片。"事实上，当你70岁的时候，你需要一些修饰，即使是男人也需要化一点妆。所以我在穿衣服的时候戴上了这个，"他指了指那副墨镜，"这是一个非常酷的装饰。"[12] 他笑了，观众也笑了。

他继续说下去。他对自己在出场时被介绍为"债券之王"很感动，虽然他之前很紧张他们会怎么介绍自己——"可能是华尔街的贾斯汀·比伯……也可能只是一个金·卡戴珊的模仿者，如果你想听我女性化的一面的话，但我相信你不会的。如果你真的想了解我，只需要问一下在前台的晨星分析师埃里克·雅各布森。因为在过去的几个月里，我已经告诉了他快要超过100次我是一个多么好的人。"

他说，某部电影中曾提到，在朝鲜战争期间，士兵们被洗脑，告诉美国公众，他们那专制的上尉是他们见过的"最善良、最温暖、最美好的人"。

在听众笑声的鼓励下，格罗斯继续顺着这个很费力的比喻说下去。他回顾了一张红桃皇后的扑克牌是如何成为士兵们被洗脑的导火线的。他说，他希望能催眠记者，让他们对自己说这样的好话——他曾在自己身上尝试过相反的做法，当他看到红桃皇后时，就会说："记者是我见过的最善良、最勇敢、最热情的人。"他说："所以，打牌，似乎可以成为很好的治疗方法。我在工作中从未如此快乐过。"

他接下来开始解释公司新的副首席投资官架构，并说霍奇和雅各布斯的表现"超出预期"。他说:"如果地球上有一个比太平洋投资更快乐的王国,它可能是在圣莫尼卡高速公路往前24千米(15英里)处的迪士尼乐园。但那是幻想的王国,而我在这里说的是现实的王国。我们正在享受一段美好的时光。我们在纽波特海滩的公司就是一个快乐的王国。"

他停顿下来,往台下看,说:"对于那些想拥有红桃皇后卡的人们,我的口袋里有一个惊喜;也许你们在演讲结束后可以上来,我可以给你们一个惊喜。"

然后他对结构性阿尔法投资策略给出了一个优雅简洁的解释:这是开启这个快乐王国的钥匙。如果总回报基金是一台奔驰车,结构性阿尔法策略就是开启这台奔驰车的钥匙。他解释了他们做出的所有卖出波动性的交易,说太平洋投资乐意卖出期权合约,因为期权合约的定价往往是不对的。

没有人在听他说的话。

在他发言前,太平洋投资已经清掉了它持有的大部分巨额头寸,就在那个春天和初夏,这些头寸还让交易员们着迷。那笔交易如此巨大,如此沉重,以致它使市场能够自我实现成功,但也只是勉强的成功。那年秋天市场将出现波动上升,如果它们再早一点到来的话,就会把这家公司击垮。

但是,芝加哥会议厅里的人都在关注格罗斯的演讲。整个事情就像火车失事现场一样引起了一场轩然大波。太平洋投资的公关团队一直在观察格罗斯的举动,并感到震惊。

互联网上也出现了震惊、警觉和惊讶的声音。比尔·格罗斯怎么会知道贾斯汀·比伯是谁?!而且为什么有人想了解格罗斯女性化的一面?

演讲结束后,格罗斯如约派发了新的名片,背面是红桃皇后的

第十四章 窃取公司利益

图案。这向太平洋投资管理层发出了一个明确的信号,他早就计划好这一点了,而他们并不知道。他为这个场合印制了名片。这并不是最后一刻的选择,也不是意外或冲动。格罗斯在这件事中是有预谋地故意偏离了他说过自己要做的事情,太平洋投资的管理层甚至无法再预料他的行动。格罗斯已经不再考虑他团队的其他人了,他已完全开始随心所欲了。

第二天,格罗斯到访了太平洋投资在纽约的办公室。他很少去那儿,因为他不喜欢旅行。这次到访本应是一件大事,但他感到前一天发生的事情还像一片阴云笼罩着他。他已经看到了报道、头条新闻和推特,他知道这些噱头并没有激起他原本希望的那种反响。

数百名员工聚集在位于纽约市中心的光鲜明亮的会客厅里。格罗斯觉得不得不对这场"灾难"说些什么。霍奇站在他旁边,脸上面无表情。气氛不安而紧张。

格罗斯说:"我希望能重来一次,那样的话我不会戴墨镜。"[13] 他还说:"我并不完美。"

他看到霍奇皱起了眉头。

演讲结束后,格罗斯应该与客户展开交谈,他记得霍奇叮嘱过他:"老天爷,别再做昨天那样的事了!"当然不会。他刚才不是已经说过不会了吗!

他的压力很大,他以后会解释。不仅仅是在太平洋投资内部,格罗斯在家里的日子也很难过。苏的身体好起来了,但他们的婚姻并不顺利,儿子尼克的合伙生意纠纷也闹得愈演愈烈。看起来他们不得不起诉生意合伙人对于财务的管理不善。[①] 身边发生了很多事情,

---

① 他们确实起诉了,那个人也起诉了格罗斯和他的儿子。这场诉讼后来于 2015 年 12 月以友好方式得到了解决。

格罗斯的行为事出有因。

格罗斯在晨星投资会议上的演讲也给太平洋投资阳光明媚的总部蒙上了一层阴影。大约有一半的员工公开表示怀疑：格罗斯是否已经迷失了方向，他是不是真的老了，还是有什么其他的原因。这种猜测在低级别的员工中很盛行。而那些因为演示文件字符缩进不正确就被从投资委员会会议上赶了出来的人则觉得，现在的格罗斯与他们一路以来认识的那个人是一致的：格罗斯总是很奇怪、不可预测、很粗鲁。

格罗斯最近在《投资展望》中写的一些东西也让人们有这种感觉。当然，几十年来，他的月度简报中总是会出现一些奇怪的表达。

那些与格罗斯合作最密切的人们最担心的是：他的决定和行动越来越难以预料。太平洋投资中那些试图与他一起推动事情发展的管理层开始怀疑能否信任他。如果他们不能信任他，他们就无法做好自己的工作。

他的团队试图继续他们的工作。投资继续进行，与客户的对话也继续进行。客户经理们竭力向外界解释墨镜、红桃皇后、贾斯汀·比伯……他（格罗斯）一直是个疯子！哈哈，他就是一个古怪的家伙。

在公司内部，在过去的几个月里，格罗斯一直在要求下属对他公开表达支持。他在外面孤军奋战，但他们并没有保护他。霍奇、雅各布斯以及其他人不得不将他和太平洋投资的破碎形象重新拼接起来，确保他们看起来是和谐一致的。公司的通信团队也派遣员工与媒体进行"背景"谈话，但不注明出处，说他们加入太平洋投资是为了向最伟大的传奇人物比尔·格罗斯学习。

霍奇写了一篇谄媚到极点的"观点"文章，在当年夏天发表在太平洋投资的官网上。他赞扬了格罗斯几十年来的投资业绩。他写

第十四章　窃取公司利益

道："我们不知道还有哪个人能在固定收益证券投资历史上为更多的人创造更多的财富。在我们看来，没有任何一个基金经理能在这么长的时间里管理这么多钱，而且还取得了这样好的投资业绩。"

格罗斯到访太平洋投资纽约办公室的几个月后，纽约办公室陷入了新的混乱：它被臭虫侵袭了。办公室的高管和员工们被咬得满身都是包，他们担心自己的衣服里、包里都藏有臭虫，担心把臭虫带回家；他们不得不花费数千美元来熏蒸他们的公寓和房子，扔掉他们的布艺家具，把衣服和书放在烤箱里熏烤。

太平洋投资将数百名员工从位于纽约市中心的大楼里撤离，暂时安置到北部地区。[14] 公司的一位发言人告诉福克斯商业新闻的查理·加斯帕里诺（Charlie Gasparino）："这种事在纽约市称不上罕见。"在他报道了这个丢脸的故事之后，故事从他那里传到了《福布斯》《纽约》杂志和《哥谭人》杂志。

《纽约》杂志的凯文·鲁斯（Kevin Roose）提出了疑问：这次臭虫侵扰是不是一场精心策划的报复活动的一部分？

* * *

8月19日，太平洋投资的管理执行委员会召开了一次战略会议。他们围着桌子就座，做好准备开一个漫长的会议。会议讨论了关于创造回报和利润增长的现实问题。

在会议一开始，产品管理负责人温迪·库普斯（Wendy Cupps）谈论了她和她的团队为客户开发的一些产品。没过几分钟，格罗斯就打断了她。"库普斯在开发产品方面的主导权太大，"他说，"而且是在没有征得投资组合管理部门同意的情况下。"格罗斯觉得这没有足够的质量保障。他说："你在把公司窃为己有，产品正在窃取公司利益。"他不知怎么做到的，把公司在进行股票投资的具体操作上的问题也归咎于她。

说到这儿，格罗斯开始表态说反正他也不想做股票。为什么要进入股市？股市正处在历史新高位。它们现在的价格实在太高了，现在买进是荒谬的。太平洋投资的资产还没有累积到有必要保留这条业务线的程度。

库普斯是公司里少数几个担任或接近领导职务的女性之一。她正在履行她的工作职责：帮助推动股票交易，支持投资组合经理，并开发新产品。她的下属似乎很喜欢她，这在太平洋公司并不常见。她一路往上爬，除了在2004年成为合伙人之外，她还赢得了管理执行委员会的一个选举席位（当时的三位女性董事总经理之一）。

她并不是在"窃取公司利益"，在场的每个人都知道这一点。他们都知道公司有一个批准新产品的正式流程，这个流程里就包括：产品要通过一个几乎完全由投资组合经理组成的委员会的批准。他们都记得在2009年的那次会议上，当时是格罗斯本人强烈要求公司发展股票投资产品。他强烈要求：快一点，否则我就找别人来做。尽管这是5年前的事，但这是格罗斯要冒的风险，他应该承担后果。为什么要让库普斯承受这种非理性而又非常公开的攻击？

库普斯反驳说，格罗斯对她负责的领域一无所知。"没错，"格罗斯说，"但你不需要通过天气预报员来知道风向。"她试图提醒他委员会的审批过程，以及2009年的会议，当时是他自己坚持的。其他人也试图反驳格罗斯，并提出类似的观点。最后，他们继续开会，讨论其他话题。直到有人提到了房地产……

格罗斯又开始了：我们什么时候开始购买实体建筑了？我们为什么要这样做？它们的价格过高，不可能再被转卖给下家了，我们会被它们缠住的。然后呢？我们现在是否应该去管理租房业务了？他说，太平洋投资需要缩减业务，重归它一直以来的位置，做它擅长的事情。"我们用不着这么多人。"

第十四章　窃取公司利益

最后他把注意力集中在了霍奇身上，大肆抨击他在业务经营方面的无能，说他没有能力阻止客户资金的撤出，问他还记得太平洋投资的使命是什么吗。

格罗斯在发飙的同时就已经能感觉到，这场会议在他的攻击下是开不下去了。他的攻击如此尖锐，参会的人都带着震惊散去了。这场会议没有达成任何成果，什么都没有。格罗斯看着他们离开，悄悄地、成群结队地离开。一股不安、紧张的气氛萦绕而上。就算以他对社交礼仪的浅显了解，也能认识到大家从他身边走开了，不只是字面意义上的走开。

令人沮丧的是，这场会议只是他对公司战略表达关切的一个官僚化的反应。格罗斯越来越清楚地认识到霍奇是个懒惰无能的人，当初支持他担任首席执行官就是个错误。但同时也许他误解了什么。权力并不像肌肉一样要时不时操练一下——也许行使权力要更谨慎才对，权力是有限的，也会在某些时候耗尽。

格罗斯接下来有一次休假，他将离开办公室大约两周的时间，留下那些从会议中成群离开的人，自由地煽动叛乱。

现在有一个明显的区别。没有人反击他那一通咆哮了，但也不再是以前那样的顺从，他们在磨着骨头强忍。

他回家了。第二天，8月20日，温迪·库普斯给管理执行委员会发了封电子邮件。她重申，在太平洋投资成熟的系统中，"所有产品"都是由投资组合经理主导的委员会"批准"的。每个新产品都需要一个投资组合经理作为"担保人"。她说，她的团队不仅没有把不好的新产品塞进去，还否决了一长串由投资组合管理部门提出的新产品，因为它们达不到标准。她很乐意提供这个产品名单。

第二天，小组重新召开了会议。库普斯没有参加，她之前已经预定了要出差。这次开会成果非常好。据参会者们回忆，格罗斯这次带回来了一个能让他自己最终退出公司的新提议。在过去接近一年的时间里,关于这件事的新的想法和提议来来回回,他为此感到难过。他想明确表示,现在他头一次明白自己该干什么了。他说,他之前的做法是不对的,他清楚这一点。他将退出首席投资官的位置,这一次是真的。他可以看到,现在显然是正确的时刻了(格罗斯说他没有提出在这个时候退位)。另外,他还说如果他在之前的会议中冒犯了库普斯,他为此表示抱歉。

管理执行委员会中的一些人认为,格罗斯是在试图帮大家,甚至可以说是在抛出橄榄枝。至少是为了防止他们先下手为强,对他采取行动。但是,格罗斯补充说,他有一个条件:必须解雇安德鲁·鲍尔斯和约什·蒂蒙斯——他认准的"X先生"和"Y先生"。他可以离职,但如果他离职了,他们俩也必须离职。

格罗斯在提出这项提议后给管理层发了一封电子邮件说:他即将和苏一起离开去进行邮轮旅行,他将会断网一段时间。在他不在的时候,他们能不能为他准备一份正式的提案?等他休息好回来后,在不那么烦躁的时候,他可以看看他们制订的方案。

霍奇回复道,祝你假期愉快。

第十五章
会议纪要

在格罗斯离开的近两个星期里,太平洋投资的办公室忽然变得平静了许多。可能是副首席投资官以及公司的其他管理人员让员工感受到了些许期望,事情好像还有好转的余地。或许格罗斯现在已经知道他自己做得太过了,接下来他还是要跟他们合作。

霍奇、雅各布斯和公司管理执行委员会的其他成员制作了一个幻灯片演示文档,日期是9月5日。在一张张幻灯片中,他们详述了将如何构建公司的未来。他们刻意并清楚地用格罗斯自己的话列举了他提出的要求,寄希望于他能够听得进去并认可他们的意见。

他们将这个幻灯片演示文档命名为"格罗斯要求的东西",以防他忘了或是假装忘了他曾要求大家这样做。

格罗斯提出的要求包括:减轻他与客户交流的职责,减少由他管理的基金数量,减少他一直厌恶的管理性工作;增加他喜欢的纯粹投资的工作,继续使用像债券或者衍生品那样的"玩具"。他需要一个不受限制的基金,就像他从迪亚纳斯那里抢来的那个一样,并专注于投资债券领域。整个方案要在年底前完成。

在他提出的要求中有一个令人苦恼的点：格罗斯明确表示他辞去公司首席投资官职务的条件是解雇安德鲁·鲍尔斯和约什·蒂蒙斯这两个他最讨厌的"鼹鼠"。但霍奇和其他人认为这很荒谬。他们和鲍尔斯已经达成了一个离职计划，并签订了具有法律效力的协议。除此之外，格罗斯已经退位了，并且他曾告诉伊瓦辛这件事应由公司的副首席投资官们决定。另外，公司不可能在蒂蒙斯仍有可能报复公司的阶段解雇他。格罗斯必须知道这一切，他也应该知道这一切。

也许如果他们默默忽视这一要求，这个要求也就渐渐消失了。格罗斯是如此"健忘"，他可能会对演示文档中所提出的富有建设性的公司前进规划感到非常高兴，以至于不会发现自己唯一的要求被忽略了。

但他们甚至没有走到那一步。

格罗斯在结束邮轮度假后重新回到了现实生活中，他的思维很清醒。似乎在他看来，他一直认为：太平洋投资是他的，并且太平洋投资是他的一切。突然之间，他不再记得他为什么会让这帮人影响他自己，难道只是因为那次愚蠢的会议，以及他在会上就公司可怕的发展方向发表的意见吗？

难道所有这些太平洋投资的新领导们都忘了是他创立了这家公司，并帮助他们赚取了财富？这些公司内部培养出来的"英雄们"是不是觉得自己是千万富翁了，所以自己很聪明？这帮人能够在其他地方获得同样巨大的财富吗？是格罗斯让他们发了财，成就了他们。

那么，他为什么要向他们低头呢？

甚至在他回到办公室之前，在他看到他们精心准备的演示文档之前，他就把演示文档和他们的希望一起给毁了。他怒气冲冲地发了一封邮件，说他绝对不会退让，说演示文档里面的东西完全不是他想要的，说他从未那样要求过。

尽管霍奇和管理执行委员会的其他成员对格罗斯回来后的反应有所警惕，但他这招还是超出了他们此前的预期——作为一家公司的领导人，他在一个真实存在的、公司内部商议且达成一致的战略举措上反悔了。这让人感到，要么格罗斯之前在撒谎，要么他已经失去理智了。他当初提出来的要求是真诚的吗？还是只是为了在他离开公司期间让大家忙起来，耍他们？大家已经无法预测他的行为是否正常了。

9月8日星期一上午，格罗斯像往常一样走进办公室，看上去精神焕发，但他的行动还没有结束。当天下午，他给公司管理执行委员会发了一封新邮件，在邮件中突然回顾了他在8月那场激烈的会议上的想法。

发送时间：2014年9月8日星期一下午2:36

标题：8月19—20日会议的总结和纪要

在回顾了我们8月下旬那场会议的总结纪要后，我觉得它更多地演变成了一个短期的战略会议，而不是一个长期的业务规划会议……

他在邮件中的措辞和语气相当冷静、平和且专业。他说他只想提出八点意见，主要是反驳会议纪要中的内容。其中一点是："虽然会议纪要中提到了关于我们公司使命的宣言，但我不记得在会议中对此有过任何讨论。"

会议纪要中还提到，投资组合管理应该把重点放在市场上（而不是在他们的监督下增加资产），格罗斯认为这是对他的观点的"明确指责"。他没有说出具体的名字，但这里明显指的是温迪·库普斯——她未取得投资组合管理部门的同意就开始推进新产品了。

霍奇说太平洋投资应该"最大限度地增加口袋里钱的数量"[1]并"扛住管理费的压力",但格罗斯认为这完全是错误的想法。在这种环境下,你居然还在试图向客户收取更多的钱?他说:"他们竟然在公司应该注意管理费(过高)的问题时让利润驱使着公司的战略发展。"另外,会议纪要中没有反映出霍奇关于太平洋投资是一个主动型债券投资管理机构的言论。它是这种类型的机构!然而,它却在购买所有类别的资产,例如私募股权基金和房地产。格罗斯说,这正在使太平洋投资的风格沦为被动型投资——只是依赖增加杠杆来获取回报,而且投资业绩也随着市场的变化而变化。

格罗斯在加倍下注。

他使用的语言很隐晦,让人琢磨不透。"被动"在投资中有明确的定义,而他使用这个词所表达的意思跟这个定义截然相反。被动型投资指的是建立一个指数基金,然后买进所有股票,并取得市场平均的业绩表现。伊瓦辛的私募基金投资业务处于这种定义的完全对立面,属于"极其主动"的投资风格。这种投资方式是在少数精心挑选的私营公司的股权上集中下注,或是购买运营陷入困境的商场的贷款。这些投资是不能通过研究那些自动更新数据的电子工作表实现的。格罗斯是说这种投资策略仅仅包括借钱、买楼……然后就是等待这么简单吗?

伊瓦辛私下只对格罗斯进行了邮件回复,他在其中写道:"没有什么是被动的。"他们并不是随波逐流。这种私募股权投资结构使用的杠杆非常低——事实上,它们使用的杠杆比格罗斯的基金使用的杠杆还要低。而且,这些私募基金表现良好,并提升了公司的品牌形象。

格罗斯在给伊瓦辛的邮件回复中,抄送了管理执行委员会的其他成员。他重申,伊瓦辛的投资策略并不是真正的主动型投资策略,

第十五章 会议纪要

他说，如果太平洋投资能够卖像私募股权基金这样的被动型产品，那么他们也应该考虑卖更多的其他产品。

伊瓦辛继续回复了格罗斯的邮件，并将管理执行委员会的成员抄送在内："好吧，我再说一遍，私募股权投资是极为主动的，这比买入债券、持有并寄希望于债券发行方业务运行良好的投资方式更加主动！"此外，他还写道，私募基金只有在为客户赚钱的情况下才会得到实质性的基金管理费——这不像公司的一些传统的基金。"近年来我们从这些传统基金中收取了大量的管理费，但没有为客户贡献出任何正的阿尔法收益，"伊瓦辛继续写道，"你总是告诉我们，作为投资组合经理，我们首要的任务就是赚取投资回报。我觉得这是太平洋投资长期以来取得成功的关键。"

格罗斯回复他："祝你好运。你们没有人愿意直面我所提出的关键的长期决策问题。"此外，他还回复道："顺便说一下，这些来来回回的电子邮件是建设性的，而不是破坏性的。其他管理执行委员会的成员们应该注意，你们应该认真地讨论一下，而不仅仅是被一个议程大纲牵着鼻子走，这是在浪费时间。"

他的一些下属怀疑，并开始确信，格罗斯的愤怒与其说是针对公司的业务战略，不如说是内心深处恐惧和痛苦的表现，是埃里安离开后的情绪残留，是他们关系决裂后让他感受到的背叛和暴力，是羞辱；也是因为格罗斯自己管理的基金资金不断流出，他掌控债券市场的时代正在消逝；是因为公司的发展在复杂性、规模、战略以及员工数上都超过了他能控制的范围；是因为他可能在某一天不得不放弃他的位置；是因为他感觉到尽管自己有着几十亿美元的身价，但最终还是个凡人。

即使他们能看到这一切，管理执行委员会的人们仍在努力对格罗斯保持同理心。

在任何一段关系的破裂中，都有一个时刻，当一个开关被打开，对这段关系的投资就会降为零。格罗斯没有意识到这一点，但在他回来后的某一天，灯光已经熄灭了。

* * *

他们试图找到一个解决方案。9月10日，米希尔·沃拉与雅各布斯、霍奇和弗拉塔姆开了个会。沃拉开始越来越多地扮演中间人和治愈者的角色，试图弥合格罗斯和其他人之间的鸿沟。他告诉他们，他已经和格罗斯谈过了——他说，这次是"好比尔"，他认为格罗斯很快就会安定下来，并同意缩减他的职责。

当天，应沃拉的要求，公司高管们再次聚集到了一起开会，格罗斯也参加了这次会议。格罗斯在会议中提出了关于他如何隐退的最新建议。尽管几天前他刚说过自己永远不会退出，但现在他似乎又意识到不能再重蹈覆辙了。

在会上，格罗斯列举了关于他们如何帮助他之前管理的基金转型，如何找到他的接班人的建议。格罗斯跟霍奇、雅各布斯、库普斯、沃拉和弗拉塔姆提议说要有一名联席首席投资官来分担他的角色，并告诉他们可以马上开始寻找这一职位的候选人；或者是他自己只负责管理固定收益投资相关的业务，而沃拉管理公司内部的其他所有业务。

在委任联席首席投资官的情况下，格罗斯建议他跟这个联席首席投资官一起继续管理公司的旗舰总回报基金一年，直到2015年12月31日，届时他将悄无声息地从这个基金中卸任。他接着说，卸任将有序进行，到时候他只需要管理非限制型基金和其他几个精选的投资组合就可以了。

太平洋投资的高层们坐在那里听着，沉默不语。对他们中的大多数人来说，如果是在其他场景中，格罗斯说的这一切听起来似乎

第十五章 会议纪要

是合理的。一个月前,这就已经接近他们想要的结果了。但现在已经太晚了,太晚了。格罗斯已经折磨了他们太多次了,以至于这次会议看上去就像一场闹剧,是他们共同参演的一出戏。

他们在会议中没有提起他之前发的那些邮件,这没有任何好处。他们只问了一些后勤方面的问题,格罗斯提出的这个预备方案听起来像是另一个骗局。2015 年 12 月 31 日对他们来说像是几百年后那样遥远。如果格罗斯之前的行为正常点儿的话,他们可能还会帮他规划一个长期的隐退路径,比如让他担任公司的名誉董事长或者其他什么职务。但他的行为已经证明了他不在正常的范围内了,即使这个范围是他自己画出来的。

"还有一件事,"格罗斯说,"鲍尔斯应该辞职。现在是时候了。"

根据一位当时的与会者回忆,霍奇和雅各布斯说格罗斯在这件事情上没有投票权。他们已经对此事进行过投票了,格罗斯的提案没有通过。

格罗斯对此感到很惊讶——他们居然在他不在公司的时候进行了投票?他们居然在没有他出席的情况下进行了投票?这和他在 7 月时的感觉一样,一些机会从他的手指间溜走了。

"好吧,"他绝望地对自己说,"我是首席投资官,如果我不能解雇他,我就让他自己走人。"

霍奇问格罗斯是否可以离开房间。

格罗斯整理了一下他的文件然后走了出去。尽管他在解雇鲍尔斯的事情上受了挫,但他仍感到乐观。他认为他的建议是好的,他已经找到了一条前进的道路。

他一离开,公司管理执行委员会的其他成员就明确指出:格罗斯提出的卸任时间表拖得太长了,并且,他对那些由他管理的基金没有明确的接班计划。那个不受限制的基金后续会怎样?他是不是直到死之前都要管理那只基金？他们要如何向客户解释这一点？这是不是一个真正的卸任计划呢？会议上的讨论令人感到很空洞，在这个时候认真考虑他的建议是徒劳的。没有人觉得能够再次相信他了。

最后，会议的讨论绕到了一个看上去越来越无法避免的话题，一个在他们头脑中构思了许久的话题上：如果格罗斯不能和平地离开，他们可能不得不把他炒掉。

说实话，管理执行委员会已经开始为此做打算了，这也是迫不得已。经过格罗斯4月在彭博电视上的失败表现以及他在事后要威胁辞职，他们就已经谨慎地制订了"应急计划"。霍奇和公司其他高管们建立了一个"过渡委员会"，并且在过去几个月里，他们列出了格罗斯管理的最大账户的清单，里面仍有数千亿美元的资产。在他们假设的情景下，他们将尝试着对这些账户进行分割，并决定由谁来负责哪些账户。

幸运的是，下一步已经很明显了，伊瓦辛显然是公司下任首席投资官的热门人选，每个人都喜欢他。他们知道，伊瓦辛不会掌控公司的所有权力和资产，因为他现在已经有一些权力了，但更重要的原因是他的性格波动不那么大，并且不喜欢滥用权力：他曾经担任过公司内一个委员会的主席，负责监督太平洋投资的交易部门以及散布全球的基金管理团队。连续几年，他的基金经理同事们都投票选择让他在公司管理执行委员会中代表他们表态。最重要的一点是，伊瓦辛的可信度很高。他负责管理的太平洋投资收入基金的业绩在2013年打败了97%的同行（这只基金在过去3年和5年的总业绩打败了99%的同行），同时，他负责管理的私募基金也赚取了数亿美元的利润。

对于地位的实质性争夺将在首席投资官的下一层级进行——例

如，谁会成为总回报基金的基金经理，以及以何种顺序成为基金经理？这跟金融行业一贯的潜规则一样，谁的名字被排到左边第一个至关重要。格罗斯点名的继任者们排在了第一列，但是其中一些人已经被证实对格罗斯太忠诚了——比如米希尔·沃拉，他在格罗斯此前对员工的审讯中曾与他并肩作战。一旦管理层与格罗斯的战争结束，对格罗斯的忠诚就不是一件好事了。

* * *

太平洋投资每季度一次的周期性论坛在那个星期一的中午举办。公司的顶级投资专家们从世界各地飞来，聚集在纽波特海滩，他们像平常一样讨论着短期经济状况和交易策略。

这意味着安德鲁·鲍尔斯也会从伦敦来到这里。

格罗斯让他的助理在交易大厅给鲍尔斯打电话，叫他来见格罗斯。两人到了格罗斯的办公室。根据其中一人的回忆，格罗斯对鲍尔斯说："结果就在于你或我。"在即将召开的管理执行委员会会议结束后，这两个人中将有一人不再为太平洋投资工作。

"你猜是谁？"

"我？"鲍尔斯说。

"不，是我，"格罗斯说，"因为他们会投票给你，而不是给我。你会赢。但我还是希望你辞职。"他认为，为了太平洋投资的利益，鲍尔斯必须走人。

格罗斯接着说："但现在不行。你应该和雅各布斯、霍奇谈谈，和你的家人谈谈，和弗拉塔姆谈谈，然后考虑几天，做你需要做的事。记得明天来参加管理执行委员会的会议。"

鲍尔斯说会考虑一下这个建议。他们的会面进行了一个小时。鲍尔斯非常困惑地离开了。

格罗斯则觉得这次会面很顺利。

第二天，格罗斯再次收集好了他所有的文件，这次是为了在管理执行委员会面前作证。他现在随身带着他的笔记，因为他已经70岁了，非常健忘，所以有时他会把事情写下来。

但是，鲍尔斯没有来参会。但这没关系，格罗斯会让其他人相信他的观点：安德鲁·鲍尔斯是公司的内鬼，他自己已经承认了，他是个向媒体泄密的家伙，是太平洋投资的破坏者，公司应该解雇他。格罗斯认为，在他说完这番话后，霍奇和公司的其他高层决策者们将会理解并认同他的观点。

他自信满满地陈述了他的观点，把一切都摆了出来，在他们面前摊开双手，似乎在强调：这就是事实。这些事实不是我捏造的，我只是知道这个事实。现在你们也知道了。

当他说完这番话后，霍奇立刻就跳出来说他没有这个权力，他无权要求一个总经理辞职。

格罗斯试图对此进行反驳，告诉他们他刚和公司的律师谈过，律师说太平洋投资的章程中没有任何规定可以阻止他……

霍奇打断了他的话："你有没有试图强迫鲍尔斯辞职？"

"没有。"格罗斯说。他没有强迫。他只是要求鲍尔斯辞职，而且，他只是让鲍尔斯考虑这件事，甚至都算不上是对他的要求。格罗斯否认的声音在空气中回荡。

伊瓦辛、霍奇和其他人都惊呆了。他们都看到了他早先公然试图解雇鲍尔斯，他们也知道他最近的要求；要求和强迫是没有区别的。他没有健忘，也没有糊涂，他一定是在撒谎。

丹·伊瓦辛已经受够了。这很荒唐，也很危险。几个月来，伊瓦辛一直在向他的同事抱怨，表达他的不满。格罗斯的行为变得如此不可预测，在埃里安离开公司后更是如此。

伊瓦辛曾经见证过埃里安和塞德纳之间矛盾的戏剧性发展，也

第十五章 会议纪要

曾见证过格罗斯把迪亚纳斯挤走并接管他管理的无限制基金,更见证了格罗斯的活页夹中怀疑的告密者名单越来越长。他当时跟格罗斯说他非常想避开所有这些事情,如果可能的话,他只想埋头做他的工作。但这不可能。现在已经变得很明显了,这些事情不会有任何改善,因此伊瓦辛采取了行动。

9月11日星期四,伊瓦辛与一名律师进行了谈话。在那个周末,他拜访了一些公司的同事并与他们探讨了公司的未来。他们需要搞清楚如何走出这个混乱的火坑,以及未来事情将会变得怎样。

伊瓦辛告诉太平洋投资管理层的其他人说,他已经快到极限了。他虽然已经习惯了格罗斯的卑鄙——他们都是如此——但最近,公司的运作受到了威胁。这是不负责任的。如果再这样继续下去,伊瓦辛也将不得不离开公司。

不仅仅是伊瓦辛这样做了。公司很多的重要合伙人也一个接一个地跟太平洋投资的管理层表达着同样的意思:他们已经准备好离开公司了。杰·雅各布斯说他不想干了,温迪·库普斯也说她不想干了。他们再也不想跟格罗斯共事了。

伊瓦辛"起义"的故事在太平洋投资的员工中像火一样蔓延开来。在塞德纳1月离开后,大家都听到了他对公司的分析:没有一个正常人可以为格罗斯工作。他当时阐述的是一个抽象的概念,但现在每一天人们都可以切身感受到他所说的意思。在这些新的、严重的、高级别的威胁下,公司的低级别员工们都在思考一个没有比尔·格罗斯的太平洋投资。

在某种程度上,格罗斯知道自己不能与他们作对。但事情发展得很快,有时他的冲动会被证明是正确的,所以他放任自己做了:在已经事先安排好的投资组合经理会议上,他想出了一个计划、一个座位表。他花了很长时间来排这个座位表。在公司投委会会议和其他的会议上,他曾用座位表反映谁是支持他的。但对于这次会议,这种安排看上去没有任何必要,因为会议室甚至都没有坐满。和格罗斯一起坐在那个又大又长的会议桌旁的人是:米希尔·沃拉和维吉尼·梅松纳夫,而伊瓦辛、鲍尔斯和马瑟则不坐在桌旁。伊瓦辛坐在外围第一圈的椅子上,而鲍尔斯和马瑟则坐在第四排,和公司其他高管的位置间隔甚远。这种安排对他们显然是一种冷落,小气且幼稚。这似乎是为了羞辱他们。大家都清楚这一点。

* * *

9月11日星期四,格罗斯听说伊瓦辛、库普斯和雅各布斯等三位董事总经理已经威胁说要辞职。在几个小时后,他听说另外两名董事总经理也提出了同样的威胁,虽然他还不知道是哪两名。但这都不重要了,因为他已经能感受到他们之间达成了共识:不是他们走人就是他自己走人。

格罗斯总是会把人们拉到一起,对他们说不能投票解雇他,并说如果他们试图发动"政变"的话,他会知道是哪些人干的。但随着时间的推移,他越来越不确定了,而且大家也可能知道这一点。

对于他所有的"力量",当下这种动态让他感到又奇怪又熟悉,好似是为了刺激他而量身定做的一样。这是一种陪伴他一生的不适感:他知道自己将会面对每个人都能够理解的局面,但对于他而言,是理解不了的。比如不久之前,他在高中同学聚会的场所外独自坐在车中等着,直到看到他儿时最好的朋友杰瑞走了进去。最终,格罗斯偷偷溜进了聚会场所的一个角落。杰瑞看到了他,马上走了过去。他知道这种场合对格罗斯是一种煎熬。

杰瑞说:"他可以在债券市场中进行5亿美元的下注,而我在那种情况下会心脏病发作。但是我参加同学聚会这种场合没有任何问题,即便我并不认识在场的所有人,或者不知道将会发生什么;但这却不是令格罗斯感到舒适的场合。"

这种聚会中满屋子都是他不能够理解的社交暗示，挤满了一屋子他本应该有一点熟悉的人们，充满了对于过去一些共同经历的回忆，并带有几丝温情。现在，屋子中的每个人都知道他，虽然高中时代他们根本不认识他。他们会走过来，手里拿着啤酒，对他说些奇怪且不适宜的话。他们总是会向格罗斯征求关于"债券市场"的建议。格罗斯会为此感到局促不安，不知道如何作答，无法判断他给出的答案应该多严肃，以及不知道他们真正想从他这里得到什么信息。看上去他们只是想跟他说话而已。通常，他会试着给自己建起防护盾，来阻止这些对话的发生。他会坐在杰瑞旁边，问杰瑞"你知道那个人是谁吗？"，杰瑞会回答"不知道"，这样他们就会跑去跟其他人聊天了。格罗斯需要这种缓冲，需要有个人跟他坐在一起。

现在，对于格罗斯来说，这种方法并不适用了。在太平洋投资现在的这种情景下，这是一个关于合法性的问题。这条线索很清楚，他不用再寻找线索。

9月13日星期六的上午，比尔·格罗斯去了米希尔·沃拉的家中跟他交谈。沃拉是他在公司中的最后一个盟友了，他对格罗斯仍然保持着忠诚。格罗斯跟他解释了事情的来龙去脉，他所有的建议，并询问沃拉为什么人们对他非常反感，他不明白为什么。

沃拉耐心地跟他做了解释。关于鲍尔斯的整件事，公司的业务端绝对不会放任不管的。

格罗斯问沃拉，作为管理执行委员会中拥有投票权、能够决定格罗斯命运的一员，如果委员会要对是否解雇格罗斯进行投票的话，他会怎么做。

沃拉说他永远不可能对格罗斯投反对票。

有沃拉和他自己的票在手，委员会就无法取得多数票把他赶走。因此，格罗斯认为，他还有时间。

但到了周一，他又改变了主意。他知道让沃拉跟他站在同一边意味着什么：阻止一场已经开始发生的"政变"将会把他变成一个"死人"。格罗斯若有所思地说道："事实上，你可能已经成为一个死人了。"但有些事情不是你可以单独行动的——组建家庭、对抗癌症、反对公司里一场公开的叛乱……诸如此类的事情。沃拉必须投票反对格罗斯。

听到这，沃拉哭了，格罗斯也哭了，他们抱在了一起，因为他们知道将会发生什么：刀子要向格罗斯砍来，而沃拉无法阻止。

* * *

在那之前，霍奇和其他人每天都在开会，讨论要如何做接下来必须做的事情。

管理执行委员会本来在9月27日星期六安排了一场特别会议，因为接下来要发生的这些事情需要计划和筹备，即使有很长的筹备时间对他们来说还是不够。空气中弥漫的毒气已经很多了，并且那些威胁要辞职的高管们带来的风险也很大，一些成员已经开始要求提前召开会议了。

这种安排并不理想：从信息披露的角度来看，作为一个上市公司的一部分，太平洋投资是很难在市场开放的时候进行紧急的管理层调整的。而且一般来说，重要的决策者们应该在市场开放的任何时候都在市场上。但这一次紧迫性占据了上风，执行委员会将会议从星期六提前到了星期五。

9月16日星期二，格罗斯接到了通知：9月26日星期五的下午2点将举行公司管理执行委员会会议。所以，那是他的最后期限。他的思绪飞快。他必须想办法再次占据上风，以自己的方式摆脱

第十五章 会议纪要

困境。

格罗斯给双线资本的主机拨打了电话，双线资本是位于纽波特海滩北部、太平洋投资在债券行业的竞争对手——从纽波特海滩沿着 405 号高速公路一直开，然后沿着 10 号公路向东开，到洛杉矶市中心就能看到他们的办公室了。双线资本的前台接了电话，格罗斯跟她说请把电话转给杰弗里·冈德拉赫（Jeffrey Gundlach）。

冈德拉赫不是格罗斯给朋友打电话的一个明显选项，主要是因为他和格罗斯在他们的整个职业生涯中都将彼此作为自己的对手看待。他们都对房屋抵押贷款市场情有独钟，而格罗斯已经感受到了冈德拉赫的业绩表现正在慢慢爬升并赶超他。

现在，他与冈德拉赫平行的事业线更加接近了，这也激励着格罗斯：冈德拉赫在差不多 5 年前创立了双线资本，在他从西部信托公司（TCW）闹得很难看而离职后。他在 TCW 工作了 24 年，负责管理那家公司的总回报债券基金，并为公司、客户以及他自己赚取了丰厚的利润。像格罗斯一样，冈德拉赫也看出了房屋抵押贷款市场会崩溃，并对此下注。但在最后，他觉得 TCW 的管理层并没有依照他创造的利润给他发放奖金，并且忽视了他作为一个公司领袖的地位。他们之间的紧张关系很快升级到了实战，直到有一天，冈德拉赫怒气冲冲地摔门而去，律师们在楼梯间追着他走出了大楼，他们的皮鞋在水泥台阶上摩擦的吱吱作响。

冈德拉赫最后带着他在 TCW 手下 60 名员工中的 45 人离开了公司，并创立了自己的公司。在紧随其后的一系列肮脏的法律诉讼中，涌现了许多疯狂的逸事，给双方造成了极大的损害，比如，有一名员工将一个存有 TCW 所有信息的优盘塞进了自己的内衣里偷偷带出了公司。

但是，没有证据证明这个经常自称天才的人有罪。最终，陪审团认定冈德拉赫违反了对 TCW 的信托责任,但没有要求他对这项违规支付任何罚金,同时要求 TCW 向他支付 6 670 万美元被拖欠的工资。当被问道他对这个判决感觉如何时,冈德拉赫微笑着说道:"67 比 0。"[2]

投资者喜欢他,他的员工也喜欢他,双线资本蓬勃发展,并成为有史以来增长最快的共同基金管理公司之一。

这些细节对格罗斯来说并不重要。冈德拉赫的个人情况表明,他们是同一类人,他们两个都在投资和创业方面有不可否认的才能,并在职业生涯中都得罪过那些想榨取他们利润的无用官僚,并对他们造成了威胁。

当格罗斯拨号到双线资本的主机时,这家公司的前台梅丽莎(Melissa)接了电话,然后说冈德拉赫不方便接电话。格罗斯给他留了言,梅丽莎为他传达了信息,说有一个叫比尔·格罗斯的人打过电话。

这听起来很像是一个恶作剧电话,冈德拉赫会收到很多诸如此类的恶作剧电话。他的名气越来越大,吸引了大量粉丝,同时也不可避免地吸引了大量恶搞者。冈德拉赫让梅丽莎查一下这个号码。

她说,那是一个 949 开头的电话号码。

冈德拉赫走进了伊格纳西奥·索萨(Ignacio Sosa)的办公室,索萨是太平洋投资的前产品经理,他为了逃离太平洋投资内部的疯狂氛围,在几个月前跳槽到了双线资本,并选择每天花两小时通勤到洛杉矶上班,而不再到那个位于纽波特中心大道的办公室打卡。"你有格罗斯的电话号码吗?"索萨回答说:"当然没有。"所以他们一起蹲在电脑屏幕前搜索了"949 区号",他们发现这个区号是奥兰治县的。

冈德拉赫让梅丽莎给那个人回电话,确认他是否真的是比尔·格罗斯。梅丽莎打完电话后说这个人肯定是格罗斯，因为她能从这个人的声音分辨出来。

几小时后，冈德拉赫给格罗斯拨通了电话。

当时仍心烦意乱的格罗斯接了电话，说："喂，你好，杰弗里。叫你杰夫好，还是杰弗里好？"

"杰弗里。"冈德拉赫感觉格罗斯已经知道怎么称呼他了，他们继续聊了下去。

格罗斯对冈德拉赫说："太平洋投资不想要我了，他们要按下解雇我的按钮。"[3]

冈德拉赫对这个信息感到很惊讶，然后这也引起了他的共鸣。他说："我不敢相信他们真的会想赶走你——这看上去是非常愚蠢的事情。但我以前也遇到过这种事，我也见到过类似的超级愚蠢的行为。"

格罗斯说他还不想退休或是被解雇，他想继续管理基金，基金里的钱少一点也没关系，他还没有做好准备退出这个行业。

冈德拉赫说："你听上去好像很急，要不要一起聊聊？"他建议格罗斯去他家，他们可以在那儿私下交流一下。至少，冈德拉赫可以跟他分享一些经验。冈德拉赫察觉到了某种机会，某种可以组建"梦之队"的场景。

第二天下午4点左右，格罗斯的一个司机把他带到了冈德拉赫家。在接下来的3个小时里，他们坐在冈德拉赫家托斯卡纳风格的别墅屋檐下，太平洋在远处若隐若现。格罗斯跟冈德拉赫说了所有的事情，他语速很快，把过去12个月发生的事情的细节都说了出来：包括和埃里安的争吵、公司对他的言论的封锁、媒体禁令、搜寻内鬼、X先生，以及他对自己创建的公司的管理不善，等等。在交谈中他不停提到"那个搞私募股权的家伙"，看上去指的是伊瓦辛。

他用力说着，看上去很生气。这一切都感觉很熟悉。格罗斯似乎很哀伤，很沮丧，很惆怅。他向冈德拉赫描述了他曾看到的纳粹士兵用枪瞄准举着手排成一排的平民的照片。格罗斯说他一直在想那些平民为什么没有跑。"现在我明白了。"他在这些受害者身上看到了自己，换作是他的话他也不会跑，因为那样就给了那些士兵满足感。如果他们要这样做，那他们就必须这样做。"他们将必须朝我头上开枪。"

冈德拉赫试着以自己的方式来安抚格罗斯，他说，令人感到讽刺的是，这几十年来总回报基金的优异表现才是削弱他的原因：这个基金规模变得太大了，以至于难以管理。太大的成功会造就失败，每个成功人士都知道这一点。

冈德拉赫记得他对格罗斯说："你管理的钱太多了。"

格罗斯说："你说得非常对。"事实上，这就是他向太平洋投资提议的！他跟公司说可以让他管理大约400亿—500亿美元的资产——这没有什么稀奇的，只是给他一堆数额体面的基金让他投资就行。他并不想管理公司的旗舰基金。

但这并没有成功，格罗斯再次面露悲伤地跟他说："他们说，希望我马上离开。"

他们俩的这次会面并非没有紧张的情绪。这两个人多年以来一直是竞争对手，并偶尔会在金融媒体上隐晦地抨击对方。近年来，冈德拉赫甚至已经在个别报道中接过了"债券之王"的衣钵，虽然他跟格罗斯说他从未授意媒体这样写。据冈德拉赫回忆称，他们讨论了他们死后留给世界的形象会是什么样子。格罗斯说他会像科比·布莱恩特（Kobe Bryant），而冈德拉赫像勒布朗·詹姆斯（LeBron James）——后者当时只是一个行业新星，还没有成为传奇。

格罗斯说:"我已经赢得了5枚总冠军戒指,而你只有2枚——可能你将来也会赢得5枚。"(格罗斯否认曾说过这句话。)

随着他们的观念不断碰撞,他们开始朝着一个对他们都有好处的想法上靠:格罗斯未来可能在双线资本工作吗?他们所说的东西尚未达成共识,但他们试着朝这个方向想。格罗斯说他愿意以年薪1美元的薪资在双线资本工作,冈德拉赫明白,这意味着他们接下来可以讨论更多的细节问题了。

格罗斯不得不透露一件事,虽然有些尴尬,但如果他想要加入双线资本,他就必须说出来。冈德拉赫跟他保证,他所说的话不会流出这个房间,于是格罗斯跟他分享了这件事:证监会已经对太平洋投资进行了数月的调查,"学习"太平洋投资如何调整债券价格,了解公司的第三方定价系统以及它的合规部门,尤其是那些与总回报基金ETF相关的事情。格罗斯自己也曾被证监会"请"去进行了长时间的谈话。

这也是个大新闻,但仍可以控制。证监会正在债券市场中迎头赶上,他们在到处打探信息。

从冈德拉赫的角度来说,他需要在事情进一步推进前很明确地指出一件事:如果他们要合伙,他不会跟格罗斯分享领导权。他白手起家创建了双线资本,这公司将一直属于他。格罗斯可以作为基金经理来双线资本上班,做他自己想做的事情,但他不可能与自己分享任何的权力。并且,他不能持有公司的股权。

他们同意保持联系,但没有达成任何明确的协议。在回家的路上,格罗斯给苏打了电话。他告诉她,他只是不确定,有些事感觉有点不对劲。

冈德拉赫也没有确定这个想法。"梦之队"可能不是个好主意,甚至可能不算是个主意。他们两个如此相像。尽管这样,双线资本的工作人员还是撰写了一份关于比尔·格罗斯将加入公司的媒体通稿,以备不时之需。

现在,安联集团已经意识到了局面的严重性。

自从在2000年收购了太平洋投资的多数股权后,安联集团一直与其保持距离,保持着母公司不干预子公司运营的关系,这也是有意为之。太平洋投资的一些人一直有些优越感,好像他们把股权卖给安联集团是帮了安联的忙一样。太平洋投资要求安联保持这种距离,通常结果都很好。

安联集团在慕尼黑的高层一直在评估着太平洋投资不断恶化的局势,但现在局势已完全失控,安联集团的首席执行官迈克尔·迪克曼(Michael Diekmann)不得不亲自干预。他已经订好了一个航班前往那里。

在迪克曼到达加州之前,格罗斯和安联全球投资的前负责人阿希姆·法伯(Joachim Faber)以及太平洋投资已退休的前首席执行官比尔·汤普森坐在一起开了个会。法伯是安联集团2000年收购太平洋投资时期的负责人,格罗斯很喜欢他;而汤普森是格罗斯非常信任的人,他儒雅的处事方式可以很好地安抚格罗斯。(太平洋投资的高管们一直在向汤普森寻求帮助;汤普森在公司所在的那条路上仍保留了一间办公室,这些高管们会到那里跟他咨询关于格罗斯审问告密者的事情,希望汤普森能够给他们提供一些建议。)

通过电话和电子邮件的沟通,他们制订了一个计划。据格罗斯回忆,他们为格罗斯制订了一个将他从这家由他塑造并塑造了他的公司中过渡出来的计划。他现在需要辞去公司首席投资官和投委会主席的职务,并且要辞去管理执行委员会和合伙人薪酬委员会成员的职务——这相当于卸去了他在公司拥有的所有权力。他的奖金将会被削减一半甚至更多,但这对他而言并没什么。他在公司内部扮演的角色将会弱化，他要完全放弃对总回报基金的控制，并接受管理一个更小的投资组合，里面大约有几百亿美元的资产。同时，他也不会再踏入太平洋投资的办公室，他可以在任何其他地方管理他的投资组合，在那些地方，他的存在、他的性格不会再让人感到不安。

这个计划是格罗斯上周提出的议案的缩减版，其中对他的惩罚要严厉得多。但在当下的时点，这是他能够期望得到的最好结果，他自己也知道这一点。

迪克曼在17日抵达，格罗斯的离开是一场严重的灾难，但现在，可能也是一场不可避免的灾难。迪克曼的目标只是减轻损失，他将尽力而为。

9月18日上午，迪克曼与格罗斯共进早餐。他们虽然认识，但在这些年间并没有太多交流，所以他们的谈话很生硬。

根据格罗斯的回忆，迪克曼提到了法伯、格罗斯以及汤普森一同制定的方案，他记得迪克曼用了"双轮驱动"这个词——这意味着会有200亿—300亿美元的资产完全由他管理。他们都希望这样能解决未来可能变得更棘手的问题。太平洋投资和安联集团将会因留住公司年迈的创始人而得到业务连续性的好处；另外，他们仍可以开心地服务于大多数忠诚客户，可以避免公众形象的崩盘。这件事可以很平滑、没有破裂地得到处理。格罗斯记得迪克曼对他说，他们所有人都可以"朝着同一方向前进"。

据格罗斯回忆，迪克曼说他会把这个方案带去太平洋投资的管理层。他们会在几个小时后再次会面。

迪克曼去见了霍奇和雅各布斯。几小时后，格罗斯也去赴了约。格罗斯清楚地记得迪克曼指着他说，他认为格罗斯会喜欢他将要听到的内容，并给了他一个微笑。这给格罗斯的步伐加了一点动力：

"双轮驱动"是有可能的！这场战争将要结束，他走进了会议室。

但马上他就被吓了一跳。霍奇向格罗斯提出了一个完全不同的过渡方案：太平洋投资将会在年底宣布他退休，并且将表彰他在长期职业生涯中取得的成就——在格罗斯看来，这就是一篇一团和气的媒体通稿。

这完全不是他所期望的。他问起之前提出的"双轮驱动"方案：这个方案为什么不行？不是说他仍可以管理一小部分资产吗？如果他仍在现在的办公室里工作会让大家难堪的话，他甚至同意到街对面的办公楼里面工作，这难道还不够吗？

雅各布斯对此提出了异议，这个想法顶多算是非常规的。但从逻辑上看，它没有任何意义；从透明度上来看，它也没有任何意义。他们将如何向客户解释？他现在不想跟格罗斯讨论这些问题——因为在那个时刻他已经不确定格罗斯能否理解这背后的道理和逻辑了。他们说会考虑格罗斯提议，但基金金额不可能是几百亿美元，可能顶多是10亿—20亿美元。

对于格罗斯来说，他们的提议就相当于解雇，只不过这个解雇可以伪装几个月，那样一来，太平洋投资就可以对公众隐藏他被解雇的消息，假装得比实际情况要好。这是篇羞辱性很强的新闻稿，他已经遭受了太多的羞辱，他明明已经准备好了承受更多羞辱，但这次他无法接受。

他们说，如果格罗斯能够留任到12月，这将有助于他平稳实现职位和责任的过渡。但格罗斯听到的只是他将被"允许"留下，而如果他不接受这个新提议的话，他就会被马上解雇。

他们解释说，格罗斯不能再作为太平洋投资的员工，他们需要分道扬镳了。但他们可以想出一些办法，设计一些可以运作的结构。据格罗斯回忆，雅各布斯提出让太平洋投资帮助格罗斯创办一家新公司或基金。

格罗斯回答说："那是一块连狗都不会挑的骨头。"他在没有达成协议的情况下离开了会议室。

在公司外，互联网上突然出现了一篇关于穆罕默德·埃里安的新故事，并被病毒式地报道，讲述了一个强大且高尚的首席执行官抛弃影响力和财富选择隐退，花更多的时间陪伴女儿。6月，埃里安为《价值》（Worth）杂志写了一篇文章，之后人们对这篇文章的兴趣忽然莫名其妙地被重新燃起，然后《电讯报》（Telegraph）、《每日邮报》（Daily Mail）、《独立报》（Independent）、《赫芬顿邮报》（Huffington Post）以及《E！在线》（E! Online）上都发表了他的文章。太平洋投资的所有员工都在谈论此事，说埃里安策划了一场"媒体闪电战"，将格罗斯推到了悬崖边，虽然他们没有明确的证据。① 市场上也有传言称，埃里安正和安联集团商讨重新回归太平洋投资的可能。

大约在同一时间，有消息称：在9月23日，《华尔街日报》爆出了SEC正在对太平洋投资进行调查的新闻。克里斯汀·格林德、格里高利·祖克曼和让·伊格尔沙姆（Jean Eaglesham）联名发表文章称，监管机构正在调查太平洋投资是否人为地提高了其债券ETF的收益，而这只ETF的"巨额早期收益"[4]可能有助于该公司吸引投资者；最近几周的调查有所加强，格罗斯本人也和调查人员进行了会面。

这篇文章没有提供详细说明，但是证监会已经发现太平洋投资

---

① 埃里安通过律师否认曾经参与了太平洋投资内部解雇格罗斯的事件。他的律师说，这一波新闻报道的"催化剂"是埃里安博士参加的一个由路透社和安联集团组织的记者见面会，在这个会上记者们向他提问了在2013年5月进行的那场对话。路透社对此进行的报道被其他媒体平台引用了，并引起了公众对于他工作和生活平衡问题的集体关注。

利用零数单定价机制的问题使总回报 ETF 在成立初期获得了巨大领先优势，击败了它自己的共同基金参照物——正如杰森·威廉姆斯在诉讼中所指控的那样。

太平洋投资将这个调查隐瞒了这么久，结果在这个最糟糕的时候，在一切都要结束的时候突然爆了出来，虽然管理层知道这件事早晚是会被捅出来的。在正常情况下，这种信息泄露会让人感觉像是一场灾难，但在这个时刻，它并不是公司面临的最大问题。

"星期五下午两点"迫在眉睫。格罗斯还保留了一些尊严，他不会出席会议，他不会在所有人面前被解雇。他会在此之前找到一个解决方案，抢先于他们的小计划。

他给迪克·威尔打了电话。

在那年夏天格罗斯曾联系过威尔，当时正值埃里安离职引发混乱以及那些令人受伤的媒体报道发布的时期。格罗斯当时听到了一个关于他有被解雇风险的传言，而他是一个管理风险的大师，所以他给威尔打了电话。威尔在电话里说他和杰纳斯资本永远欢迎格罗斯加入。但当时格罗斯认为他可以坚持下去，打算留在太平洋投资。他和威尔的对话也就渐渐被淡忘了。

但现在事情有了变化。

威尔并不傻，他看到了机会。多年来，他一直试图让人们关注到杰纳斯资本，但只取得了非常一般的效果。他对格罗斯说，公司已经为他准备了一间办公室。

格罗斯又给冈德拉赫打了电话，留下了语音信息："我将离开太平洋投资，但不会加入双线资本。不过，还是谢谢你。"

那个周四晚上太阳下山后，在管理执行委员会开会前半天，格罗斯溜进了太平洋投资的办公室，在空荡荡的交易大厅里走来走去。他在交易票据和打印纸上写下了小小的"情书"，送给那些他仍然认为是盟友的人,那些他仍然尊重的人,虽然这些人的数量越来越少。

他给本·埃蒙斯写道:"要继续好好工作。"另一封是给王琦的:"照顾好她。"

他把纸条塞进信封,封好,放在了十五六个即将成为前同事的人的办公桌上。

他又写了一张纸条,加了一个预估的离职时间:

致太平洋投资管理公司首席执行官:

此信确认我将于太平洋时间 2014 年 9 月 26 日上午 6:29 从太平洋投资辞职。

威廉·H. 格罗斯

第十六章
再见了,那些日子

纸条上写的时间也晚了。

9月26日,太平洋时间凌晨5点28分,杰纳斯资本宣布:传奇债券投资家威廉·H.格罗斯将加入该公司。

太平洋投资和安联集团均感到震惊。在慕尼黑,安联集团的股价应声下跌,集团高管们疯狂地给位于纽波特海滩的太平洋投资打电话确认,格罗斯已经离职了,这很滑稽。负责全职报道太平洋投资的记者们震惊了。整个华尔街上的交易员们,以及全美的对冲基金和债券公司的交易员们都震惊了。那些习惯了提前获取信息的金融圈大佬们也盯着他们闪烁的电脑屏幕,思索着是不是还有另一个威廉·H.格罗斯存在。

在其他人还没有搞清楚状况时,格罗斯的猎鹰飞机已经降落在了科罗拉多州的丹佛市,格罗斯已经坐在了杰纳斯资本位于樱桃溪(Cheery Creek)的办公室里。他几乎已经得到了他想要的所有东西:拥有他自己的基金,不再承担管理公司的责任,以及至少挽回了一部分的自尊。他没有得到遣散费,也没有得到"黄金降落伞"[①]。

[①] 指合同中规定的保证高层雇员因公司被收购而遭解职时可获得一大笔钱的福利。——译者注

格罗斯将管理杰纳斯全球无限制债券基金,该基金的总额为1 300万美元——是13个"百万"而不是13个"十亿"。他将会创建杰纳斯资本在纽波特海滩的办公室,在离太平洋投资总部仅有几千英尺远的地方。这栋办公大楼是太平洋投资办公楼的翻版,但多了一层。有传言说,开发商增加这层楼只是为了超越太平洋投资(但他们并没有这样想)。

消息爆出的当天早上,市场出现了波动。出于一些毫不相关的原因,几个星期以来市场情绪一直紧张不安。但格罗斯离开太平洋投资的消息震惊了交易员们,一阵恐怖的颤动席卷了债券市场,并波及了不同类型的资产:在他们看来,格罗斯就是太平洋投资。这一变动的影响可能是巨大的。考虑到格罗斯在投资方面的影响力,这是否意味着他最喜欢的交易会失宠?波动会有多猛烈?是否会引发债券或是由他一手扶持的新兴市场经济证券的巨大抛售?

结论很快就能得出:太平洋投资将受到一大波客户赎回潮的冲击,这是不可避免的。

赎回意味着太平洋投资要在市场中大规模地抛售债券。不管太平洋投资曾经喜欢买入什么资产——投资者们要撤离,要快速撤离。

太平洋投资和格罗斯最钟爱的资产的价格开始暴跌。巴西和墨西哥的政府债务有所下降,受太平洋投资青睐的公司的债券价格跌落了悬崖。格罗斯最珍视的衍生品、掉期合约、通胀保护债券的价格也都是如此。交易员们在太平洋投资的网站上拉出了总回报基金的持仓清单,每6天更新一次,并在其中寻找可靠的证券,制定战略,思考在哪里施压,在哪里突破。

不仅仅是交易员们在投机,监管者们也担心格罗斯在太平洋投资的"陨落"可能成为他们自金融危机以来最恐惧的"系统性"事件,成为他们一直在预测并极力避免的那场地震,他们非常紧张。

第十六章　再见了，那些日子

从格罗斯离职的消息传出的那一刻起，监管者们就开始打电话了。美国证券交易委员会、金融行业监管局和其他监管机构纷纷打电话给太平洋投资，试图评估格罗斯离职的潜在影响。他们还打电话给了太平洋投资的其他竞争对手、对冲基金、经纪商、组织证券交易的交易所的高管人员。他们想知道，情况会有多糟糕。这是否会导致整个金融市场的不稳定？这会是那个"系统性"事件吗？他们不断地给最大的基金公司打电话，询问他们是否有客户要求撤资，是否会导致债券市场的混乱。

每个人都在观察市场，监控着系统是否在这种级别的交易量下仍保持稳定。

但有一只证券的价格却因格罗斯离职的消息爆出而大涨：杰纳斯资本的股价上涨了43%，日涨幅达历史最大。

金融媒体努力地消化着这一消息；纸媒记者们疯狂敲击着键盘，对信息做出碎片化的更新；电视节目制片人们争先恐后地邀请能够解读太平洋投资内幕的嘉宾，以及愿意在节目中露脸并对此发表评论的人。

太平洋投资匆忙起草了一份声明，在太平洋时间早上6点37分发出：格罗斯已经辞职。虽然他本人已经离开了，但这份声明中仍写道：他将离开公司，即刻生效。[1]

霍奇在声明中说："经过这一整年，比尔和公司的领导层在如何带领太平洋投资前进这一点上产生了根本性的分歧，这一点已经越发明显了。出于对客户、雇员和母公司（安联集团）的责任，太平洋投资已经制订了接班人计划，确保公司能够为领袖无缝变更做好充足的准备。"

霍奇在声明中似乎是在说，公司在这件事情中并没有错误；虽然格罗斯在确切的离职时间上先发制人，但太平洋投资对此做好了充分的准备。

太平洋投资的管理层召集了一系列会议，对下任首席投资官进行了投票选举，毫无疑问，这个位置属于伊瓦辛，但公司的董事总经理们必须进行一轮投票。

太平洋投资还宣布，斯科特·马瑟、马克·基泽尔和米希尔·沃拉将接管总回报基金——沃拉明显被排到了最后，这被认为是对他效忠于格罗斯的一种蔑视。他们已经开始行动了，在贪婪的对冲基金交易员们准备提前进行大甩卖时对他们进行了打击。

影响几乎是不可避免的。在比尔·格罗斯离开后，从10月到次年3月，公司的客户们从总回报基金中赎回了超过1 000亿美元的资产。太平洋投资不得不采取措施来应对这些赎回。

太平洋投资正忙着在公司内部进行甩卖，利用它钟爱的17a-7条款，它将总回报基金中价值180亿美元的债券卖到了太平洋投资的其他投资组合中。虽然这并不能完全抵消1 000亿美元的赎回，但也提供了些许帮助。

太平洋投资利用17a-7条款将大量格罗斯喜爱的通胀保护债券从总回报基金转移到了由伊瓦辛掌管的收入基金。到3月底，通胀保护债券成了太平洋收入基金中持仓最多的资产，虽然这只基金多年来几乎没持有过这类资产——因为客户们选择投资这只基金就是想要将注意力放在投资于创造收入以及额外现金流的资产上，这些资产的属性与通胀保护债券完全相反。

对外，太平洋投资的交易员们迅速卖出了债券指数以及他们最重仓的证券，以收集现金。但他们牢牢握住了那些正在被市场打压的证券，他们不会允许那些虎视眈眈的、像斗鱼一样的对冲基金经理们摧毁它们。

比尔·鲍尔斯说："太平洋投资正处于战备状态。[2]每个人都必须拾起比尔·格罗斯离开后留下的各种碎片,并且他们正在进行一年内的第二次重组,而埃里安已经提前离开了公司……很难想象人们会比早上 4 点半进入公司、下午 6 点离开公司、周末加班更努力而专注地工作。"但是,鲍尔斯也说:"现在是他们说服自己的时候了,整个重组过程和管理架构都已经到位,它是有效的,而且这个架构将比格罗斯更长寿。"

太平洋投资很清楚,它只有一个很小的时间窗口来赢回那些理财顾问和客户,这些人下意识的反应就是逃离。从那个周五早上开始,公司的客服人员就开始打电话,从巨型养老保险基金到个人投资者,给他们能够联系到的所有人打电话。他们在电话中说:"来拜访我们公司吧,你会喜欢上我们的新架构。在某种程度上,这个架构已经去除了此前的积压。因为格罗斯最终是要离开公司的,只是当时我们还不清楚要做什么。现在我们清楚了!我们很强大,我们已经准备好了!"

这是一场艰难的战斗。几乎马上,关于格罗斯那些不可预测的行为的报道就喷涌而出了。交易员和记者们重提了《华尔街日报》在 2 月的报道,新的小道消息也随之而来:格罗斯曾给冈德拉赫打过电话,并且曾与他见过面。在消息传出的当天,冈德拉赫跟珍妮弗·阿布兰简述了他和格罗斯会面的故事。另外,有消息人士告诉 CNBC 的记者:格罗斯本来是要被解雇的,因为"他的行为越来越反复无常"[3]。

"反复无常"这个词频繁出现,国家公共电台(NPR)和《纽约时报》都有提及。这是一个饱含深意的评价,它暗示格罗斯不只是刻薄和卑鄙,也不仅仅指他对待人们的方式。"反复无常"意味着他完全不稳定,这在某种程度上可能引发公司层面的问题。基金经理和董事会必须坚守他们的信托责任,其中一部分就是"谨慎责任",

或者说是要"小心、熟练和谨慎"地正确行事。

这也带来了一个难题：太平洋投资的管理层知道，如果曝光格罗斯的行为非常反复无常，那么他们解雇格罗斯的理由就充分了。但是，即使在他们自己的叙述中，公司也并没有解雇格罗斯，因为他已经辞职了。如果公众知道了他们一直努力掩盖的一切，太平洋投资可能会在与格罗斯的斗争中获胜，但会输掉整场战役。客户们可能会质问管理层为什么不早些采取（解雇格罗斯的）行动。许多人已经感到震惊了：在一个最强调信任的行业中，"关键人物"已经有整整18个月处于反复无常的状态吗？难道这个房间里没有成年人吗？难道这家公司里没有委员会或是规定和章程，对他们"反复无常"的创始人施加控制吗？我们能认为这是一家真正可靠的公司吗？

从太平洋投资的角度来看，他们可以说格罗斯直到最后才真正变得无法胜任他的职位，这样一来，问题就是在刚出现苗头的时候得到了解决。

霍奇在周六接受了《华尔街日报》的克里斯汀·格林德的专访，这是他在"后格罗斯时代"接受的第一次专访。他说太平洋投资内部有一种"压倒性"的解脱感；周五下午，在伊瓦辛被任命为首席投资官后，聚集在一起的公司员工们纷纷起立鼓掌。霍奇说："那是一种乐观且热烈的氛围。"[4]

9月30日，星期二，伊瓦辛和霍奇一起参加了CNBC的节目。他们已经准备好确定公司新的基调和发展方向，安抚客户的情绪，平息风波。但这次节目却是一场灾难：两个人以对峙的角度坐在那里，在尽可能远离对方的同时又极力保持留在电视画面中。——这是他们又亲密又分离的完美展现。他们结结巴巴地回答着问题，听起来像是排练过的，两个人看起来痛苦不堪。霍奇回答问题时更像

第十六章　再见了，那些日子

是在阅读或是背诵他此前准备好的答案，但答非所问，他有点闪烁其词、局促不安。而霍奇说话的时候，伊瓦辛也是坐立不安，或双手合十，或抓耳挠腮，凹陷的双眼快速转动。他身子转来转去，好像有点羞愧，又或者想找一个更好的姿势。轮到他发言时，他似乎也在仔细阅读答案。

霍奇回避了主持人布莱恩·沙利文的问题，只是喋喋不休地说太平洋投资多么有活力，多么乐观，多么"蓄势待发"。他说："比尔最终会离开公司，这点我们都知道，无论是在某个周五、明年，还是后年。"[5]

他不断重复着这些话，说了十几次"向前迈进"或是"继续前进"。

太平洋投资的员工们在交易大厅看着这个节目的直播，目瞪口呆，面露难色。这个访谈怎么会对公司有帮助呢？他们并不比格罗斯做得好。

公司的公关部门向金融媒体宣传了丹·伊瓦辛的亲民形象：他喜欢纳斯卡（NASCAR）和乡村歌手乔治·斯特里特（George Strait）；在海滩上跑步时，他喜欢听雷鬼音乐；他几乎不苟言笑，这在太平洋投资被认为是很酷的。他的前老板斯科特·西蒙说："如果你在周六看到他，你绝对想不到这家伙是太平洋投资的首席投资官。他看起来就像一个在纽波特海滩上散步的普通人。但我要告诉你，他总是全力以赴，是一个伟大的投资家。他对风险与回报有一种令人难以置信的、与生俱来的直觉。"[6]

《金融时报》写道，伊瓦辛就住在公司办公室附近一个靠近海边的美丽半岛上[7]，在那里他可以在海滩上跑步或者打沙滩排球。最关键的是，他是爱狗人士，跟他那个只会在《投资展望》中对他死去的宠物猫唱赞歌的前任完全不同。这点很重要：他们是完全不同的。

他们说，这一点在太平洋投资的交易大厅中也表现得淋漓尽致：进行头脑风暴的分析师和交易员如雨后春笋般涌出，他们自然而然地聚集在办公桌前，一种新的合作精神在公司占据了主导地位。这种不同可能是相对的，因为他们的风格仍是太平洋投资式的，但在那里发生的任何事情都可能是一种改进。

与此同时，早些时候因厌倦格罗斯而逃离太平洋投资的员工也开始陆续回到了公司，因为公司又变得安全了。在几周内，太平洋投资宣布它重新雇用了基金经理马克·塞德纳和一名在夏天突然离职的利率交易员；他们也重新雇用了令人尊敬的经济学家和诺贝尔奖得主迈克尔·斯宾塞（Michael Spence），在那年2月之前他一直是公司的顾问；他们还扩大了股票和另类投资团队的规模——这之前是格罗斯想要解散的团队。

太平洋投资很坚决地表示，现在没有人会离开。这份坚决使事情变得简单了：他们接下来只需要用钱来解决潜在的问题就可以了。

巧合的是，公司利润池中很大一部分利润刚被重新分配给合伙人们：太平洋投资从安联集团手中留存了30%的年利润，每一年，公司的合伙人们都会分配这笔利润，其中格罗斯要拿走20%，埃里安和格罗斯两个人要拿走差不多5.2亿美元。这些钱现在合伙人们可以按照自己的意愿重新分配了。

这是很幸运的事情，否则公司的薪酬状况将看上去很糟糕：那些为激励业务增长而建立的激励机制可能会适得其反。M层级员工的价值正在急剧下降。

在格罗斯辞职前，太平洋投资就想要提高盈利能力来提升M层级的价值。但现在太平洋投资关注的是多年来不可避免的、不可阻挡的资金外流。M层级将在功能上变得毫无价值。新腾出的5.2亿美元正好可以填补M层级的漏洞。

第十六章　再见了，那些日子

这虽然解决了合伙人的问题，但并没有解决普通员工的问题。公司高层去找了安联集团，要求它设立特别奖励项目来留住人才。安联最终做出了让步，为太平洋投资的低层员工们提供了2.79亿美元——"所有没有参与太平洋投资利润分配的员工，他们的奖金将在下一年翻倍"。

安联集团没办法讨价还价，它现在必须尽可能地让公司的新任领导层高兴。因此，太平洋投资的合伙人们不仅保留住了他们丰厚的利润，还为公司普通员工争取到了更多的奖金。

10月2日，迈克尔·迪克曼宣布，在安联工作11年后，他将在明年年满60岁（安联集团董事会成员的正常年龄上限）后结束其作为安联首席执行官的任期。

随着太平洋投资的经理们极力地恢复平静，他们将资源倾注在了修复总回报基金上。这很有效，基金的业绩反弹了。基金经理们撤出了格罗斯对中期政府债的押注，转而押注短期企业债。该基金仍在流失客户资金——仅10月就流出了480亿美元。但不知何故，几个月后，总回报基金的业绩开始超过同行，在接下来的12个月内，它又回到了巅峰，几乎超过了所有的同行。

* * *

比尔·格罗斯惯常地在早上5点半去时尚岛购物中心的星巴克取走他常点的咖啡。外面还是一片漆黑。这是他早晨通勤的最后一步，近50年来，他的通勤路径都大致相同。随着太平洋投资在那个秋天的自我重塑，格罗斯也恢复了他大部分的日常生活。他每天早上会从位于悬崖边的豪宅开车过来，点一杯咖啡，打开彭博终端。他一直努力地保持这种状态。但这是今年第二次，这个近乎病态地遵循日程表行事的男人再次被迫搬迁了办公室。现在他从星巴克出来后要向右转，而非向左转，前往他位于纽波特中心大道一幢未完工的办公楼中的新办公室,这幢大楼的建筑风格与太平洋投资的办公楼几乎一模一样。

在他搬入新办公室后的几个月,那家星巴克也搬到了其他地方,这不是他能控制的。

在这个凉爽的秋日清晨,格罗斯走进了大楼,向保安轻轻点头致意。他走入电梯,上到了八楼。一开始,杰纳斯资本在纽波特海滩的办公室中只有格罗斯和他的新助理两名员工。格罗斯也是这幢全新建筑的第一个租客,这幢楼还在建设中,像一座坟墓一般沉寂。

* * *

格罗斯和他的助理选择了大楼八层一个阳光充足的角落办公。当然,除了角落里的这间办公室,他们还会有一个大会议室和一些供交易员和助理使用的隔间。他们有足够的空间进行扩张。

格罗斯的办公桌正对着太平洋投资,因此,当他坐在彭博终端前时,太平洋投资的大楼就在对面巨大的窗框中间,在他的屏幕后面,每天都在。这对他倒是一个很好的激励。棕榈树在楼下头重脚轻地摇摆着,光线从办公楼那高大的黑色窗户上投射下来,有时会产生一种恼人的眩光。

格罗斯在太平洋投资时,一位技术人员每天早上会比他早到办公室,然后打开他的彭博终端,帮他登录。现在,70岁的格罗斯就只能靠他自己了。他不得不接触他几十年来都没用过的终端中的功能,不得不完成一些本来是由其他人完成的证券交易,现在这些活儿都得他一个人干。

格罗斯喜欢安静的办公室。即使他坚持要求交易大厅保持安静,太平洋投资的办公室也总是很吵,因为他无法控制员工们敲击键盘的声音、咳嗽声以及那些无法压制的唠叨声。他希望这个新办公室能提供一个安静的环境,这样他就能把心思放在交易上。他要在他

第十六章　再见了，那些日子

的业绩表现失去光芒之前，从他停下来的地方继续前进，把过去几年的糟糕业绩提上来，恢复他长期的业绩记录。

在这个新的办公室中，格罗斯终于可以把过去几十年来他在太平洋投资积累的所有问题统统抛到脑后了，比如那些办公室政治和装腔作势，那些背后捅刀子的行为，那些员工公然破坏公司声誉、向媒体泄密以及当着他的面蔑视公司政策却没有受到任何处罚的事情。他还没有从震惊中走出来——不知为何，在他自己创立的公司里，他再也没有能力惩罚任何人了。多年以来，格罗斯减少了他自己在公司利润分成中的份额，像其他员工一样成了一个随性的人，并慷慨地把手中的所有权和控制权分配给了他人，这使他摆脱了权力的束缚。但到最后，那些由他雇用、培养的人却背叛了他。在格罗斯当年开拓这个现在被他们认为是理所应当的市场的时候，这些人还只是婴儿，而正是格罗斯开拓的这个市场使他们变得如此富有。

现在，他只能从外面看着他自己创立的公司了。他想到了自己面试新员工时提问的问题："金钱、权力、名誉，你选择哪个？"那五个阴谋家最终选择了金钱和权力。

当然，他的职业生涯还没有结束。他将向那帮人，向所有人证明他依然是债券之王。资金一定会从那家公司里流出来，他几十年来一直服务的客户们最终会从太平洋投资撤资，跟随他去投资杰纳斯资本。格罗斯每天早上都会在太阳升起前带着那唯一的信念起床：要向他们证明自己的能力，证明太平洋投资错过了一笔大生意。他总是那样说——对他的第一任妻子，对放弃太平洋投资的客户，对所有不认同他能力的人，他都要向他们证明。

10月9日，格罗斯发表了他作为杰纳斯资本员工的第一份《投资展望》，并附上了一封解释信。为了保持传统，这封信的内容依旧很奇怪。他在里面写道："在过去的一个多月里，被邀请'一起跳舞'⁸似乎已经成为我生活中的一个重要部分，但凡有一个合理的方式继续在那里工作，我都会在那里留到只剩最后一口气。"⁹他说的"那里"指的是太平洋投资。"但是，慢慢地，在极度犹豫之下，我逐渐明白，是时候离开了。这种情况有时的确会发生在创始人身上！但正如他们所说，这已经是不能改变的事情，我也不打算进一步讨论这个问题。现在，让我们谈谈未来。"

他知道围观的人都在想：为什么是杰纳斯资本？

他写道："我想回归一个更简单的角色，完全专注于市场、投资业绩和为客户服务……当我问（威尔）杰纳斯是否可能为我提供这种简单的机会时，他非常热情地回答说'是的，让我们一起跳舞吧'。我很高兴能与我信任的人在一个真正的合作环境中工作。"

格罗斯将这一期《投资展望》命名为"只跳两次舞"。他还写道，几乎所有的婚姻都有一些"缺失的环节"，而在他的婚姻中，这个缺失的环节就是没有跟爱人一起跳过舞。他写道："我和苏的30年婚姻就是这样——我是青蛙，她是公主，直到现在我们也从未一起跳过舞。尽管这些年来我们都很幸福，但总是缺少一些东西，一些微不足道的东西。虽说这只是最后一块微不足道的拼图，但至少对我来说是个值得重视的问题——我们从未一起跳舞！"¹⁰

他说，9月2日那天，苏终于邀请他一起跳舞了。那是在他们一起游轮旅行的时候，在他火急火燎地赶回去工作之前。格罗斯写道："也许是因为她桌上那杯额外点的加了伏特加的马提尼起了作用；也许是因为那天后来她对我说的，因为我'蓬松的头发'；又或许这只是命中注定的、成就我美好婚姻的最后一块拼图。但不管怎样，我们跳舞了！"如格罗斯所说，跳过舞后，他们的婚姻就像一个童话故事那样，完美了。

在某种程度上，这是格罗斯的一种姿态，是他献给苏的花束。

第十六章 再见了,那些日子

多年来,他会定期在《投资展望》里对苏进行甜蜜的描写,致敬她狡黠的反驳、她那令人羡慕的从地上捡起硬币的速度,以及她惟妙惟肖地临摹毕加索的技艺。在离开太平洋投资之后,格罗斯对有关他的谣言四起感到不安,这让苏有些害怕。他知道,他可以在这个艰难时期向苏表达感激之情,而他知道的表达方式就是借这篇《投资展望》向苏献上花束,公开地送给她。

杰纳斯资本在这篇《投资展望》发表的同时也举办了一场网络直播,迪克·威尔身着棕褐色西装采访了格罗斯。两个人都坐在皮椅上,讨论了金融市场的情况,以及投资者可以期待什么。格罗斯的右眼下方贴了一个创可贴,遮挡一个小手术留下的疤痕,这让他很尴尬。因为这会影响他的整体形象。

格罗斯仍对市场持悲观态度,他表示:债券市场的永恒牛市已经结束了,这些年他一直是这种判断。利率处于历史低位并且不断下降的时代也马上要结束了,随之结束的还有那些靠投资赚取两位数回报的日子。他说:"时代变了。这对比尔·格罗斯来说太糟糕了,对杰纳斯资本来说也太糟糕了,对所有投资者来说都太糟糕了……再见了,那些日子。"[11]格罗斯说这些话可能并没有很好的推销技巧,但每个人都很认可他的坦诚。

格罗斯继续在电视上露面,至少在债券市场上,大家仍然关心他的想法。他知道,他只需要继续努力,他的魅力就会再次发挥作用。

但这些都只是他为了博眼球而做的事情,真正重要的还是投资业绩表现。如果有人明白强劲开局的好处,那这个人肯定是格罗斯。要是在最初的几个星期或几个月里面,他的投资业绩并不突出的话,那么他接下来的业绩就几乎不可能再提高了。因此,一切都要从亮眼的数字开始,那样的话平均下来的业绩就很难被击败了。

格罗斯认为会有一大波老客户追随他,因为他们已经被太平洋投资内部的混乱情形吓坏了。市场分析师们估算,至少会有 250 亿美元的投资流向他,而晨星公司预测,"可能会有上千亿美元,或者至少几百亿美元的资金离开太平洋投资,而这些资金中的大部分可能会追随格罗斯流入杰纳斯资本"[12]。这可能会掀起一股大潮,格罗斯不知道这大潮有多大,但他必须做好准备。

同时,在刚开始时,为确保成功,格罗斯也将他超过 7 亿美元的自有资金投入了他管理的新基金,这有助于基金的发展,并给了他足够的发挥空间。这笔投资也使基金管理的总资产超过了 10 亿美元,这是许多机构投资者的一个关键门槛。他在为自己铺路。

用这么多自己的钱进行投资意味着格罗斯必须向杰纳斯资本支付基金管理费。此前他急于找到下家,因此没有费心思在薪水上讨价还价,那并不是他的首要考虑。在那之前,太平洋投资前董事会成员、诺贝尔经济学奖得主迈伦·斯科尔斯(Myron Scholes)已于 7 月加入杰纳斯资本,担任首席投资策略师。因此,格罗斯告诉威尔,他们给斯科尔斯多少薪水就给他多少薪水。但结果他发现杰纳斯给他的钱并不多,公司有 200 多名员工赚的比他多。算上格罗斯为自己投资的 7 亿美元向公司支付的管理费,他实际上是付钱给杰纳斯资本以换取在那里工作的权利。

但这并没有让他感到太多困扰,这是值得的。

11 月,杰纳斯资本宣布乔治·索罗斯(George Soros)的家族投资基金向格罗斯投资了 5 亿美元。有时客户们需要一个先行者,需要有一个人来带头。大型养老保险基金并不以开辟新天地、勇敢地单独行动而闻名。

格罗斯用杰纳斯资本的推特账户发表了一篇推文,称"被选中既是一种荣誉,也是一种需要争取的荣耀"[13]。他必须向索罗斯和其

第十六章　再见了，那些日子

他几个勇敢追随他的客户兑现承诺，并向太平洋投资证明，到底谁才是失败者。

在市场中取得业绩是唯一的证明方式。

格罗斯仍可以使用他的"结构性阿尔法"交易策略和思路，如果这些策略仍然奏效的话，当然，他认为它们会奏效。卖出波动率，投资于短期公司债券而不是现金，这些操作方式完全可以从一个基金复制到另一个基金上。但这些策略的成功在很大程度上取决于时间，也就是赌徒们常谈论的"真实赔率"——只要有足够长的时间跨度、足够多的数据，能够让他获得51%的胜率就行。但在短期内，他却冒着依赖随机样本的风险，因为市场会无缘无故下跌，也会无缘无故飙升，各种投资标的间的关联总是左右摇摆。有真实赔率的情况下，他肯定会赢；但没有真实赔率的话，他可能会输。如果他的策略仍然奏效，那么获得优势的唯一途径就是争取时间。

但是他没有时间，格罗斯知道这一点，因此他必须更加努力。长期以来，他更像是一个披着共同基金经理外衣的对冲基金经理，比起那些无聊的养老保险基金，他承担了更多的风险，进行了更集中的押注。现在，对于那些花时间去研究的人来说，这一点甚至更加突出和明显。他把自己绑在市场的过山车上，承担了大量的风险，试图达到他以前的业绩水平。如果他足够努力，足够用力，艰难地从市场中挤出几个基点，他就能成功。

几个月来，资金不断从太平洋投资的总回报债券基金中流出，但它们并没有流向格罗斯（管理的基金）。第一年，格罗斯的无限制债券基金的规模只达到了约14亿美元。他对外表示这个规模很好，他想要灵活性，在市场上灵活应变，这就是他的乐趣所在。但是，当然，这也让他感到一丝失望。他一直在为他的客户们努力工作，把他们放在第一位，几十年来一直如此，但是他们的忠诚哪里去了？

至少迪克·威尔得到了他的回报。杰纳斯资本的利润在2014年最后一个季度飙升了18%，因为它实现了新客户资金净流入——价值20亿美元——这是5年多来的第一次。"比尔·格罗斯是我们的佩顿·曼宁（Peyton Manning）①，他对我们来说是改变游戏规则的人，"威尔在丹佛接受彭博新闻采访时说，"人们都在关注我们。"[14]

2015年1月，《华尔街日报》记者克里斯汀·格林德和格雷格·祖克曼报道说，格罗斯的新基金中有一半的资产都是他自己的钱。

格罗斯对这两个人非常厌烦。在文章发表前，他就在推特上说："感谢 @KirstenGrind @WSJ 即将发表的文章——我确实相信并投资于杰纳斯资本的无限制债券基金！"[15]

但自格罗斯接手以来，这只基金已经损失了1.1%。2月，投资者从他的基金中撤出了1 850万美元；它好像正在朝错误的方向前行。2015年的情况已经不太好了：根据晨星数据，他的基金下跌了0.8%，落后于96%的同类基金。这只基金"自成立以来的业绩"和"当年业绩"的数字都没有达到格罗斯想要的水平。

* * *

在街对面那幢稍矮的办公楼里，太平洋投资在其引以为豪的股票型基金上的业绩表现也没有好到哪里去。2015年5月，就在格罗斯直言不讳地拒绝推进股票投资业务的几个月后，太平洋投资终于终结了这个业务。它关闭了3个主动型股票共同基金。维吉尼·梅松纳夫于6月离职，没有人替代她。

---

① 美式橄榄球著名四分位，也是美国职业橄榄球联盟丹佛野马队四分位。——译者注

第十六章 再见了，那些日子

格罗斯关于股票的观点被埋没在他的愤怒中了，但这些观点最终被证明是正确的：太平洋投资追求这一业务是没有意义的，他们从来没有成功吸引到多少资金。在太平洋投资放弃这个业务的时候，将要关闭的基金中的客户资产只有几百万美元，微不足道。但这家公司内部没有人会说格罗斯是对的，因为人们的认识就是他没有说对：不管他后来试图书写什么历史，投资股票一直是他提出的想法。

对太平洋投资来说，梅松纳夫的离开进一步削弱了这家公司已经岌岌可危的多元化状态：她是公司 8 名女性董事总经理中的一位（公司一共有 63 名董事总经理）。

然后，在 2015 年 8 月，太平洋投资经历了另一个第一次：在对太平洋投资的操作进行了多年调查后，SEC 向其发布了一份"韦尔斯通知"，正式警告并通知该公司，SEC 即将采取一系列监管行动。

这个通知本身并不具有很大的破坏性。"韦尔斯通知"类似于资产管理行业的人体乳头瘤病毒（HPV），很多公司都会收到。但太平洋投资内部的人们都还记得杰森·威廉姆斯，他现在定居在蒙大拿州，这会是他干的吗？SEC 的说法跟他的投诉十分雷同：太平洋投资管理公司操纵了定价系统。

其他"举报人"，即太平洋投资的前员工，也向 SEC 提出了投诉。他们主动提出要与监管机构交谈。据这些前员工说，只要监管机构努力寻找，就肯定会有很多发现。他们投诉称，格罗斯拓展文字、规则和定价系统，超出了原本的意图，没错，这也是整个公司的问题；投资组合经理们会抨击合规部门，推动放松监管，并尽可能地将术语朝能使他们获利的方向解读，以便为他们的不当行为扫清道路。这些行为包括操纵性的分配，滥用 17a-7 豁免权，发生利益冲突，以及用"眨眼和点头"的方式公开交易重大非公开信息（SEC 还没有对这些指控采取任何行动）。

从太平洋投资的角度来看，收到这个"韦尔斯通知"也可能有一个好处：这是一个机会，可以把格罗斯走后留下的烂摊子解决掉。这样他们就可以撇清自己，说所有错误的行为都是在格罗斯的监管下发生的，而那个最糟糕的演员已经离场了。

这样一来，太平洋投资就逃脱了责任，掩盖了公司几十年来的推波助澜和所利用的监管漏洞，把这一切都归咎于它已经离任的坏创始人——是那个坏创始人帮助创造了这个市场，而他们将继续运营下去。格罗斯帮助发展了金融业，现在金融业的规模对它所依赖的经济规模来说已经庞大到不成比例，行业内的工资和奖金也不成比例地高，并被复杂的术语和衍生品层层保护，所以没有人会试图去突破它。

没有了格罗斯，太平洋投资终于不再是一个由创始人管理的公司，升入老牌公司的行列。它完全可以成为思想领袖的聚集地；这是一家优秀、稳重的公司，不同之处就在于它对卓越的坚持，以及它伟大且长期的业绩记录。比尔·格罗斯所有的缺点——比如他每个月令人尴尬和情绪化的表演和演讲，对资本道德性的争论，以及对劳动力市场的不满——这一切都随他而去了。但格罗斯的所有发明和数十年的成就，他对监管漏洞的利用，让这个游戏变得更加疯狂（直到游戏变成了危机，政府才不得不进行干预），他派遣丹·伊瓦辛假意去波士顿买房的灵感，他为太平洋投资的洞察力、全球影响力及权力奠定的基础——这些比尔·格罗斯留下的好的东西，则是他们可以保留的。

为了解决那些零星的指控，太平洋投资最终支付了近 2 000 万美元的罚金，然后便既不承认也不否认它曾有任何违规行为——这些罚金是它可以轻松承受的。

第十六章 再见了，那些日子

* * *

在杰纳斯资本待了大约 1 年后，格罗斯发现他的新业绩记录正在形成。到 2015 年 10 月，他的基金损失已超过 1%，落后于 70% 的同类竞争对手。然后，到 11 月，有消息称乔治·索罗斯已撤走了他当时留下的 4.9 亿美元投资。索罗斯是唯一一个继续跟随格罗斯的著名投资人，现在他也走了。

格罗斯在市场上走得跟跟跄跄，也没有在业绩上击败太平洋投资，他开始采取不同的策略。人们常常对谁是失败者产生错误的印象。格罗斯已不在乎他所听到的那些诋毁，他可能已经对此失去了感觉。他开始更大声地说：他是被排挤出来的。他一直在为小人物们而战，并为收取更低的基金管理费而争辩——这是他多年以来一直在做的事情！在 20 世纪 90 年代，在他的书中，甚至在他的《投资展望》中，他都做出过这样的争论。而在 2014 年，他甚至跟太平洋投资的管理执行委员会提出，鉴于较低的预期回报率，公司收取客户的基金管理费也应该相应下降。

他一边想，一边觉得这就是让他陷入困境的原因，是对他这种民粹主义理想的反击。他会代表客户争取利益，但这威胁到了那些人肥大的腰包、宽敞的房子、珍藏版的跑车。还有，他们还想分享格罗斯的利润分成。

因此，格罗斯觉得有必要把事情说清楚。在他被赶出太平洋投资后的几个星期里，他写了一本 31 页的迷你回忆录，那是一个小册子，里面记载着真实发生的事情。人们总对他说，他是个好作家，所以他把这些技能都用上了，趁着对每件事仍记忆犹新，将它们记录了下来：包括埃里安在谈判进行到第 11 个小时的时候要求成为联席首席投资官；包括鲍尔斯的背叛，把格罗斯出卖给媒体，而格罗斯是怎样不停地帮助他——那是在对他自己不利、让他自己愤怒的基础上提供的帮助。

他将这一期《投资展望》取名为"太平洋投资快车上的谋杀案"。这些文字现在对他有帮助了。他聘请了洛杉矶的律师帕特丽夏·格拉泽（Patricia Glaser），并在那年10月对太平洋投资发起了诉讼。

格罗斯在诉讼中称，事实上，他是被太平洋投资解雇的，是被一个贪婪的"阴谋集团"给逼走的。这个集团"受对权力的欲望和贪婪驱使，以牺牲投资者和体面为代价来改善他们自己的财务状况和声誉"。他在诉讼中说，他们想从利益池中分得一杯羹，并害怕他推动降低基金管理费。他在诉讼中也巧妙地指责了太平洋投资既不让他囤积财富，也不帮助他分享财富。他在起诉书中通过语气、措辞和对自己身心遭受的创伤的渲染使人们对"太平洋投资快车上的谋杀案"有所了解。

格罗斯坚称太平洋投资使用了"创造性"的解雇方式，且违反了他们之间的合同。他在第三季度结束前四天离开，因此，公司亏欠他第三季度的奖金。但他还要澄清一点，这个诉讼不是为了要钱，他会把通过这个诉讼得到的全部收入通过他的基金会捐赠给有价值的公共事业。

人们的反应出乎意料地伤感。好像有什么事情在他不注意的时候已经结束了。

约翰·布林约尔松在彭博电视上说："对于资管行业来说，这是一个悲伤的日子；对太平洋投资来说，这是一个悲伤的日子；对比尔来说，这也是一个悲伤的日子。"[16] 布林约尔松的描述呼应了格罗斯自己的评价：这对所有人来说都太糟糕了。

布林约尔松说："在过去60多年中，格罗斯能够将他的一些自我、自恋的性格特征引导到积极的方向上。但我不得不说，过去的

第十六章 再见了,那些日子

三四年是一个令人悲伤的篇章,而更不幸的是,这本不应该是比尔在他职业生涯晚期应有的前进方式。"

对于太平洋投资来说,格罗斯无休止的报复行为充其量只是造成些不便而已。公司的客户们只想让事情尽快平静下来,他们希望尽快停止一天到晚都要担心太平洋投资这些破事儿的状态。

而且太平洋投资必须保持团结。因此,它展现出了一副淡定的姿态,表示这个诉讼"在法律上毫无根据,是对格罗斯传奇生涯的可悲后记。在格罗斯先生辞职后,太平洋投资一直在前进,现在格罗斯也该这么做了"[17]。

这场代价高昂的战争持续了一年多。

格罗斯要在市场和法庭上击败太平洋投资的决心耗尽了他所有的精力。虽然他有那么多的财富,已经到了这么大的年纪,但他仍然每天准时上下班,因自己放不下这件事而被困住。现在能够让他起床的事情就只剩下战胜那些推翻他的人,以及"证明"自己,让他们瞧瞧自己的厉害。

加州时间每天下午 3 点,格罗斯都会对比太平洋投资的总回报债券基金和他自己的无限制基金的表现,看看谁赢了。他说:"如果我做得比他们好,我会度过一个快乐的夜晚,如果我做得不好,我的夜晚就不会那么快乐。"[18]

但他知道自己时间已经不多了。

他说:"如果你能够真正做到对自己诚实(虽然我不认为每个人都能做到),到了某个时间点你就会知道,你正在犯错,你不像之前那样专注了。这个时间点对于我而言还没有到来,但我知道它会发生在很多七八十岁的人身上。饼干就是这样一点点碎掉的。但到目前为止,我认为我还不错。"

*　*　*

2016年11月，苏·格罗斯提出了离婚，她聘请了劳拉·瓦瑟（Laura Wasser）作为她的代理律师，劳拉曾经为安吉丽娜·朱莉（Angelina Jolie）和小布兰妮·斯皮尔斯（Britney Spears）的离婚案打过官司。

格罗斯对此感到措手不及，虽然他知道他们的婚姻进展有些不顺。几年来，他一直为苏的缺席跟朋友们和邻居们找借口，说她和她姐姐一起购物去了，或是出门远足、去其他城市了。格罗斯当然也注意到了近几个月情况在恶化。那年夏天，苏已经从家里搬了出去，搬到了他们在科罗纳德尔马和洛杉矶的闲置房屋中住，说是为了得到更多私人空间。那年10月，他们一起在班德拉附近的一家餐馆吃饭时，格罗斯问她是否要搬回来住。苏起身走出了餐馆，然后格罗斯变得愤怒且尴尬；格罗斯追到了她的车前，在她匆忙关上车门时尖叫道："你总是这样，你就会跑！"然后苏驾车离开了停车场。那是格罗斯在苏提出离婚前最后一次见到她。

即便如此，离婚对格罗斯来说也是不可想象的。但是，当他适应了这种痛苦之后，事情就变得很清楚了：她想要战争。好吧，这是他可以给她的。格罗斯在12月给苏发了一条短信："尽量在你还能够感受平静的时候感受吧，未来的玫瑰之战，我能预测到谁是赢家！！！"

在那个月的另一天，格罗斯通过他在杰纳斯资本的工作邮箱给苏发了一封电邮，写道："你是个讨厌的家伙，你就是个懦夫，根本不敢说出你想要离婚的真正原因。我感觉自己完全被背叛了，我并不会羞于让别人知道你有多恶心——所有人都会知道，我指的是所有人。"

格罗斯知道，苏是看上他的钱才跟他在一起的，瓦瑟也是这么说。瓦瑟那年在接受彭博新闻采访时明确说:"在加州,你可以坐在沙发上吃着软糖,你丈夫在外面工作,然后你仍然可以得到一半的财产。"[19] 好吧,但这次不会了。

在苏提出离婚申请的几个星期里,格罗斯不停地给她发送电子邮件,指责她有了外遇,并掐灭了他们之间"和平离婚"的任何希望。(苏·格罗斯的代理律师说,苏从来没有过外遇。)随着这场电子邮件战不断升级,格罗斯也给苏的妹妹和妹夫发了电子邮件。

他自己做了一个痛苦而明显的比喻:他正在经历多年之后的第二次"离婚"。

他在一封怒不可遏的电邮中写道:"你应该知道我和太平洋投资的诉讼正在进行中。我总是很被动——即使是在被解雇后,直到他们在媒体上不公平地攻击我,我才被迫进入了攻击模式。现在也一样,我会采取正当的手段,我现在不相信任何人,尤其是你。"

苏也证明了她是一个强大的对手。比尔在法庭声明中称,苏切断了他们位于印第安维尔斯的房子的水电供应,那是她存放"一杆进洞"奖杯的家,这给了他很大的压力;因为没有过滤,游泳池的水变成了绿色。他还声称苏曾突然出现在他们位于尔湾的院子里,并带着贵重物品离开。格罗斯回忆说,苏告诉他,她"将不惜一切代价把他赶出家门"。(苏·格罗斯的代理律师说,该房产由同一个物业经理维护了 25 年,苏没有切断水电,游泳池的水从未变绿,未经律师批准,她从未回过家;她也从未说过那样的话。)

苏经过不懈的努力,赢得了这个院子。这是她在离婚财产分割中保留的三所房产之一。

但比尔·格罗斯无法优雅地退出。在交出房子之前,他去了一家药店,买了一些据说闻起来像屎和呕吐物味道的喷雾,在 1 200 多平方米(13 819 平方英尺)的主房屋周围大肆喷洒。苏在垃圾桶里发现了这些空瓶子。

苏说她还发现了其他的"离别礼物":通风口里的死鱼和泥土、电线被切断的跑步机、被砍掉了头的花、消失了的电视、窗帘和其他电器的遥控器,抽屉里头发绕成的球,苏在家具上画的三只猫的肖像画也被刮掉了眼睛和嘴。

格罗斯说,他在他们儿子尼克的音乐会上看到了苏,他怀疑她带着刀。他说,因为担心被偷窃,所以他雇用了帝国情报公司(Empire Intelligence),以便随时了解苏及其亲戚的行踪。这迫使苏申请了限制令,这和比尔在音乐会事件后对她发出的限制令一样。(苏·格罗斯的一位代理律师表示,苏从来没有在厨房外带过刀,在她儿子的音乐会上也没有带刀。)

比尔·格罗斯从他住了30年的家里搬了出来,他想在尔湾购置房产,以便在他熟悉的社区重新安顿下来。尔湾是一个封闭的社区,所以至少在某种程度上,如果帝国情报公司要获得相关情报,他们也需要一个房子作为内部基地。

因此,在2018年夏天,当那里有几栋房子要出售时,苏花了3 780万美元买下了这些房子,以确保比尔无法得到这些房子。

几周后,苏的姐姐和姐夫家街对面的房子上架出售,苏和比尔都出价竞购。苏的出价更高,但比尔出的是现金,所以比尔赢了,花了3 600万美元。

这个过程中还产生了其他成本,这些成本是比尔·格罗斯无法预测并且无法精确定价的。比如,他只能从他的牙医那里得到儿子将在意大利结婚的消息。

但至少格罗斯对太平洋投资的诉讼得到了一个令人满意的解决办法。在经历了一场旷日持久、情节丰富的战争后,格罗斯和太平洋投资于2017年3月达成了和解。太平洋投资管理公司将向"威廉

第十六章　再见了，那些日子

和苏·格罗斯家族基金会"捐款 8 100 万美元，这个含有"苏"名字的基金会将在不久后更名为"威廉、杰夫和詹妮弗·格罗斯家族基金会"，这包含了除苏之外的格罗斯其他家庭成员的名字。为了让基金会的捐款达到 1 亿美元的门槛，格罗斯用自己的钱填补了中间的差值。因为根据慈善界的一些定义，1 亿美元是"巨额捐赠"的门槛，这让这个基金会有望角逐当年的最大额捐款奖项，这是对其投资的最大收益。

作为和解条件的一部分，太平洋投资同意将它总部的一个房间献给其联合创始人。但公司没有说明是哪个房间，一些人开玩笑说，可能会是地下室的浴室。

格罗斯在和太平洋投资的一份联合声明中说："太平洋投资对我来说一直是家一样的存在，就像所有家庭一样，有时家人们会出现分歧，我很欣慰我们能够有机会一同解决这些分歧。"[20]

伊瓦辛在联合声明中补充道："比尔对太平洋投资以及那些在太平洋投资工作过的许多人的职业生涯有过巨大影响。"伊瓦辛掌管的收入基金已经超越了总回报基金成为太平洋投资的最大基金。

"对许多人的职业生涯有过巨大影响"——就这样对格罗斯的成就一笔带过。但也只能这样写，这也可以勉强算作他的"一杆进洞"。在他花了 45 年时间建立的生活和帝国中，到头来他只留下了一条通勤路线和一半的财产。

格罗斯建立的世界是残酷的、小气的，充斥着那些把翅膀从苍蝇身上拔下来[①]的男孩们——但毕竟这曾是他的世界。最后，这个世

[①] 通常用来比喻残忍和冷酷的行为，尤其指对弱小和无法自卫的事物造成伤害或痛苦。在更广泛的意义上，它代表着使用权力或权威来伤害那些较弱或无法自卫的人，可以用来描述某人滥用权力或从伤害处于弱势地位的人中得到快感。——译者注

界也将残酷转到了他身上。他的权力蒸发了，随之一起蒸发的是对正义抱有的希望；他无法对他一手创建的公司、雇用的员工、参与决策的市场进行精准报复。

按照他自己的衡量标准，他基本上都赢了。他赌赢了遇到的每一个级别的人。对于他在招聘面试中常问的那个问题——权力、金钱，还是名誉，他已经全都得到了。当然，金钱是第一个得到的。对于他自己最喜欢的名誉，他已经参加了他能想到的所有电视访谈，并在头版头条被报道。而对于权力，除了当下这个时刻，他难道还不够有权力吗？他曾经是个国王，并且有自己的王国。他闯入了稳定的债券投资的世界，把它变成了一个赌场。他对房屋抵押贷款、衍生品和复杂交易结构的热情和拥抱为它们的发展提供了动力；当它们破坏了整个美国经济的稳定时，他帮助编写了政府的担保书，现在这种担保可以说是已经延伸到了一切资产上。格罗斯总是少数几个愿意大声说"投资只是赌博"的人之一，但最终，他让投资变得越来越不像赌博了。

无论付出什么代价，他都产生了影响。

他知道最好不要不开心，或者至少不要承认自己不开心。他还活着，而且是个亿万富翁，这些东西必须考虑进来。但是，当他的荣誉在脑海中消退时，他似乎越来越像是要迎来同其他人一样的结局。

2020年9月，格罗斯通过媒体发布了一份《投资展望》，标题为"刺青"，其中他称自己对小儿子——他与苏的独生子感到失望。"我猜每家每户都有一只刺青（黑）山羊①，"他写道，"尼克就是我

---

① 形容一个家庭中的某个成员在某种方面与其他成员不同、不符合期望或者被认为是不合群的人。格罗斯用此形容其最小的儿子，认为他在某些方面让自己失望。——译者注

第十六章　再见了，那些日子

家的那只。"[21]

格罗斯还在家附近打架，更确切地说，是在他为当时的"终身伴侣"艾米·施瓦茨（Amy Schwartz）买的漂亮房子附近打架。2017年，他通过比尔·鲍尔斯与艾米见了面；艾米当时40多岁，曾是一名网球职业选手。他们喜欢一起打高尔夫球。

他送给艾米一件价值100万美元的戴尔·奇胡利（Dale Chihuly）雕塑，他们把它放在了海滨豪宅的院子里。为防止雕像被恶劣天气损坏，他们在上面加了一个看起来像足球网的东西作为保护。

但是这个网阻碍了隔壁邻居的视线，邻居试图让他们把它移走。但他们不愿意。最终，邻居向拉古纳海滩所在城市投诉，政府给比尔和艾米写了一封信，说这个雕塑和网罩需要许可证。然后，比尔和艾米开始在家大声播放音乐，扬声器就在和邻居家的交界处，从7月到10月全天持续播放。

7月31日午夜，邻居给艾米发了短信，要求他们把声音关小，格罗斯回信说："我们双方要和平解决矛盾，否则我们就只能每晚开音乐会了。"[22]

10月，比尔和艾米以侵犯隐私为由起诉邻居，说对方一直在对他们进行监视、拍照和摄像，包括他们在泳池里游泳的时候。第二天，邻居以骚扰为由提起了诉讼。

那个冬天，当大多数人在家里躲避疫情时，比尔和艾米在圣安娜（Santa Ana）出庭。他们声称，他们只是喜欢音乐，特别是《吉利根岛》的主题曲。格罗斯在陈述时说："我们播放音乐是因为它能使我们快乐。音乐播放到一半时我们开始跳舞，我们互相看着对方，享受这个美好的时刻。"

一段视频显示：格罗斯穿着短裤蹲在这两座房子相邻的墙脚，

背景中可以听到 50 美分（50 Cent）①的歌曲"In Da Club"。视频中格罗斯在跳舞，摇摇晃晃，他的邻居在录像。过了一会儿，格罗斯蹲了下来，显然是在躲藏。50 美分的歌声渐渐消失了，音乐变成了《吉利根岛》的主题曲。格罗斯抬起头，隔墙看向邻居的摄像机。

"孩子，我们会给你发传票，所以你最好把它删掉，"他说，"透过棕榈树偷看，那是骚扰，骚扰！"[23] 当他吼出最后一个字时，他向前扑了过去，然后蹑手蹑脚地跑回了自己的房子。

12 月，格罗斯尝试了一种新策略。在给邻居的一封公开信中，他说情况已经失控了。"那些了解我和我的过去的人也知道，我从不在战斗中退缩，"他说，"但这种情况已经升级，远超实际。这个世界上每天都有成千上万的人死亡和受苦，还有更多的人没有工作、急于支付房租和养家糊口，与这些相比，这都是小事。"[24]

格罗斯说，他们应该结束斗争，统计他们已经花费和将要花费的律师费和诉讼费，并将这个钱捐赠给奥兰治县食品银行和其他慈善机构。

邻居拒绝了，他的律师说："这只是亿万富翁比尔·格罗斯试图通过收买各方而逃避为自己的行为承担责任。"[25]

格罗斯又捐赠了 50 万美元，并在另一份自行发表的新闻稿中再次提出，希望他的邻居加入他。

2020 年 12 月，法官站在了邻居一边，裁定比尔和艾米确实骚扰了他们的邻居，禁止比尔和艾米进入邻居家周围 4.5 米（5 码）的范围内（除非他们在自己的房子中），并禁止他们在屋外无人时在后院泳池区域播放音乐（超过 60 分贝）。法官还驳回了格罗斯的指控。

格罗斯在一份声明中说，尽管他"对结果感到失望"[26]，但他将

---

① 美国饶舌歌手。——译者注

第十六章　再见了，那些日子

遵守该判决的条款。当月，一份新闻稿被发出，宣布比尔·格罗斯已经签署了捐赠承诺。

格罗斯还有机会重启一次人生。格罗斯和艾米在约会4年后，于2021年4月在印第安维尔斯举办了一场小型婚礼，婚礼在阳光下的老式高尔夫球场举办，他们被家人、朋友和插满盛开的白玫瑰的大花瓶包围着。之后，他们登上了一辆挂着新婚标志的高尔夫球车，在封闭的社区里四处行驶。当地的一篇报道称，这对夫妇将"在拉古纳海滩、纽波特海滩和他们在印第安维尔斯的住宅中生活，这些房子距离约160千米（100英里）"。

在《奥兰治县商业杂志》一位编辑的委托下，格罗斯写下了关于他的慈善事业的故事，他说捐款能让人过上幸福的生活。他引用了20世纪60年代的一首老歌《幸福奔跑》中的歌词，看到了"幸福源于独立、内向、自我满足"[27]以及"佛教的无常哲学和活在当下"。

他写道："我达到那种水平的幸福了吗？嗯，我刚刚娶了一生挚爱艾米·施瓦茨，让我离她更近了一点。但我也知道，一生付出所换来的幸福可以用自我满足感来衡量。"

以前的成功是资产增长、交易获利、对标普指数在合适范围内的围剿。现在，他再次改变了标准：成功在于看到自己所做的一切，并且对此感到满意。

他似乎已经恢复了能够把事情遗忘的结构性能力，并可以从头再来。这让他能够摆脱后悔等无益情绪，走近赌桌。这是一个赌徒必须拥有的心态：这个策略是有效的，只是那次没有成功。如果他继续玩下去，他将得到真实的赔率。

尾　声

格罗斯在位于时尚岛购物中心的一个名为"R+D厨房"的餐厅里缓缓坐下，他的椅子正好笼罩在纽波特中心大道对面的太平洋投资办公楼的阴影下。电视剧《奥兰治县主妇的真实生活》(*Real Housewives of Orange County*)中的很多角色都是这家餐厅的常客。隔着很远你就能看到这些人，她们那细腻光滑、被人为打磨得非常靓丽的面孔，即使在阳光明媚的纽波特海滩上都显得十分耀眼。

最近发生的很多事情都是格罗斯乐于看到的，比如太平洋投资的投资组合经理们常常作为专家受邀参加一些名头很大但本质上就是公款吃喝玩乐的会议。格罗斯以前一直抵制这类会议，因为他认为这都是给那些自以为是的官僚们操办的虚假差事。

这些事情中最令人开心的就是道格·霍奇被卷入了一桩大学入学行贿的大丑闻，他因为电信诈骗被提起了公诉。道格后来认罪了，被判了9个月。对于这样的结果，即使是格罗斯想在幕后操纵，也不会比这更好了。

但既然格罗斯已经退休了，已经从他的债券市场、股票市场以及那段因婚姻破裂而催生的战争中脱身了，他就想清静下来。格罗斯没有事先发布任何关于他退休的新闻，就连迪克·威尔也只是提前一晚才知道这件事。这是属于他自己的新闻。格罗斯在2月宣布他决定退休，他一开始看到太平洋投资买了《华尔街日报》一整版的广告祝贺他退休还非常高兴，广告中写道：

"48年，2 500多名员工，服务过的客户达数百万。他是一个投资传奇。太平洋投资为比尔·格罗斯的传奇生涯喝彩，他在近50年前帮助创建的公司取得了持久成功。我们许多人都是他雇用和培养起来的，更多的人受到过他的激励。他在任40年间所建立的原则和体系依然在帮助我们为客户追求卓越。"

但当最初的暖意渐渐散退后，这篇广告背后的信息很快便显露出来了：这广告实际上是给太平洋投资自己做的。公司里面那帮人还像以前一样小家子气，一点儿都没有改。就这样他们还宣称自己"依然追求卓越"。格罗斯已经看出他们的心机了。后来他们邀请格罗斯去参加公司年会，但他推掉了。

他在想事情本来可以不是那样的。他也诚实地问过自己，如果可以再来一次的话会怎样呢？到时候你还会在那儿做"债券之王"吗？你会在那儿一直干到80岁吗？

但是他也知道："即使真的再来一次，我还是会被包裹在自己的小茧房里。"可能到时候他还是不可避免地会跟太平洋投资的人闹僵，可能现在这个不幸的结果就是唯一可能的结果。

格罗斯说："我肯定需要逐渐减少活动，逐渐退出公司，这是毋庸置疑的。回过头来看，这个隐退的过程不是我想要的方式，我也不觉得这是太平洋投资想要的方式。但这是一个自然演进的过程，人的生命就是这样，企业的生命也是这样。当你爬到巅峰后，就会逐渐衰落，直到退出。但这个过程在我成为"债券之王"并且业绩卓越的时候很难看出来，尤其是当公司管理的资产达到2万亿美元

尾 声

的时候,尤其是能达到这样的资产规模至少部分是因为我的存在的时候……那时候谁会对我有微词呢?这不仅仅是我个人的成功,也是我帮助建立的公司取得的成功,这个成功已超乎想象,它已经是个神话了。所以,我为什么要在午夜钟声响起时回到现实呢?就好像那儿不仅有南瓜,干脆穿上水晶鞋,就能跟王子结婚。"

他继续说:"有时候你的业绩表现也可能不好,但公司建立起来的声誉要败坏掉也不是一瞬间的事。你不可能期待某些东西(投资业绩)可以一直向上爬,这是不现实的。"

的确是没有可能做到这一点的。

所以所有的对冲基金现在也都选择那样做,就是给年事已高的创始人们找一些年轻的接班人,即便是那些最具有控制欲的创始人也会这样做。私募股权基金的创始人们也是如此。他们都在尝试保存和巩固由他们自己制造的机器,使它变成某种遗产。这些公司里的低级别员工们也希望这部机器持续运转,但仅仅是为了他们自己的利益。他们并不关心能够留下什么遗产,只要那部机器的内燃机不停转动就行。这部机器对于他们来说并不像对于公司的创始人们那样神圣,也不像太平洋投资对格罗斯那样神圣。这些年轻人没有看到格罗斯和他的伙伴们从零开始创造出这些美丽的机器。从这些机器中,格罗斯他们学会了如何通过自己的意志使事情发生变化,学会了如何从诸多公司中筛选出那些能赚钱的和不能赚钱的。这不仅仅是个游戏而已。现在,在那些继承了这部机器的人手里,这些能力显得不那么重要了。

可能它(这部机器)过去真的有一个致力于帮助客户致富的合伙机制,即使到了今天很多人仍然这样觉得。债券交易员们一直轻飘飘地吹嘘他们如何通过交易债券为企业降低融资成本。现在,就连美联储也直接进入市场购买公司债券了,把这些交易员连同太平洋投资和贝莱德都救上了岸。现在已经能够很明显地看出来，整个系统的运转是多么荒谬。格罗斯和太平洋投资发现了政府需要金融市场运转，需要股市上涨，需要公司不破产。所以，他们这些人可以在政府永远不会允许整个系统崩盘的确定性上争取那几个基点的收益。而且，即使整个市场开始衰退，这也不会是他们这些职业基金经理的问题。

这一切要归因于许多人，但格罗斯是其中最主要的一个。

格罗斯环顾四周，看着他的同行们对自己的公司进行重组，在他们以各种方式隐退后安排更年轻的人有序接班，以保证他们创造的遗产在某种程度上得到永生。他发现这些人跟他有本质的不同：他们都会在公司的管理执行层保留一部分权力或是留下自己的盟友。

格罗斯承认："我犯错了。我应该在太平洋投资的管理执行委员会里保留一个我的盟友的。"

他说，在所有背叛他的人当中，伤他最深的是迪亚纳斯，这是他将近40年的老友，是他在交易大厅的门徒，也是他长期的晚饭伙伴。

格罗斯在太平洋投资待的最后一周里，公司准备解雇他并任命一个新的首席投资官，这时公司需要组建一个选举委员会，里面包含两个投资组合经理、两个客户经理以及其他几个人。委员会中的一个投资组合经理就是克里斯·迪亚纳斯。

当公司打电话给迪亚纳斯的时候，他正在箭头湖（Lake Arrowhead）度假。公司的人跟他说："你得快点回来，我们有个特别会议要你参加。"迪亚纳斯说不行，但他们逼着他同意了——至少，迪亚纳斯是这么跟格罗斯说的。

所以，迪亚纳斯在那个星期六回到公司参加了投票。他并不是管理执行委员会的一员，所以他并没有投票解雇格罗斯，但是他对

尾　声

找人取代格罗斯这件事投了赞成票,这对格罗斯来说跟投票解雇他没有区别。在他看来,迪亚纳斯并没有胆量拒绝公司那帮人的要求,选择继续度假。

这件事给格罗斯的启示很明确,他说:"我们的友谊只能到此为止了。"

格罗斯正在开启全职打高尔夫球的新生活,但这并不意味着他真正做到了那种默默无闻的隐退。他还是会出席彭博电视的节目并在其中讲述自己被诊断出患有阿斯伯格综合征,然后人们纷纷对他报以同情。其实在其他人发现他这个症状之前,苏就曾经告诉过他了——当时格罗斯正在读迈克尔·刘易斯(Michael Lewis)的《大空头》(*The Big Short*),书里面有一个角色就在对照着这个病的症状逐条打钩:

"不能自发地把自己的喜悦、兴趣和成就跟他人分享……"符合。

"很难从其他人眼中读出社交或情感的信息……"符合。

"表达愤怒的情绪调节或控制机制有缺陷……"符合。

格罗斯跟着这个书中的角色逐条对照症状清单并打钩(其中有一条症状不符合:协调性差。他还挺有运动能力的)。他拿着书给苏看,苏扫了两眼,然后跟他说,是的,我就知道。所以,在2016年,比尔·格罗斯去看了一个精神科医生,医生觉得他在患上阿斯伯格综合征的边缘。格罗斯说:"还不错,因为它虽然有些负面影响,但也会有正面的影响。当然,我希望它对我没有任何负面的影响,并且让我有机会成功运用它的正面影响取得成功。"

他在一期《投资展望》中很隐晦地提及了这个病,但没有人领会他的意思,意识到这可能是他总是如此误读别人的原因,明白他为什么不能理解当下社会中人们对于开放且温柔的言语和情感的无限需求。人们需要理解,格罗斯并不是本质上就是个人渣。

格罗斯已经失去了他所建立的帝国了。他回顾发现，他奋斗的主要动力来自那种追求认可，尤其是追求外部认可的饥渴感。他在想这是不是可以追溯到他在加拿大的父母从小对他的冷淡。他的父亲就像斯波克博士（Dr. Spock）式育儿的那一代家长，从来不会陪他打棒球，不会听他诉说。他对父亲唯一亲近的记忆就是在星期天早上父子俩一起读有趣的报纸。

格罗斯悲叹道："你能想象一个父亲从不抱孩子吗？但那个时代的人就是那样的。现在看来挺不合理的，对吧？因为人的本性就是渴望与亲人接触、拥抱。那也是我试图通过成名来实现的——不与人接触，但仍和人保持联系。我是指，在情感上而不是理智上，因为从理智上说我知道这是胡扯——但是在情感上，我出名了之后人们就会关注我，爱戴我。但之后我就会忘记这一切。"

所以，他试着利用各种舞台使自己变得成功，对他来讲，最好的那个舞台就是金融市场。几十年来，他突破边界，投资、创新、不停扩张，让他的竞争对手们只能在他身后疲于奔命地模仿他、试图掌握他施展的魔法。他也把那一小撮追逐他们的监管人员玩弄得疲惫不堪，一无所获。

在某种程度上，格罗斯也能够看得出来这一切带给他的后果，看得出他不断向前冲而忽略了别的东西，最终伤害了自己。但现在这些都结束了。

他说，他尝试过改变，因为他必须改变，他也能够改变。就在前一段时间，他还一边听着贾斯汀·汀布莱克的歌一边跳着舞，他还坐着直升机去考艾岛（Kauai）的海滩玩高空滑索，其他那些玩高空滑索的人都是30—50岁的年轻人。他思索着，我在这儿干什么呢？然后就大笑了起来。

他也会跟高尔夫球的球友们一起出去玩，他甚至还结交了新朋

尾　声

友，在每一局比赛间歇跟俱乐部里完全不认识的陌生人说话。他甚至还会跟女人说话。格罗斯还会跟女人说话！并且他还会夸赞她们，但他并不是在调情，他在尝试变得开放。在跟苏离婚的几个月后，他还试着跟其他人约会。其中一个约会对象对他说，像他那样长期服用安必恩可能对他的身体不好，所以在那之后他停药了一段时间。格罗斯并不能改变他过去的形象以及他所做的事情，但现在他可以试着重塑自己，他还剩下一些头发、很多钱，以及一点点名声。

他说："我的新生活跟过去完全不同，部分原因是我知道我必须重塑我的新生活。我能在过去的基础上改进，我能够做到。"

格罗斯说他现在跟艾米相处得很好，但这也花了一些时间，他也付出了很多。他们刚在一起的时候格罗斯会时不时照着镜子自问："她到底为什么会对我感兴趣？"他说："可能是在你对着镜子刷牙的时候，或是当你收到了某种信号——比如你伪装的面具忽然掉下来，然后你意识到你是个人，你展现出了真正的自我。"他知道，从他在太平洋投资受到的待遇来看，他的面具一定很可怕。但现在艾米一直在他身边，不论背后原因是什么。

格罗斯点了一杯水，没有点食物。这时候有一个跟格罗斯年龄相仿的矮小老头儿，带着一个草帽，穿着休闲纽扣衫走了过来，要跟格罗斯握手。他对格罗斯说："我不在乎其他人怎么说你，我觉得你做的是对的。"格罗斯多年来一直为他理财赚钱，所以他跑来感谢格罗斯，对格罗斯表达谢意。

格罗斯微笑着跟这个小老头儿握了握手，然后感谢了他善意的表扬。

格罗斯说："这种事情总是会发生。"然后他加了一句："但也不太可能会有人特意跑过来说我的投资能力很糟糕。"

作者的话

在我写作这本书的几年里,听到了不少关于我自己的流言。我听到有人谣传我花钱买报道(新闻界没人这么做,小报才会这么做),听到有人编排我私下跟比尔·格罗斯或太平洋投资勾结起来抹黑对方。在我听过的所有流言里,有两个最突出。

其中一个流言传出来,是因为我写书和修改花的时间太久。没人相信我还在写,太平洋投资内部的人猜测我被买通了,收了钱停止写这本书。我听到的这个收买金额是1 000万美元。我觉得好笑,因为只有公共广播系统内部的记者才知道,在这样一个系统的薪资结构下,我并不是完全自费出版这本书。

我最喜欢的一个流言是:2014年9月乘飞机降落到洛杉矶的时候,我是彭博新闻的专访记者,手上正攥着一个最重大的新闻,还没有任何采访排出来。彭博社把我送去调查格罗斯被解雇背后的真相。这个任务听上去又大胆又令人激动,结果我很快就待在圣莫妮卡宾馆的房间里无所事事,因为没有一个人肯让我采访。

那是够糟的,然而我们做记者的有一件必须做的事,那就是挨家挨户敲门。去最近有名流配偶过世的人家敲门,去刚刚被定罪的人家敲门，去新近陷入丑闻的政客或银行首席执行官的家敲门。有时这种做法能带来好的采访，所以我们才做。但迎接你的更多是采访对象从开了一条缝的门里探出头来，露出惊异的表情，打量着敲门人有多缺乏道德和廉耻心。

作为一个低级别独立调查记者，我别无选择，只能去敲比尔·格罗斯家的门。跟那些好记者不一样的是，我还是没办法脸皮那么厚，所以我吓坏了。但是摆在我面前的是，要么敲门，要么可能丢饭碗。

然后当我想到自己的不幸处境时，我突然想到我刚刚的抉择其实是个伪命题。我是弗吉尼亚人，我们那边本来就可以带一道砂锅菜直接去最近受伤或者被冤枉的人家探望的。而且我还运气很好，最近刚刚去看望了一个爆料人，她给了我一个装满自制七层布朗尼的特百惠器皿，用的是她祖母的配方，还像我祖母一样用潦草的笔迹把配方手写在了索引纸上。

我想了想，觉得手里拿着烤好的吃的出现在人家门口好像勉强可以接受。有人这么做！就这样，带着一种羞耻的感觉，同时又备好了借口，我开车爬上了太平洋海岸高速的陡峭弯道。车开过一个海浪奔涌的沙滩，开往一个高高的悬崖，据说比尔·格罗斯的家就在上面。

我在小区门口停下，门口小门岗里坐着一个穿制服的女士。她看向了我。

我跟她笑着说："你好。我来找比尔·格罗斯。他在家吗？"

"……在。你跟他约好的吗？"

"没有。但我带了这些……布朗尼，想给他送过来。"

她瞪着我，我猛然意识到，没有保安会接受一个陌生人给一个竞争对手众多的亿万富翁的礼物。我说："你不能收下布朗尼，对吧？"

"不行。"

"当然，当然，我完全明白。没问题的，我也这么觉得。谢谢啊！不好意思！"说完我就闪了，急转左上了太平洋高速路回洛杉矶。想想那会儿自己那样去骚扰别人，我感觉浑身起鸡皮疙瘩。

回去以后我跟老板汇报说我尽力了，然后就把这件事彻底忘了。在之后很多年里，我都没再去想这件事，直到有一天一个爆料人跟我说，他听到有人讲过我的糗事，说我打扮成童子军去敲比尔·格罗斯家的门。

我听到后惊呆了，好像我做了什么坏事被抓现行了一样，又好像我真的做了一样。等等……打扮成童子军？这都讲不通呀。这种装扮能有什么用呢？难道我要像女权者一样搞出个"放蛇行动"骗比尔·格罗斯接受我采访？作为记者，自己的角色进到报道的故事里是很忌讳的，记者的角色就应该是提供客观视角的棱镜而已。

这个流言的起因是太平洋投资的传话游戏：信息从一个人传到另一个人，过程中不断被添枝加叶，带上新的转折，往往越转折越奇怪。我不知道这个送布朗尼的故事中间经过了多少人的演绎。是谁加上了动漫真人秀的桥段？是格罗斯本人还是后面传播链上的某位？太平洋投资的这个游戏是我听到各种恶俗流言的渠道，这些流言我甚至不想写出来。有的故事可能是跟我的内容有点关联，比如办公室"风流韵事"无处不在，往往是老板和下属之间的，其他故事则跟我的调查没什么关系。

有的流言甚至是从一些我很有好感的线人那里传出来的。她们还对此深信不疑，觉得这些传言背后解释了某人顽劣的品性和道德。

在绝大多数时候，这些流言的走向都是跟我的报道无关的：我无意报道在太平洋投资工作的人的私生活。这不是我的工作内容，我也的确不感兴趣。

但太平洋投资不是这么想的。多年来领导层都很担心我再挖出一些内部职工的私生活,写一本耸人听闻的书出来,即使我多次澄清不会那样也没有用。当然,其实根本没有必要去挖什么料,因为这些猛料都是直接递到我手边的,不管我愿意与否。

这一切都应该能让人体会到这是一种自恋、无端紧张、与外界脱节的环境,不能真正看看它建立的这个世界,而是假设所有的人都活在这个世界里——所有人都在乎这个世界在乎的东西(钱),遵照这个世界看待事物重要性的逻辑(拥有私人飞机和跑车)。

理解了上面说的这些,也就理解了本书为什么聚焦在白人男性之间的争斗,或者在极少的情况下也有针对非白人男性的争斗,但是几乎完全没有提及女性或者有色族裔有哪些愤怒或者体验。通过对在太平洋投资工作过和现在还在那儿工作的人进行统计可以看出,没有多少女性和少数族裔。即便有这两类人进入太平洋投资,也多数都是处于公司的边缘,远离权力的中心。值得注意的是,书中总是被采访者描绘成坏人的一个主角,就是少数几个爬到权力层并且拥有了相应的财富的有色族裔之一。

过去几年,有3名女性高调起诉太平洋投资歧视(其中一个官司还在审理,又有3名女性参与控告),公司的一名合伙人因为涉嫌"不当触摸"一名下属而接受调查以后辞了职,21名女性雇员和前雇员向管理层写信指控受到骚扰和歧视,一名雇员因为其妻子指控受到骚扰而辞职。根据《华尔街日报》的统计,截至2021年初,太平洋投资50年来还从未有过黑人合伙人。上面这些还只是公众能看到的或者上了法庭的案例,有很多案例和投诉根本没有曝光。太平洋投资乐于发起一个又一个动议,拖延受理过程,掏空起诉人的腰包。想要揭发任何丑闻都会有不小的代价,而太平洋投资会竭尽所能地让揭发它成为一件尤其不胜重负的事情,正如它做的所有事情一样。

经过多年的研究、采访线人,并且几乎浸润在这个公司和它的文化里,我得出了一些结论:长期待在一个有毒、不安的环境中会对心灵造成腐蚀。我不知道是变得非常富有会让一个人极度计较,还是因为一个人极度计较在先,才有利于财富的积累,或是我们大多数人都有那种锱铢必较的潜质,只是在钱足够多的时候报复心才显露出来。我确信就算真有人给了我那1 000万美元,我也不会更快乐。基于所处的环境和结构,一直往前走往往才是考虑成本和风险以后的最优选项。

致　谢

写作这本书的过程是漫长而艰苦的。这本书得以呈现给读者，要归功于我团队的强大支持，以及亲友多年来带给我的无尽温暖，他们一直鼓励我，倾听我的抱怨，给我建议。我无法清楚表达我对他们深深的感激之情，但我接下来还是要尽力一表谢意。

我衷心感谢（原书）出版方熨斗图书（Flatiron Books）的 Bob Miller，他在写作这本书的艰难道路上给了我重要的指引。我要感谢我出色、犀利、幽默的编辑 Meghan House。我还要感谢 Zack Wagman，他不畏困难，带领我们迈过终点线。

我永远不会忘记弗莱彻公司（Fletcher & Co.）的 Christy Fletcher 和 Sarah Fuentes，他们在这本书还只是我自己的一堆凌乱的想法时就看出来它有成为一本书的潜质，为我争取出书的机会，即便在当时的环境下我们士气十分低沉。

我非常感谢这些年来与我分享故事的所有人。感谢你们信任我，让我倾听并记录你们的经历。我知道这不是件容易的事。同时，我还要感谢所有在本书的调研中提及的记者和编辑，他们发布了许多经历坎坷得来的深度报道。

谢谢你保护和鼓励我，Quinn Heraty。谢谢你，Peter Griffin，给我指明前路，温柔地告诉我要避免"掉入兔子洞"①。谢谢 Rima Parikh 和 Emily Berch，你们对尺度的把控让这本书能够不逾越界限。

感激所有在这个漫长过程中给予我照顾的人。对于这本书的非正式顾问团，我亏欠极大。我想对 Matt Levine 和 Jessie Gaynor 说声"谢谢"，你们在这本书成型之前就给予了它莫大的信任，你们的慷慨让我震撼。我还想对 Kirker Butler、Karen Harryman、Scott Cameron 和 Bill Gerber 说，你们的悉心指导和幽默宽慰都像是暗夜中的灯塔一般。

谢谢 Clare Lambert、Kelsey Miller、Laura Stampler 和 Gary Shteyngart 帮助我理解写书的意义，在我想要放弃时安慰我。谢谢 Silvia Gonzalez Killingsworth 把你在编辑和思考中的丰富灵感分享给我。谢谢 Wagatwe Wanjuki 对我的友善和清晰的解释。谢谢 Jeff Cane 提供广泛的专业知识和鼓励。谢谢 Carly Romeo 手把手教我。谢谢我的理疗师 Mechelle。

我还要感谢一路上为我提供物质帮助的人，他们是：Martha 和 Clive Gurwitz、Andrew 和 Simone Ziv、Andrea Korb 和 Greg Hardes、Lauren Cook Hummel 和 Charles Hummel、Megan Hannum、Billie Whitehouse、Rosy Macedo、Amanda Askew、Lindsay Fortado、Chloe Waddington Maloney 和 Justin Leong。

我还要感谢我的朋友、同事和老板，谢谢你们的友善、支持和启发。下面是一个不全面的致谢名单：Cardiff Garcia、Katherine Bell、Geoff Rogow、Leslie Picker、Tae Kim、Felix Salmon、Emily

---

① 刘易斯·卡罗尔的小说《爱丽丝梦游仙境》(*Alice's Adventures in Wonderland*) 中的表达，被广泛用于描述一个人意外陷入了一个奇怪、不可思议或混乱的情境，一个无法轻易摆脱或理解的状态。——译者注

致　谢

Flitter、Amanda Aronczyk、Alex Goldmark、MOMCHAT、Siena de Lisser、Lauren Wagner、Huaising Cindy Ko、Amy Berg、Hilary Fischer-Groban、Jessica Pressler、Neil Chriss、Alexa Meade、Jody Shenn、Isa Berner 和 Manu Boursin、Lindsey Rosin、Kat Greene、Alexandra Scaggs、Sujeet Indap、Jacob Goldstein、Sarah Gonzalez。我非常珍惜你们在我身边。谢谢你们。我终于可以跟你们聚一下了！

感谢彭博新闻社给予我这样一个想有所作为的记者所梦寐以求的最严格的训练，感谢 NPR 提供给我工作机会。

感恩我的父母，他们尽职尽责地打印下来并读完了那些糟糕的草稿，他们还教会了我如何批判思考，如何慷慨待人待物。感谢我的姐姐和她的一家人、我祖母和 Sasa，能认识你们已经是我的荣幸，更何况能跟你们成为亲人。感谢 Ann Lane，因为你的帮助这一切才成为可能。

感谢 Demi 和 Sam，你们是最好的狗狗。谢谢你们在我不顺利的时候让我把脸在你们的毛上蹭一蹭，谢谢我的宝贝，谢谢你们如此有耐性又如此美好。

这本书的写作过程很巧合地与我和我爱人的感情经历交织在了一起。我跟 Scott 从 2014 年 9 月开始交往，这本书在写作过程中带来的所有影响，斯科特都连带着承受了下来。Scott，我想对你说，你一直都从不缺席地支持着我，而且总是这样大度。谢谢你包容了这本书带来的通宵熬夜，带走的周末，夺走的那些本来我们要一起度过的假期。多少次你把瘫坐在地板上的我抱起来。我感激你，你是我的好搭档。我们现在可以一起去度蜜月了！

注　释

　　本书是一部非虚构类作品。这里叙述的一切都发生在真实的人身上，书里的内容都经过了精心的诠释。在研究和写作的过程中，我用数千个小时采访了数百个消息来源。我尽可能多地与太平洋投资管理公司的员工、在市场上与它互动的人、建议客户投资它的人和监管它的人进行了交谈。我审阅了数千页的文件、投资笔记、法律文件、法庭记录、新闻报道，以及太平洋投资管理公司自己出版的传记——《海滩》(*The Beach*)。这里所呈现的，是我对所有这些信息、对话和回忆的整合。我的写作是真诚的，我相信它是准确和公平的。

　　这本书中再现的许多对话，我都没有在场。我努力利用参与者的回忆来重建场景，尽可能地进行多次采访，以获得更精确的内容。但是，记忆会衰退，甚至同时期的印象也会不同；没有两个人会有完全一致的体验。在记忆不可调和的地方，我指出了文本中的差异。

　　尽管我付出了极大的努力，但有一些人的参与非常有限，或者根本拒绝参与，而通过他们的律师写信给我，要求审查手稿，这种做法在新闻业是不可接受的。由于缺少了他们的参与，我只能尽我所能——与他们的朋友或盟友交谈，研究旧的引用或证词，甚至回顾其他记者同事的采访笔记——来理解和表达他们的观点。

我常常觉得，这个过程就像是透过一个穿越时空的棱镜来观察，将一些轮廓模糊的事件放到一起，发现其中重叠的部分，再慢慢聚焦成一个清晰的图像——就像盲人摸象的故事：每个人都只知道自己知道的那部分内容。我只能感知大象的一部分，我看不见全貌。一个人摸了摸尾巴说："它像一条绳子。"摸到牙齿的人说："它光滑、坚硬、锋利。"另一个摸到耳朵的人说："它像皮革，有点松软。"摸到身体的人说："它巨大又结实。"就个人的感受而言，他们说的没错，但大多是错误的。他们合在一起才描述出了真相。

这是我收集这些记忆的过程：我找到了尽可能多的"盲人"，并写下了他们所记得的内容。最开始的时候，我并不知道他们是什么感受。我就听着，写下他们说的话，然后又问了另一个人、又一个人。我联系了尽可能多的人，偶尔也会忍受某些人的辱骂，我感谢了那些礼貌拒绝我的人，采访了那些同意接受采访的人。

这些采访信息可以分为三类："公开声明"，这意味着每个词都可以标记消息来源；"背景支撑"，这意味着信息一定是来自"知情人士"；"不宜公开"，这意味着不能直接使用，只能作为参考帮助我远离错误，更接近真相。

这些信息的可信度具有不同的权重。"公开声明"是最有力的，受访者为他们的评论负责。"背景支撑"的可信度则取决于受访者的消息来源、他们的诚信度，以及他们的叙述在多大程度上与他人的叙述相符或相悖。

以下注释中未提及的引文均来自个人采访、信息或溯源文件。这里引用的都是我在写这本书时使用的公开来源。仅根据采访对象的回忆进行改写的话语被包含在文本中，但没有使用引号。

引言

1. Bill Gross, "PIMCO Co-CIO William Gross Intvd on Bloomberg Radio," Bloomberg News, November 9, 2013.

第一章 房屋项目

1. Bill Gross, "Pimco's Bill Gross on Scoping Out Subprime," *Bloomberg Businessweek*, June 9, 2011.
2. David Leonhardt, "2005: In a Word; Frothy," *The New York Times*, December 25, 2005.
3. David Rynecki, "The Bond King," *Fortune*, March 4, 2002.
4. Gross, "Pimco's Bill Grosson Scoping Out Subprime."
5. Devin Leonard, "Treasury's Got Bill Grosson Speed Dial," *The New York Times*, June 20, 2009.
6. Gross, "Pimco's Bill Gross on Scoping Out Subprime."
7. Jeff Collins, "Pimco Predicts Soft Landing for Housing," *The Orange County Register*, May 10, 2006.
8. "Pimco Exec Cites Fallout from Housing," *The Orange County Register*, June 5, 2006.
9. Bill Gross, "Mission Impossible?" *Investment Outlook*, Pimco.com, May 16, 2006.
10. Paul McCulley, "Teton Reflections," *Investment Outlook*, Pimco.com, September 7, 2007.
11. Paul McCulley, "The Shadow Banking System and Hyman Minsky's Economic Journey," Pimco.com, May 26, 2007.
12. Allianz, Letter to the Shareholders, Fiscal Year 2000.
13. Bill Gross, "Miracu(less)," *Investment Outlook*, Pimco.com, August 1, 2001.
14. Paul McCulley, "Time:Varying Variables Vary," *Investment Outlook*, Pimco.com, October 19, 2006.
15. Bill Gross, "Reality Check," *Investment Outlook*, Pimco.com, November 30, 2006.
16. Gross, "Pimco's Bill Gross on Scoping Out Subprime."

第二章 开端

1. Bill Gross, "100 Bottles of Beer on the Wall," *Investment Outlook*, Pimco.com,

January 29, 2007.
2. Steven L. Mintz, Dana Dakin, and Thomas Willison, *Beyond Wall Street: The Art of Investing* (Hoboken, N.J.: Wiley, 1998).
3. Craig Karmin and Ian McDonald, "Harvard's Loss: El-Erian," *The Wall Street Journal*, September 12, 2007.

第三章　转折

1. Bill Gross, "On the Course to a New Normal," *Investment Outlook*, Pimco.com, September 1, 2009.
2. Kai Ryssdal, "Bernanke Cites Concerns with Economy," Marketplace.org, July 18, 2007.
3. "2 Bear Stearns Funds Are Almost Worthless," Reuters, July 17, 2007.
4. Jim Cramer, "Watch the Full Rant: Cramer's They Know Nothing!" CNBC, August 2007.
5. Seth Lubove and Elizabeth Stanton, "Pimco Power in Treasuries Prompts Suit Gross Says Is Nonsense," Bloomberg News, February 20, 2007.
6. Sudip Kar-Gupta and Yann Le Guernigou, "BNP Freezes $2.2 Bln of Funds over Subprime," Reuters, August 9, 2007.
7. Paul McCulley, "After the Crisis: Planning a New Financial Structure Learning from the Bank of Dad," Pimco.com, May 10, 2010.
8. John Ward Anderson, "E. U. Central Bank Injects More Cash as Markets Tumble," *The Washington Post*, Foreign Service, August 11, 2007.
9. Robert Shiller, "Bubble Trouble," Project Syndicate, September 17, 2007.
10. Brooke Masters and Jeremy Grant, "Finance: Shadow Boxes," *Financial Times*, February 2, 2011.
11. Christine Benz, "Our 2007 Fund Managers of the Year," Morningstar, January 3, 2008.
12. Deborah Brewster, "Man in the News: Bill Gross," *Financial Times*, September 12, 2008.
13. Michael S. Rosenwald, "'Bond King' Can Really Think on His Head," *The Washington Post*, October 11, 2008.
14. Barbara Kiviat, "Even Bond Guru Bill Gross Can't Escape," *Time*, September 18, 2008.
15. Segal, "War Stories over Board Games: How Bill Gross and Warren Buffett

(Almost) Saved America."

第四章　危机

1. Bob Campion, "Bill Gross Reveals Lessons from Blackjack," *Financial Times*, October 17, 2010.
2. David Lynch, "OC trader makes bonds a profitable game," *The Orange County Register*, August 10, 1992.
3. David Rynecki, "The Bond King," *Fortune*, March 4, 2002.
4. "PIMCO Announces Mohamed El-Erian to Rejoin Firm as Co-CEO, Co-CIO," Marketwired, September 11, 2007.
5. Erin Burnett, CNBC, January 3, 2008.
6. Mohamed El-Erian, "When Wall Street Nearly Collapsed," *Fortune*, September 14, 2009.
7. Nelson D. Schwartz and Julie Creswell, "Pimco's Boss, Armed with Billionsin Cash, Tackles a Monster," *The New York Times*, March 23, 2008.
8. Ibid.
9. Bill Gross, "There's a Bull Market Somewhere?" *Investment Outlook*, Pimco.com, September 3, 2008.
10. Schwartz and Creswell, "Pimco's Boss, Armed with Billions in Cash, Tackles a Monster."
11. Mohamed El-Erian on *Charlie Rose*, PBS, July 24, 2008.
12. Bill Gross, "There's a Bull Market Somewhere?"
13. "Gross: Big Investors Avoiding Bank Debt for Now," CNBC, September 4, 2008.
14. Katie Benner, "Pimco's Power Play," *Fortune*, February 20, 2009.
15. Michael Steinberg, "Bill Gross Politicking for His Own Bailout," Seeking Alpha, September 5, 2008.
16. Benner, "Pimco's Power Play."
17. Steven Pearlstein, "Pearlstein:Government Takes Control of Fannie Mae and Freddie Mac," *The Washington Post*, September 8, 2008.
18. El-Erian, "When Wall Street Nearly Collapsed."
19. Ibid.
20. Laura Blumenfeld, "The $700 Billion Man," *The Washington Post*, December 6, 2009.
21. Ibid.

22. Hamilton Nolan, "Financial Crisis Taking a Toll on Our Favorite Asshole Banker," *Gawker*, November 14, 2008.
23. Mohamed El-Erian, "'Messy Healing' Process for U.S. Economy: El-Erian," CNBC, January 15, 2009.
24. "What Bill Gross Is Buying," *Forbes*, January 6, 2009.
25. Benner, "Pimco's Power Play."
26. Jennifer Ablan and Matthew Goldstein, "Special Report: Twilight of the Bond King," Reuters, February 9, 2012.
27. Benner, "Pimco's Power Play."
28. "What Bill Gross Is Buying."
29. "Big Brother Investing," *Forbes*, December 25, 2008.
30. Bill Gross, "Andrew Mellon vs. Bailout Nation," *Investment Outlook*, Pimco.com, January 8, 2009.
31. "What Bill Gross Is Buying."
32. "Big Brother Investing."

第五章　建设性偏执

1. Bill Gross, keynote address, Morningstar 2009 Investment Conference, Chicago, Ill., May 28, 2009.
2. Russel Kinnel, "Stock Managers Go Bonkers over Bonds," Morningstar, June 1, 2009.
3. Bill Gross, "I've Got to Admit It's Getting Better Getting Better All the Time," *Investment Outlook*, Pimco.com, March 1, 2005.
4. Peter Cohan, "Bill Gross, the $747 Billion Man, Declares the Death of Equities," AOL, February 26, 2009.
5. Jonathan Lansner, "Bill Thompson: Ex-Pimco CEO an Engine for Charity," *The Orange County Register*, January 4, 2013.
6. Sam Ro, "EL-ERIAN: These Are The Institutions And People Who Shaped The Way I Think," *Business Insider*, September 25, 2012.
7. Seth Lubove and Sree Vidya Bhaktavatsalam, "Gross Vows This Time Different as El-Erian Leads Equities Push," *Bloomberg Markets*, June 24, 2010.
8. Neil Barofsky, *Bailout: How Washington Abandoned Main Street While Rescuing Wall Street* (New York: Simon and Schuster, 2013).
9. Felix Salmon, "Where Else Could Kashkari Have Gone?" Reuters, December 8,

2009.
10. Devin Leonard, "Treasury's Got Bill Gross on Speed Dial," *The New York Times*, June 20, 2009.
11. Devin Leonard, "Neel Kashkari's Quiet Path to Pimco," *The New York Times*, December 31, 2009.
12. Katie Benner, "Pimco's Power Play," *Fortune*, February 20, 2009.

第六章　新常态

1. Eric Jacobson, "Gross:It's Been a Fixed-Income Decade," Morningstar, December 28, 2009.
2. Bill Gross, "Consistent Alpha Generation Through Structure," Reflections, *Financial Analysts Journal* (September/October 2005).
3. Deepak Gopinath, "Pimco's El-Erian Shuns Banks That Break His Rules," Bloomberg News, September 23, 2005.
4. Joanna Slater, "The Obsessive Life of Bond Guru Bill Gross," *Globe and Mail*, October 22, 2010.
5. Seth Lubove and Sree Bhaktavatsalam, "Gross Vows This Time Different."
6. Devin Leonard, "Treasury's Got Bill Gross on Speed Dial," *The New York Times*, June 20, 2009.
7. Deborah Solomon and Damian Paletta, "Treasury Names Nine Firms for Toxic-Asset Program," *The Wall Street Journal*, July 10, 2009.
8. Katie Rushkewicz Reichart, "Fund Times: PIMCO Passes on PPIP," Morningstar, July 9, 2009.
9. Bill Gross, "The Ring of Fire," *Investment Outlook*, Pimco.com, January 26, 2010.

第七章　糟糕的一年

1. Anthony DePalma, "Mexico Eases Crisis, Selling All Bonds Offered," *The New York Times*, January 18, 1995.
2. Jennifer Rubin, "Exclusive Interview: Bill Gross of Pimco," *The Washington Post*, April 7, 2011.
3. Megan McArdle, "The Vigilante," *The Atlantic*, June 2011.
4. Ibid.
5. Catherine Tymkiw, "Why Pimco Cut Its Bond Holdings," CNNMoney, March 31,

2011.

6. Rubin, "Exclusive Interview: Bill Gross of Pimco."
7. Felix Salmon, "Pimco Datapoints of the Day," Reuters, February 14, 2011.
8. Cullen Roche, "Bill Gross Sells Government Bonds. Does It Matter?" Pragmatic Capitalism, March 11, 2011.
9. Paul Krugman, "Stocks, Flows, and Pimco(Wonkish)," *The New York Times*, April 19, 2011.
10. Nikola G. Swann, John Chambers, and David T. Beer, "United States of America Long-Term Rating Lowered to 'AA+' on Political Risks and Rising Debt Burden; Outlook Negative," RatingsDirect, Standard & Poor's Global Credit Portal, August 5, 2011.
11. Brian Parkin and Rainer Buergin, "Merkel Faces Dissent on Greece as Schaeuble Stokes ECB Clash," Bloomberg News, June 8, 2011.
12. Mary Pilon and Matt Phillips, "Pimco's Gross Has 'Lost Sleep' over Bad Bets," *The Wall Street Journal*, August 30, 2011.
13. Bill Gross, "Mea Culpa," *Investment Outlook*, Pimco.com, October 2011.
14. "Joe Weisenthal, "The Costliest Mistake in All of Economics," *Business Insider*, October 16, 2011.
15. Rob Copeland, "Bill Gross Built Pimco Empire on Prescience, Flair," *The Wall Street Journal*, September 26, 2014.

第八章　边缘

1. Sree Vidya Bhaktavatsalam and Alexis Leondis, "Gross Says Pimco's Active ETF a Call to 'Mom-and-Pop' Investors," Bloomberg News, March 1, 2012.
2. Bill Gross, *Everything You've Heard About Investing Is Wrong! How to Profit in the Coming Post-Bull Markets* (New York: Crown Publishing, 1997).
3. Bhaktavatsalam and Leondis, "Gross Says Pimco's Active ETF a Call to 'Mom-and-Pop' Investors."
4. Joyce Hanson, "All Eyes on PIMCO ETF Launch," *Investment Advisor*, March 26, 2012.
5. U. S. Securities and Exchange Commission, "PIMCO Settles Charges of Misleading Investors About ETF Performance," December 1, 2016, Washington, D.C.
6. Richard T. Pratt etal., *New Developments in Mortgage-Backed Securities*

(Washington, D.C.: CFA Institute, 1984).

7. SEC, "PIMCO Settles Charges of Misleading Investors About ETF Performance."
8. Kirsten Grind, "Bill Gross's Shiny New Toy," *The Wall Street Journal*, April 13, 2012.
9. SEC, "PIMCO Settles Charges of Misleading Investors About ETF Performance."
10. Jackie Noblett, "Pimco's Total Return ETF Makes Strong Start," *Financial Times*, May 4, 2012.

第九章 成长或消亡

1. Bill Gross, "Shaq Attack," *Investment Outlook*, Pimco.com, April 1, 2003.
2. Karl Taro Greenfeld, "Neel Kashkari Wants to Be a New Kind of Republican," *Bloomberg Businessweek*, May 29, 2014.
3. Bill Gross, "Cult Figures," Pimco.com, July 2012.
4. Steven Russolillo, "Bill Gross Is Wrong About Stocks: GMO," *The Wall Street Journal*, August 10, 2012.
5. "Jason Kephart, "The 'Cult of Equity' Isn't Dying, It's Going Passive," Bloomberg News, August 6, 2012.
6. Roben Farzad, "Can Pimco Break Free of Its Bonds?" Bloomberg News, February 1, 2013.
7. Sewell Chan, "In Marketing of a New Mortgage Fund, Pimco Lists Former Bush Officials," *The New York Times*, December 16, 2010.
8. Charles Stein and John Gittelsohn, "Pimco Beats 99% of Peers with Ivascyn as Market Beast: Mortgages," Bloomberg News, January 27, 2014.
9. Christopher Condon and Alexis Leondis, "Gross Dethroned as Pimco Bond King," Bloomberg News, August 29, 2012.
10. Jody Shenn, "Pimco Mortgage Head Scott Simon to Retire from Bond-Fund Manager," Bloomberg News, January 25, 2013.

第十章 一场骗局

1. Ryan Leggio, "PIMCO High Yield Skipper Jumping Ship; Gross Taking Helm," Morningstar, May 15, 2009.
2. Jennifer Ablan and Jonathan Stempel, "Ex-PIMCO Exec Sues Firm, Says Was Fired for Reporting Misdeeds," Reuters, March 13, 2013.

3. Ibid.
4. Gretchen Morgenson, "Was Someone Squeezing Treasuries?" *The New York Times*, August 7, 2005.
5. Seth Lubove and Elizabeth Stanton, "Pimco Power in Treasuries Prompts Suit Gross Says Is Nonsense," Bloomberg News, February 20, 2007.
6. Mark Whitehouse, Aaron Lucchetti, and Peter A. McKay, "Short-Bond Shortage Isn't Over," *The Wall Street Journal*, August 11, 2005.
7. Lubove and Stanton, "Pimco Power."
8. Erin Coe, "Pimco Settles Short-Seller Action for $92M," Law360, January 3, 2011.

第十一章　缩减恐慌

1. Bill Gross, "A Man in the Mirror," *Investment Outlook*, Pimco.com, April 3, 2013.
2. David Rynecki, "The Bond King," *Fortune*, March 4, 2002.
3. Bill Gross, "So CQ-ish," Pimco.com, October 29, 2008.
4. Gross, "A Man in the Mirror."
5. Mohamed El-Erian, "8 Themes for Long-Term Investors in the 'New Normal' Markets," Nasdaq.com, May 13, 2013.
6. Sam Forgione and Jennifer Ablan, "UPDATE 2-Pimco Total Return Fund Adds Treasuries in Tumultuous June," Reuters, July 15, 2013.
7. Gregory Zuckerman and Kirsten Grind, "Inside the Showdown Atop Pimco, the World's Biggest Bond Firm," *The Wall Street Journal*, February 24, 2014.
8. Steven Goldberg, "What 'New Normal'? El-Erian's Pimco Fund Falls Flat," Kiplinger, November 20, 2013.
9. Bill Gross, "Mr. Bleu," Pimco.com, June 2015.
10. Jennifer Ablan and Katya Wachtel, "Pimco's Gross Tells Icahn to Leave Apple Alone," Reuters, October 24, 2013.
11. Sam Forgione and Jennifer Ablan, "Pimco's Gross Urges 'Privileged 1 Percent' to Pay More Tax," Reuters, October 31, 2013.
12. Bill Gross, "Kennethed," *Investment Outlook*, Pimco.com, February 2002.
13. "BlackRock's Larry Fink and PIMCO's Bill Gross Discuss the U.S. Economy," UCLA Anderson YouTube, October 11, 2013.
14. "Protest at Pimco over Troubled Home Loans," *The Orange County Register*, October 31, 2013.

15. Bill Gross, "Scrooge McDucks," *Investment Outlook*, Pimco.com, November 1, 2013.
16. "Bill and Sue Gross Take Unorthodox Approach to Giving," *Philanthropy News Digest*, December 22, 2013.

第十二章　战绩最佳的"良驹"

1. Mohamed El-Erian, "Father and Daughter Reunion," *Worth*, June 7, 2014.
2. Deepak Gopinath, "Pimco's El-Erian Shuns Banks That Break His Rules," Bloomberg News, September 23, 2005.
3. Gregory Zuckerman and Kirsten Grind, "In side the Showdown Atop Pimco, the World's Biggest Bond Firm," *The Wall Street Journal*, February 24, 2014."
4. Bill Gross, "The Tipping Point," *Investment Outlook*, Pimco.com, July 1, 2013.
5. Zuckerman and Grind, "Inside the Showdown."
6. Miles Weiss, "Gross Overhauls Dialynas's Unconstrained Fund," Bloomberg News, March 5, 2014.
7. Laura Smith, Affidavit in Support of Criminal Complaint, March 11, 2019, Department of Justice, Federal Bureau of Investigation, Washington, D.C.
8. Doug Hodge, "I Wish I'd Never Met Rick Singer," *The Wall Street Journal*, February 9, 2020.
9. Doug Hodge, "Restoring Trust in the New Normal: Remarks to SIFMA Annual Meeting," Pimco.com, October 23, 2012.
10. Doug Hodge, "Restoring Trust in Our Financial System: It's All About Culture," *Pensions & Investments*, July 25, 2012.
11. Laura Smith, Affadavit, DOJ, FBI.
12. Nathaniel Popper and Matthew Goldstein, "Heir Apparent at Pimco to Step Down," *The New York Times*, January 21, 2014.
13. Tom Braithwaite, "Hours and Friction Prompted El-Erian Exit," *Financial Times*, January 22, 2014.
14. "PIMCO Appoints Leadership Team," *Investment Outlook*, Pimco.com, January 21, 2014.
15. Zuckerman and Grind, "Inside the Showdown."
16. Sree Vidya Bhaktavatsalam and Alexis Leondis, "Gross Says Pimco to Name More Deputies as El-Erian Quits," Bloomberg News, January 22, 2014.
17. Alexis Leondis and Charles Stein, "Pimco's El-Erian Resigns as Hodge Named

Chief Executive," Bloomberg News, January 22, 2014.
18. Bill Gross, "Bill Gross: El-Erian's Exit a 'Surprise to Us'," CNBC, January 29, 2014.
19. Sam Forgione and Jennifer Ablan, "Pimco's Gross Tells Clients 'We Are a Better Team at This Moment'," Reuters, February 5, 2014.

第十三章　内部的对决

1. Gregory Zuckerman and Kirsten Grind, "Inside the Showdown Atop Pimco, the World's Biggest Bond Firm," *The Wall Street Journal*, February 24, 2014.
2. Felix Salmon, "It's Time for Bill Gross to Retire," Reuters, February 25, 2014.
3. Sheelah Kolhatkar, "Bill Gross Picks Up the Pieces," *Bloomberg Businessweek*, April 14, 2014.
4. Marc Andreessen, Twitter, February 25, 2014.
5. Brian Sullivan, "Bill Gross Responds to WSJ Portrayal," CNBC, February 25, 2014.
6. Gregory Zuckerman and Kirsten Grind, "Pimco's Gross Defends Competitive Culture," *The Wall Street Journal*, February 28, 2014.
7. Greg Saitz, "Pimco Fee Plaintiffs May Have Powerful Ally—a Former Director," BoardIQ, June 13, 2016.
8. Scott Reckard, "Pimco Trustee Assails Exec's Salary," *Los Angeles Times*, March 11, 2014.
9. Jeff Cox, "'Mediocre' Gross overpaid at $200 million: Trustee," CNBC, March 11, 2014.
10. Jennifer Ablan, "Exclusive: Pimco's Gross Declares El-Erian Is 'Trying to Undermine Me'," Reuters, March 6, 2014.
11. Eric Jacobson and Michael Herbst, "Morningstar's Current View on PIMCO," Morningstar, March 18, 2014.
12. Mary Childs, "Pimco Dissidents Challenge Bill Gross in 'Happy Kingdom'," Bloomberg News, July 8, 2014.

第十四章　窃取公司利益

1. Sheelah Kolhatkar, "Bill Gross Picks Up the Pieces," *Bloomberg Businessweek*, April 14, 2014.

2. Trish Regan, "Bill Gross: I Thought I Knew El-Erian Better," Bloomberg TV, April 10, 2014.
3. Gregory Zuckerman, "At Gross's Pimco, El-Erian Says 'Different Styles' Stopped Working Well Together," *The Wall Street Journal*, April 11, 2014.
4. Kolhatkar, "Bill Gross Picks Up the Pieces."
5. Mary Childs, "Pimco's Mather Sees Clear Departure from 'New Normal'," Bloomberg News, April 25, 2014.
6. Mary Childs, "Pimco's 'New Normal' Thesis Morphs into 'New Neutral'," Bloomberg News, May 13, 2014.
7. Mary Childs, "Gross Says Pimco Funds Headed Back to the Top," Bloomberg News, May 14, 2014.
8. "PIMCO Hires Paul McCulley as Chief Economist," Pimco.com, May 27, 2014.
9. Mary Childs, "McCulley Returns to Pimco as Gross Seeks to Restore Shine," Bloomberg News, May 28, 2014.
10. "PIMCO Hires Paul McCulley as Chief Economist."
11. Gregory Zuckerman and Kirsten Grind, "Bond Giant Pimco and Founder Bill Gross Struggle to Heal Strains," *The Wall Street Journal*, July 14, 2014.
12. Bill Gross, "Bill Gross:Economy Can't Survive Much Higher Rates," keynote address, Morningstar 2014 Investment Conference, Chicago, Ill., June 27, 2014.
13. Zuckerman and Grind, "Bond Giant Pimco and Founder Bill Gross Struggle."
14. Jennifer Ablan, "Pimco NYC Office Tackles Bed Bug Infestation, Fumigates," Reuters, August 20, 2014.

第十五章　会议纪要

1. Landon Thomas, Jr., "Pimco Suit Sheds Light on Murky Investor Fees," *The New York Times*, November 9, 2015
2. Tom Petruno and Tiffany Hsu, "TCW-Gundlach Trial Ends in Split Verdicts," *Los Angeles Times*, September 17, 2011.
3. Jennifer Ablan, "Bill Gross Told Rival Gundlach: 'I Am Kobe, You Are LeBron,'" Reuters, October 5, 2014.
4. Kirsten Grind, Gregory Zuckerman, and Jean Eaglesham, "Pimco ETF Draws Probe by SEC," *The Wall Street Journal*, September 23, 2014.

第十六章　再见了，那些日子

1. "PIMCO CIO William H. Gross to Leave the Firm," Pimco.com, September 26, 2014.
2. Erik Schatzker, "Pimco Is 'Rich in Talent,' Bill Powers Says," Bloomberg TV, October 7, 2014.
3. Jonathan Berr, "Departure of Pimco's Gross Stuns Investing World," CBS News, September 26, 2014.
4. Kirsten Grind, "CEO Douglas Hodge Cites 'Overwhelming' Relief at Pimco," *The Wall Street Journal*, September 27, 2014.
5. Brian Sullivan, "Pimco Executives: 'The Firm Is Moving Forward'," CNBC, September 30, 2014.
6. Mary Childs, "Ivascyn Survives Allianz Firing to Guide Pimco Post-Gross," Bloomberg News, October 1, 2014.
7. Stephen Foley, "Daniel Ivascyn: The Straight Talking Portfolio Manager," *Financial Times*, October 1, 2014.
8. Myles Udland, "Here's Bill Gross' First Letter as a Fund Manager at Janus," *Business Insider*, October 9, 2014.
9. Jennifer Ablan and Sam Forgione, "UPDATE 2-Bill Gross, in His 'Second Life,' Says Janus Role Is Simpler," Reuters, October 9, 2014.
10. Udland, "Here's Bill Gross' First Letter as a Fund Manager at Janus."
11. Dean Starkman and E. Scott Reckard, "Bill Gross Gives Somber Outlook for Financial Markets," *Los Angeles Times*, October 9, 2014.
12. Kirsten Grind, Gregory Zuckerman, and Min Zeng, "Billions Fly Out the Door at Pimco," *The Wall Street Journal*, September 28, 2014.
13. Jennifer Ablan, "Bill Gross of Janus to Manage $500 Mln for Soros Fund," Reuters, November 21, 2014.
14. Mary Childs, "Weil Counts on Gross as Peyton Manning in Janus Rebound," Bloomberg News, December 19, 2014.
15. Gerard Baker, "The 10-Point," *The Wall Street Journal*, January 8, 2015.
16. Miles Weiss, "Brynjolfsson: 'This Is a Sad Day' for Both Pimco and Gross," Bloomberg News, October 8, 2015.
17. Dean Starkman, "Pimco Moves to Dismiss Bill Gross' Employment Suit," *Los Angeles Times*, November 9, 2015.

注 释

18. Mary Childs, "Gross Gets Personal: 'I Just Wanted to Run Money and Be Famous,'" *Bloomberg Markets*, June 29, 2015.
19. Claire Suddath, "This Lawyer Is Hollywood's Complete Divorce Solution," *Bloomberg Businessweek*, March 2, 2016.
20. Mary Childs, "Bill Gross and Pimco Settle Suit over His Ouster," *The New York Times*, March 27, 2017.
21. Bill Gross, "Tattooed," PRNewswire, September 14, 2020.
22. Patricia Hurtado, "Bill Gross Says He Sought Peace in Text to 'Peeping Mark'," Bloomberg News, December 14, 2020.
23. Meghann Cuniff, Twitter, December 7, 2020.
24. Bill Gross, "An Open Letter from Bill Gross," PRNewswire, December 7, 2020.
25. Laurence Darmien, "Bill Gross Seeks to End Dispute over Lawn Sculpture: His Neighbor Is Having None of It," *Los Angeles Times*, December 7, 2020.
26. Laurence Darmiento, "Bill Gross Harassed Neighbor with 'Gilligan's Island' Song, Judge Rules," *Los Angeles Times*, December 23, 2020.
27. Bill Gross, "OC LEADER BOARD: Why I Give What I Give, and Why You Should Too," *Orange County Business Journal*, May 24, 2021.